21 世纪公共管理系列教材

政府公共关系

（第二版）

主　编　詹文都
副主编　蔡　岚　冯　娟
参　编　段淳林　肖鹏军　余　芳　卢文刚

华南理工大学出版社
·广州·

内 容 简 介

根据公共管理类专业的教学特点，注重对目前国内政府公共关系的研究成果加以总结，立足于中国政治经济文化和社会的背景与建设社会主义政治文明的时代要求，探索中国特色社会主义政府公共关系的内在规律和应用方法。阐述政府公共关系的科学含义，政府公共关系的基本要素，政府公共关系的基本特征，政府公共关系的界定，中国特色政府公共关系的实践、功能与原则，政府公共关系人员素质及其培养，政府公共关系的管理过程，政府公共关系实务，行政组织形象与领导者形象的塑造。本书可作为公共管理本科生教材、政府官员培训班教材、函授班学员教材。

图书在版编目（CIP）数据

政府公共关系/詹文都主编. —2版. —广州：华南理工大学出版社，2009.6
（2018.12重印）
（21世纪公共管理系列教材/陈春花主编）
ISBN 978-7-5623-3176-6

Ⅰ. 政… Ⅱ. 詹… Ⅲ. 国家行政机关-公共关系学-高等学校-教材 Ⅳ. D035.1

中国版本图书馆 CIP 数据核字（2009）第 086031 号

总 发 行：	华南理工大学出版社（广州五山华南理工大学17号楼，邮编510640）
	营销部电话：020-87113487　22236185　87111048（传真）
	E-mail: z2cb@scut.edu.cn　　http://www.scutpress.com.cn
责任编辑：	罗月花
印 刷 者：	广州市新怡印务有限公司
开 本：	787mm×960mm　1/16　印张：16.25　字数：360千
版 次：	2009年6月第2版　2018年12月第24次印刷
印 数：	109 001～114 000册
定 价：	28.00元

版权所有　盗版必究

"21世纪公共管理系列教材"编委会

顾　问：夏书章（著名行政学家，中山大学政治与公共事务管理学院名誉院长，教授，博士生导师）

　　　　薛　澜（清华大学公共行政管理学院院长，全国公共管理协会副秘书长，教授，博士生导师）

　　　　廖为建（中山大学政治与公共事务管理学院副院长，中国国际公关协会学术委员会副主任，教授）

主　编：陈春花（教授，博士生导师）

副主编：段淳林　林子英　黄建榕

编　委（以姓氏笔划为序）：

　　　　于海峰　陈春花　李冬妮　张文方　张碧雄　林子英
　　　　林毓铭　柳　博　赵小敏　段淳林　唐晓阳　黄建榕
　　　　曾宇辉　詹文都

总　序

我国各项改革已进入攻坚阶段，公共政策无论是制订还是实施都面临新课题，这就对政府的决策水平提出了更高的要求。我国已经加入WTO，各行各业都面临挑战，但最严峻的挑战还是政府的管理水平。目前，我国公务员学历层次偏低。尽管近年公务员队伍学历提高较快，但高学历与专业化并不能画等号，一些"高级人才"进入公共管理部门后依旧缺乏该方面的专业训练。

多年来，"干中学"是我国公务员成长的一个"土模式"。这种通过实践自学和摸索的路子已无法适应日新月异的科学技术和风云变幻的国际形势。特别是1998年政府机构改革后，建立办事高效、运转协调、行为规范的公共管理体系，培养一支高素质、专业化的政府公务员队伍已成当务之急。

从广东发展的情况来看，一方面，经过改革开放30多年的基础建设，广东在政府建设、社区建设、社会保障、社会文化建设等方面都有了非常可观的进步；另一方面，由于广东一直是在学习中探索前进，虽然有了较为显著的成绩，但相对于经济发展速度来说，管理落后于发展，特别是在上述四个领域。所以，在广东省的高等院校，如果能够提供这四个领域管理教育的课程，对于广东乃至全国的公共管理以及行政管理的发展都会发挥巨大的作用。

公共管理教育在欧美一些发达国家已有半个世纪甚至更长的历史。公共管理教育培养的专业人才在欧美国家政府及社会组织的管理中起到了重要的作用。公共管理及政策方面的研究也对各级政府的政策制定及实施，包括一些重大社会问题的解决产生了有力的影响。可见，公共管理品质的提升已成为一种新经济时代的浪潮与趋势。

正是基于这样的认识，我们萌发了编写有关公共管理教育方面的教材的想法。适逢华南理工大学出版社策划出版"21世纪公共管理系列教材"，这一机会更加激发了我们的热情，让一批怀有共同理想和追求的人走到了一起，我们集结了广东及全国的同仁，并且得到了夏书章老前辈、薛澜教授、廖为建教授的指导和帮助。我们组织编写的这套教材，涵盖了公共组织与管理、公共政策与公共财政分析、公共经济学与政府公共关系、公共行政部门与社区的文化建设以及社会保障体系的建立与完善等公共管理中最普遍、最适用的知识，旨在提供对这一重要学科领域的整体概述，并为每一位想要更多地了解公共管理知识的读者，尤其是高等学校学生，提供比较全面的专业知识和参考资料。

我们期望借助这套系列教材的编写，构建一套较为完整、科学、规范的公共管理与行政管理的体系，服务于公共管理与行政管理的教学、研究与培训，为广东乃至全国的公共管理与行政管理的发展做出应有的贡献。

陈春花

前　言

政府公共关系，是指政府为更好地运行其职能，运用传播手段与社会公众建立相互了解、相互适应的持久联系，以期在公众中塑造政府的良好形象，争取公众对政府工作的理解和支持的一系列活动。在我国，有中国特色的政府公共关系作为塑造政府形象的艺术和沟通政府与人民联系的桥梁，伴随着改革开放的历史潮流正日益广泛地深入政府工作的各个领域，成为各级政府工作中不可缺少的重要组成部分，并在国家政治、经济和社会生活中发挥着越来越重要的作用。

中共十七大提出，要加快行政管理体制改革，建设服务型政府，着力转变职能、理顺关系、优化结构、提高效能，形成权责一致、分工合理、决策科学、执行顺畅、监督有力的行政管理体制，政府改革已被推向前台。政府公共关系对转变政府职能、提供决策咨询、重塑政府形象等方面的政府改革，有着十分重要的推动作用。一方面，中国特色社会主义民主政治的发展需要政府公共关系，政府角色转变需要政府公共关系。市场经济的确立，使政府由计划经济体制下的"指挥者"变成"服务者"，因此政府应克服官僚模式，通过立法、决策、调整、沟通等行为来进行社会治理。重塑政府形象需要政府公共关系。改革给人们带来了很多的机遇，但也使一部分政府机关内部职权拥有者迷失了方向，有些人将人民赋予的权力和职位转化为利益资源，导致政府效率下降，腐败升级，严重地破坏了政府的形象。通过政府公共关系，群众得以参政，可使政府处于高度自觉状态。另一方面，构建社会主义和谐社会需要政府公共关系。政府作为构建和谐社会的最重要主体，提高政府公共关系的水平，提升政府的形象，将对我国构建和谐社会起到积极的促进作用。然而，由于受政治、经济、社会等因素的制约，我国的政府公共关系理论起步较迟，实践中存在较多误区与盲区，导致公众对政府形象的误读不在少数；同时，我国社会已进入经济全球化、政治民主化、信息传播网络化的时代，中国社会全面步入转型时期，客观上对政府公共关系提出了严峻的挑战。因此，如何顺应经济社会的发展，如何顺应转型时期的要求，如何加快我国和谐社会的构建，这些都要求政府公共关系作出相应的回答。因此，加强对政府公共关系的研究有着十分重要的理论意义与实践意义。

本教材试图根据公共管理专业的教学特点，注重对目前国内政府公共关系的研究成果加以总结，立足于中国政治经济文化的背景和建设社会主义政治文明的时代要求，探索中国特色社会主义政府公共关系的内在规律和应用方法。在培养学生的理论素养的同时，注重培养学生的实践技能；在吸取西方政府公共关系的成功经验和理论精华的同时，更注重对中国政府公共关系实践的经验教训的总结和探索，力求系统性、科学性、实践性和时代性的统一。本教材 2004 年第一版受到了读者的厚爱，我们深受鼓舞。随着中国特色社会主义政府公共关系的理论与实践的发展，我们深感有必要对教材作一次全面的修订。因此，此次第二版我们对第一版教材做了大幅度的修改，甚至超过一半的章节进行了重新编写。

　　本教材的撰写和修订是集体合作的产物。第一章第一至第三节、第五章由詹文都撰写；第一章第四节、第三章第一至第二节由肖鹏军撰写；第二章由冯娟、卢文刚撰写；第三章第三节由卢文刚撰写；第四章由蔡岚、卢文刚撰写；第六、第七章由蔡岚、段淳林撰写；第八、第九章由余芳、冯娟撰写。全书由蔡岚、冯娟进行了初步的统稿，由詹文都最后修改定稿。

　　本教材在编写和修订的过程中得到了华南理工大学陈春花教授的悉心指导和华南理工大学出版社的大力支持，在此一并向他们深表谢意。

　　本教材在编写的过程中参考和引用了许多学者的研究成果，我们已尽量在参考书目中一一列出，但难免有所疏忽，在此深表歉意。对本教材存在的不足，我们衷心欢迎来自各方的批评和指导。

编著者

2009 年 1 月

目 录

第一章 政府公共关系概述 …………………………………………………… (1)
  第一节 公共关系的科学含义 ………………………………………………… (1)
  第二节 政府公共关系的含义和特点 ………………………………………… (6)
  第三节 政府公共关系的几个界定 …………………………………………… (9)
  第四节 政府公共关系的职能 ………………………………………………… (14)

第二章 政府公共关系的产生和发展 …………………………………………… (23)
  第一节 政府公共关系在国外的产生与发展 ………………………………… (23)
  第二节 中国特色政府公共关系的实践 ……………………………………… (29)

第三章 政府公共关系的主体和客体 …………………………………………… (44)
  第一节 政府公共关系的主体 ………………………………………………… (44)
  第二节 政府公共关系人员的基本素质要求和培养 ………………………… (51)
  第三节 政府公共关系的客体 ………………………………………………… (57)

第四章 政府公共关系的传播 …………………………………………………… (68)
  第一节 政府公共关系传播及其要素 ………………………………………… (68)
  第二节 政府公共关系沟通传播的障碍及其效果 …………………………… (79)
  第三节 政府公共关系沟通传播的基本原则 ………………………………… (84)

第五章 政府公共关系的工作程序 ……………………………………………… (92)
  第一节 政府公共关系调查 …………………………………………………… (92)
  第二节 政府公共关系的策划和实施 ………………………………………… (108)
  第三节 政府公共关系评估 …………………………………………………… (121)

第六章 政府内部公共关系的管理 ……………………………………………… (133)
  第一节 政府内部公共关系 …………………………………………………… (133)

第二节　政府内部公共关系的沟通 ………………………………… (141)
　　第三节　政府行政文化 ……………………………………………… (146)

第七章　政府外部公共关系的管理 ……………………………………… (161)
　　第一节　政府外部公共关系 ………………………………………… (161)
　　第二节　社会舆论与政府公共关系 ………………………………… (166)
　　第三节　行政组织形象与领导者形象的塑造 ……………………… (173)

第八章　政府公共关系实务(一) ………………………………………… (188)
　　第一节　政府公共关系的新闻宣传 ………………………………… (188)
　　第二节　政府公共关系的人际交往 ………………………………… (197)
　　第三节　政府公共关系广告 ………………………………………… (203)

第九章　政府公共关系实务(二) ………………………………………… (211)
　　第一节　政府公共关系谈判 ………………………………………… (211)
　　第二节　政府公共关系的专题活动 ………………………………… (219)
　　第三节　政府公共关系的语言艺术 ………………………………… (228)
　　第四节　政府公共关系的突发事件处理 …………………………… (234)

参考文献 ………………………………………………………………………… (247)

第一章 政府公共关系概述

学习目标

- 了解和认识公共关系的科学含义与特征
- 掌握和领会政府公共关系的含义、特点和职能
- 理解政府公共关系的界定

第一节 公共关系的科学含义

一、当代中国公共关系发展过程中存在的误区

公共关系学从美国走向全球,至今大约有百年的历史,是一门年轻的新兴学科。当它进入各个国家和地区后,这些国家和地区的人们运用它在政治、经济、文化等领域开展丰富多彩的公共关系的实践活动,同时也促进了公共关系理论的研究和发展。20世纪70年代末,随着中国改革开放的洪流,公共关系作为一门新兴的科学被引进我国。在深圳特区、广州和北京的一些三资宾馆、酒店率先设立了公共关系部,这是中国当代最早的公共关系实践。随后,广州白云山制药厂、东方宾馆等企业,也大胆地运用公共关系的管理艺术进行市场推广和营销,发挥了公共关系的专业管理功能。伴随着中国社会主义市场经济发展的进程,公共关系由南向北、由东向西在华夏大地全面生根、发芽、开花、结果,被广泛运用于企业等赢利性组织和政府、公共机构等非赢利性组织的经营管理活动中。"公共关系"也就成为一种新的时尚。

自20世纪80年代以来,社会上出现了一个令人焦虑的怪圈:任何具有价值的新事物,一出现就极易被人假冒,"李逵李鬼"之争常使许多企业一筹莫展。而公共关系也摆脱不了这种命运。在公共关系成为时尚、得到发展的同时,出现了"花瓶公共关系"、"黑色公共关系"、"关系公共关系"等等,使公共关系蒙受了不白之冤,混淆了广大公众的视听,扭曲了公共关系的真正价值,使不少人为之迷惘和困惑。

(一)"花瓶公共关系"

这是最为普遍的曲解。"花瓶公共关系",顾名思义,即是以"美"取"胜",靠

天生丽质的佳人装点门面，为企业和组织添彩增色。其表现是：一些宾馆、酒楼、工厂等不去开展有效的公共关系活动，而是赶时髦、助新潮，大搞"表皮公共关系"，他们不惜金钱，以苛刻的选美条件来招选几位美女充当所谓"公共关系小姐"，或让她们充当"门卫"、迎宾客，或当交际小姐，化"公共关系"为"攻关"，实为"攻关小姐"。

（二）"黑色公共关系"

即假借公共关系之名，以各种不正当的手段或服务方式，有的甚至是以卖弄色相来招揽顾客。一些服务行业的拉皮条客也自诩为"公共关系经理"，"色情小姐"冠之为"公共关系小姐"，实在使人迷惑。

（三）"关系公共关系"

即把公共关系和"拉关系"混为一谈。假借公共关系之名，运用宴请、行贿等形式，拉拢、软化有关官员，化公共关系为"攻官"，化公共关系学为"庸俗关系学"。

凡此种种。可见，公共关系作为一种新鲜事物，在一些地方已是鱼目混珠。正如有的学者所评价的"香则香得很，臭则臭得很"。因此，为公共关系正名、科学地理解公共关系的含义，已成为当务之急。

二、公共关系的科学含义

"公共关系"一词，源自英文 public relations。public 作形容词，译作"公开的"、"公共的"；public 作名词，译作"公众"。relations 是复数，说明不是某种单一的关系，而是众多关系。作为一个词组，可译为"公共关系"或"公众关系"。我们认为，译为"公众关系"较为合适，因为任何企业和组织的关系，难以有"公共的"。但从 20 世纪 60 年代起，港台学者把它译成"公共关系"，这已成为大家普遍接受的习惯用语，因此我们也沿用"公共关系"的称法。

那么，究竟什么是公共关系？国际公共关系界的一些权威机构和著名学者专家从不同的角度给公共关系下过不同的定义，例如：

英国著名公共关系学家弗兰克·詹夫金斯认为：公共关系就是一个组织为了达到与它的公众之间相互了解的确定目标而有计划地采用一切向内和向外的传播沟通方式的总和。

国际公共关系协会下的定义是：公共关系是一种管理职能。它具有连续性和计划性；通过公共关系，公立的和私人的组织和机构试图赢得同它们有关的人们的理解、同情和支持——依靠对舆论的估价，以尽可能地协调它们自己的政策和做法；依靠有计划的、广泛的信息传播，以赢得更有效的合作，更好地实现它们的共同利益。

美国的一部权威性公共关系著作《有效公共关系》根据公共关系活动所应体现的标准，给出了以下定义：公共关系是一种管理职能，它用以认定、建立和维护某个组织与各类公众之间的互利关系，而各类公众则是决定其成败的关键。

美国社会学家雷克斯·哈罗博士认为，公共关系是一种特殊的管理功能。它在一个组织及其公众之间建立并保持双向的传播、谅解、接受与合作；它参与处理各种问题和难题，它帮助管理部门及时了解舆论并做出反应；它明确强调管理部门为公众利益服务的责任；它帮助管理部门随时掌握并有效地利用变化的形势，帮助预测发展趋势，以作为早期警报系统；它运用研究方法和健全的、正当的传播技能作为其主要工具。

这些不同角度的公共关系定义，虽然在具体表述上存在着分歧，但是揭示了公共关系的基本性质：公共关系是一种特殊的管理功能，是一种传播沟通行为，是一种协调与公众关系的艺术，是一种形象塑造工程，是一种社会关系的实践活动。因此，公共关系具有主体、客体、手段、结果等几个重要因素，研究这些因素间的相互关系，可以从中领悟到公共关系的含义。任何公共关系活动都必须涉及以下三大基本要素。

（一）公共关系主体——作为特定的公共关系活动的承担者的社会组织和特定个体

在一般情况下，公共关系的主体主要是社会组织。社会组织是指人们依据一定的目标和规范所进行的社会组合。它的构成必须具备三个基本条件：第一，必须具有一定数量的成员；第二，必须具有一定的目标和功能；第三，必须按照一定的规范和程序进行配置，不是杂乱无章的随机组合。作为公共关系活动主体的社会组织是指一定的企业、政府、军队、学校等社会机构和社会团体，它包括赢利性组织和非赢利性组织两大类。

作为公共关系主体的特定个体并不是指所有的社会个体，而是指具有某种社会势力和社会潮流代表性的公众人物，如政治家、英雄模范人物、文艺体育明星等。

（二）公共关系客体——目标公众

公共关系的客体是指与公共关系主体有一定利益关系的社会组织、团体和个人。公众有内部公众和外部公众，他们是公共关系工作的对象。

公众（public）不等同于人民大众（people）和人群（crowd）。公众和公共关系主体必须具有相关性和互动性。也就是说，他们的利益、意见、观点、态度和行为与公共关系主体的决策和行为构成了相互影响和相互联系。例如，一个宾馆，它的公众至少有顾客、旅行社、供应商、政府、新闻界、工商界、税务部门、卫生防疫部门、内部员工、董事会、股东大会、工会等。公共关系要协调的是社会组织与公众之间的关系。从某种意义来讲，公共关系是社会组织与其相关公众结成的关系，这是社会关系的一种表现，但公共关系是特指社会组织与公众之间的关系，虽然它也是社会领域内人与人之间的关系，但又与一般社会关系有所不同。在一般社会关系中，关系的双方均为主体，而公共关系则不然，在公共关系中只有一方为主体即社会组织，社会组织在与公众的关系中处于主导地位，社会组织与公众关系良好与否取决于社会组织，公众处于被影响的地位。所以，人们有时也把公共关系称为公众关系。这从另一方面也表明了公共关系与一般的人际关系之间的区别。

（三）公共关系手段——传播与沟通

信息的传播与沟通是公共关系的活动方式和工作过程，是联结公共关系主体与客体不可缺少的构成要素。为了协调关系而开展传播活动，是公共关系特殊性的表现，离开了传播活动就没有公共关系。超出了用传播手段来协调各种关系，也不属于公共关系。因此，传播沟通是公共关系工作的唯一手段，通过它来吸引公众，影响公众，进而改变公众的态度。公共关系主体传播与沟通的媒介主要有大众传播媒介和人际交往媒介。公共关系在协调与公众的关系和塑造组织的良好形象时必须借助传媒的手段。公共关系产生和发展的历史告诉我们，公共关系离不开传媒的帮助，特别是现代的、日益发展的大众传媒能有效地帮助公共关系实现自己的目标。

公共关系的信息传播与沟通是主体和客体之间的双向信息交流。即社会组织与公众之间是一种互动式的传播，社会组织为了实现一定的目标，为公司创造良好的内外环境，通过策划实施新闻宣传、广告、赞助、人际交往等活动，能够把社会组织的意见传递给社会公众，社会公众的意见通过特定的渠道也能无阻碍地反馈给社会组织。公共关系运用媒体的传播活动必须是双向的，公共关系借助传媒并运用双向传播的活动方式，充分体现了尊重公众和关注传媒手段的历史传统。

通过公共关系活动后形成了自觉的公共关系状态。它是公共关系主体目标实现情况的反映，也是公共关系手段价值的体现。

所谓公共关系状态，就是公共关系主体在公众心目中的形象的总和。例如，在公众心目中的知名度和美誉度如何，和公众的关系是对抗的还是合作的，它实际上是公共关系主体的生存和发展的内外环境。公共关系状态分为良好的公共关系状态和不良的公共关系状态。良好的公共关系状态是社会组织存在和发展的环境基础，是无形的财富，是任何公共关系主体所追求的直接目标。因此，公共关系不仅要注重协调公众关系，而且要通过有效的公共关系工作来塑造组织形象。组织形象是否良好，能否得到公众的广泛支持和信任，是决定组织生存和发展的重要因素。塑造组织的良好形象是公共关系一切活动的出发点和归属点，也是评价公共关系工作的实践标准。公共关系人员必须把塑造组织形象作为自己的座右铭和行动准则。

综上所述，可以把公共关系定义为：公共关系是特定的社会组织和个人为塑造良好的形象，通过传播沟通的手段争取公众理解和支持的一种管理职能。

三、公共关系的特征

公共关系作为社会组织的一种管理职能，越来越显示出它的重要作用。公共关系的基本特征可概括为：以美誉为目标，以真诚为信条，以互惠为原则，以沟通为手段。深入地剖析公共关系的本质特征，有助于我们正确地理解和认识公共关系及其在社会生活中的作用。

（一）以美誉为目标

公共关系作为组织的一种管理职能，它的管理内容是组织的声誉和形象，其目的在于争取公众的赞誉与认同，赢得公众的理解、支持与合作。在现代社会中，社会组织的形象会对社会组织的生存产生更直接的作用，它是社会组织最重要的、无形且无价的资产。社会组织的形象良好与否是社会组织生死攸关的大事。公共关系以美誉为目标这一特征，要求社会组织对社会要有责任感及尊重公众的存在价值，这就大大减少了由于社会组织缺少社会责任感及无视公众的存在而引起的摩擦和纠纷。从社会政治组织来说，要想获得良好的美誉度，就必须急人民群众之所急，想人民群众之所想，经常听取人民群众的意见和建议，及时发现工作中的不足，并加以调整，以群众满意为准绳。这样可以减少政府工作人员的官僚主义作风，有利于促进民主政治的建设。公共关系以美誉为目标，从某种意义上说，它促进了社会的安定团结，净化了社会风气，有利于社会主义物质文明、政治文明和精神文明的建设。

（二）以真诚为信条

早在1903年，公共关系之父艾维·李就明确指出："一个企业、一个组织要获得良好的声誉，不是依靠向公众封锁消息或者以欺骗来愚弄公众，而是必须把真实情况披露于世，把与公众利益相关的所有情况都告诉公众，以此来争取公众对组织的信任。一旦披露真情确实对组织不利的话，那就应该调整公司或组织的行为，而不是去极力掩盖真实情况。"因而，以真诚为信条是公共关系的根本特征。公共关系主张传播组织信息要遵循"诚实传播"的原则，即准确无误地向公众提供信息，尊重公众的知晓权，公众是不能欺骗的。公共关系不是阿谀奉承、弄虚作假、哄骗公众的把戏。任何虚假的信息传播都会损害组织的形象，惟有真诚，才能赢得合作。真诚是公共关系的生命所在，真诚是建立友好关系的保证。

（三）以互惠为原则

人的需要是人的本性，"没有需要，就没有生产"，也就没有社会关系。公共关系是由社会组织和公众双方利益的需要而建立起来的一种社会关系形态。公共关系认为凡是有益于公众的事业，最终必将有益于企业或组织；凡是有损于自己关系对象的事情最终必将损害自己，维护关系对象的利益也就是维护自身的利益；只有互惠互利的关系才是最稳定、最可靠的关系。公共关系强调社会组织在满足自身利益的同时，还要满足公众的利益。公共关系主张关系的双方在交往或合作中应该共同获益、共同发展，将平等互利作为处理各种关系的行为准则。

（四）以沟通为手段

社会关系的协调平衡需要相应的调节手段。社会关系是多样的，其调解手段也必须是多样的。调解手段按其灵活性程度可概括为两种：刚性手段和柔性手段。刚性手段包括经济手段、行政手段、法律手段和政治手段等。柔性手段包括道德手段、心理手段、礼仪手段等。这些柔性手段，基本上都是通过传播沟通活动来进行的。公共关系作为一种传播沟通活动，一般都是采用柔性手段来调节双方的关系，在万不得已的情况下，公共关系才采用刚性手段。公共关系作为一种组织的管理方法，主要运用各种信息传播媒介去建立和维持与公众之间的有效沟通，即广泛地应用各种形式的人际沟通媒介和大众传播媒介，去了解和影响公众的意见、态度和行为，并及时关注公众的意见、态度和行为的变化，尽可能使组织的活动更能满足公众的需要。公共关系以沟通为手段这一特征，使公共关系活动与生产活动、销售活动、财务活动、行政人事活动等其他管理活动区分开来，它既不能代替这些活动，也不能被这些活动所取代。

第二节　政府公共关系的含义和特点

一、政府公共关系的含义

政府作为统治阶级行使权力的主要机构，是维护国家存在和发展的基本条件。一般来说，政府承担着对国家各方面社会事务进行管理、指导、协调、服务、监督、保卫等基本职能。在界定政府公共关系的概念时，有必要首先说明政府的含义。作为一个政治概念，关于政府，可以从两个角度加以理解：从广义上讲，政府是指一个国家所有的权力机关；从狭义上讲，政府通常是指一个国家除立法、司法部门以外的行政权力机关。我们这里在讨论政府公共关系时，使用的是广义的政府概念。它包括从中央到地方行使国家立法、行政、司法权力的所有机关。在我国，中国共产党的领导地位和中国特色的政治体制决定了执政党的机构同样具有政府的意义。

现代社会，任何组织都处在一个极其复杂的公共关系网络之中，企业是这样，国家政府机构更是如此。政府公共关系是公共关系学的原理在政府行政管理工作中的运用。所谓政府公共关系，是指政府为了争取公众对政府工作的理解和支持，在公众中塑造良好形象，运用传播沟通手段处理和协调与公众的关系，以便更好地管理社会公共事务的一系列活动。

对于政府公共关系的含义，可以从以下三个方面来理解和认识。

第一，它明确了构成政府公共关系的三个基本要素，即政府、公众和传播沟通。政府机构与社会公众通过传播与沟通形成特定的关系状态。政府是主体，是政府公共关系活动的组织者和发动者。没有政府，就谈不上政府公共关系。政府公共关系活动的状况和效果依赖于政府的行为，又影响着政府的行为。公众是政府公共关系的客体和对象。传播沟通是联结政府公共关系主客体的桥梁或纽带，是政府公共关系建立和实现的核心机制和动力机制。政府公共关系的状态如何，直接取决于政府公共关系主体所采取的传播沟通的内容、形式及技巧。如果政府公共关系主体的传播沟通活动适应社会发展的潮流与规律，反映了民心所向，就会使政府公共关系表现出良性特征，实现相互沟通和了解，形成双向信息沟通网络，从而形成相互信任、相互合作的关系；反之，则会表现为恶性状态。

第二，它揭示了政府公共关系的基本任务是处理和协调政府与公众的关系。作为代表国家行使社会管理等职能的政府机构，其管理对象不仅是其内部的各部门及公务人员，而且涉及全社会的各个领域及全体社会公众。在整个社会现实关系网络中，政府机构处于核心地位,周围"笼罩"着层层叠叠、方方面面、错综复杂的关系层面。政府要完成服务社会,造福人民,推进社会经济、政治、文化全面发展的使命,必须处理好这些全方位的关系,在政府与人民之间建立起畅通的信息交流和沟通机制,密切党群关系、政民关系,做到相互理解、相互支持,从而最终保证整个社会的良性运行与协调发展。政府的管理是否有效,政府在社会中的形象是否良好,很大程度上取决于政府与社会公众之间关系的融洽程度。政府公共关系是一种"内求团结、外求发展"的管理艺术,可以通过它特有的宣传传播职能,把政府机构的决策、政策、策略和行政措施传播于社会公众之中,形成有利于决策实施的良好环境,以获取社会各界的理解、拥护和支持。

第三,它明确了政府公共关系活动的总目标是塑造良好的政府形象。政府所有公共关系活动的具体目标都是围绕实现这一总目标而展开的,这是由政府公共关系的特点所决定的。政府形象,主要指政府及工作人员在社会公众心目中的美誉度大小,是政府获得公众欢迎、接纳、信任的程度。固然,政府工作具有权威性和政策性,但无论是从民主政治的大气候,还是从中国特色的政府公共关系的"小环境"来看,所谓的权威性和政策性都必须建立在社会公众依赖政府的基础之上,政府的形象如何,直接关系到党和政府的威信及其工作的成败。因此,塑造良好形象是政府公共关系工作的出发点。任何社会组织开展公共关系工作的基本出发点都是为了塑造良好的社会形象,我国政府开展公共关系工作也不例外。无论在新民主主义革命时期,还是在社会主义革命和建设时期,我国政府都非常重视塑造自身的良好形象,并把它作为关系到政府生死存亡的大事来抓。因此,社会主义政府机构公共关系的目标应该是树立"人民公仆"的政府形象,把人民满意作为政府公共关系的工作目标。政府公共关系就是要树立"民本位"的思想,增强政府工作人员的公仆意识和人民群众的主人翁意识,满足人民群众参与社会公共事务决策和管理的愿望,主张政府的一切行为都应立足于满足人民群众的需求,倾听他们的呼声,帮助他们解决实际问题。只有这样,才能使政府的政策、措施得以有效实施,才能使政府的工作得到人民群众的广泛赞誉和有力支持。

二、政府公共关系的特点

公共关系所处理的是一个社会组织与它的公众之间的关系。组织是公共关系的主体。因此,公共关系实质上是一种组织行为。政府也属于社会组织的范畴,但它又是一种特殊的社会组织,因此,政府公共关系是一种特殊组织类型的公共关系。这就决定了它一方面具有一般公共关系的基本属性和基本特征,另一方面它又具有不同于其他类型公共关系的特点。这些特点主要表现在以下几个方面。

(一) 政府公共关系的主体具有唯一性和权威性

任何一个统一的国家只能有一个合法政府。政府的这种唯一性使其超然于其他社会组织之上,而不受竞争规则的制约。政府可以制定政策、颁布法令,并强制它所管辖范围内的人民群众去执行它的决定。这是其他社会组织所不具备的,因此从客观上造成了政府高高在上、凌驾于一切社会组织和个人之上的一种强大优势。我国过去长期的计划经济体制又形成了单向垂直的指挥思维态势,政府很容易滋长超越其他社会组织和社会公众的老大思想,不像企业在市场压力下主动与公众沟通。因此政府公共关系必须有更高的自觉性。

政府作为公共关系主体,有一个从中央到地方直至基层的完整的体系,其规模之大是其他社会组织所无法比拟的;其管理覆盖面大,事务纷繁,性质各异。从居民的衣、食、住、行到社会的经济发展、文化教育、国防外交、环境生态等,几乎社会生活的各个方面都可纳入政府行政管辖范围,可谓包罗万象。同时,政府是上层建筑的核心,是对政治、经济、军事、文化等各种事务运筹帷幄、指挥调度的帅台,对社会的信息资源、大众传播媒介的运用有着企业无可比拟的优越条件。因此,运用得当,则效果明显;运用不当,则会造成极大的负面影响。

(二) 政府公共关系的公众具有广泛性和复杂性

与其他组织不同,政府机构的公众更具有广泛性,政府机构的管理对象从广义上讲涉及全体社会公众,包括社会的各个阶级与阶层、各个民族、各个党派、各种团体和社会组织等各种社会力量,而不仅是某一方面或某一领域的特殊公众。此外,由于政府承担并履行着外交、国防、外贸等涉外职能,它还必须面对国际公众。政府决策的任何微小变化都会在社会上产生广泛影响,给社会生活带来或大或小的震动。

政府公众具有其他社会组织不可比拟的复杂性。政府公共关系的工作对象,既包括内部的工作人员、本级辖区内的组织和民众,又包括辖区外的组织和民众;既有社会的各个阶级与阶层、各个民族、各个党派、各种团体和社会组织等各种社会力量,又有特殊公众,如少数民族、港澳台同胞、妇幼病残、灾民遗孤等。这些公众,既有公共的社会利益,又有各自不同的特殊利益。因此,对政府制定的有关政策和法规,不同的利益群体会持不同的态度,产生不同的意见。特别是,群体公众与组织公众交错在一起与政府发生关系,使得政府所面对的公众在利益结构上呈现出相当的复杂性。

(三) 政府公共关系的目标具有社会性和非赢利性

政府公共关系以追求社会发展的整体利益为目标。与其他组织不同,政府机构开展公共关系工作的目的不是为了自身利益的得失,而是为了国家、社会整体利益的充分实现,为了国家经济、政治的全面振兴及社会各领域、各部门的协调运转和良性运行。表面看来,政府公共关系追求自身的完美形象,但这却是从属于上述目标并为更好地实现上述目标,是有效地发挥政府的管理职能的先决条件。社会整体利益和根本利益的实现程度,是检验政府公共关系工作成败的根本标准。

政府是一种非赢利性组织,政府的主要活动是为社会公众服务,它本身不具有赢利性,不直接参与生产经营,公众向政府购买的是"公共产品"——优质的服务,政府公共关系追求的是社会效益。政府公共关系活动正是围绕这一目的而展开的。这就要求政府必须运用各种公共关系手段，开展各种公共关系活动，以提高其美誉度和知名度，树立一种"创新、务实、廉洁、高效、民主"的政府形象。社会主义政府是接受人民委托管理社会的，其行政工作人员必须树立全心全意为人民服务的思想，有与社会公众血肉相连的思想感情，有廉洁奉公的高尚情操，有执法如山的法制观念，有讲实话、办实事、求实效的工作作风，有处处体现人民利益第一的主导思想，万万不可滋生"老子天下第一"、惟权是求、惟利是图的庸俗势利观念。

（四）政府公共关系与社会政治生活密切相关

任何公共关系都与社会的政治环境有着某种程度的联系，公共关系本身就是政治民主化的产物。但是，由于不同的公共关系的内容及发生作用的范围各不相同，因而也就使各种公共关系与社会政治生活联系的性质、程度等有了很大的区别。企业等其他部门的公共关系传播沟通的内容一般只是为本部门、本单位来开辟和扩展生存发展的空间。政府公共关系则不然，它所传播沟通的内容涉及每个社会公民的切身权益，涉及广大人民群众发挥民主权利参与国家管理的程度与广度，涉及国家政治生活的性质、状态，涉及整个社会的稳定、繁荣与发展等问题。总之，政府公共关系本身就是国家政治生活的一部分，二者水乳交融、密不可分。

政府公共关系的含义和特征说明，政府公共关系不是一般意义的广告和宣传，更不是简单的"协商对话"，它是一种有着独特属性和发展规律的社会管理活动。研究政府公共关系的目的就是揭示这种社会活动形成和发展的规律，进而推进和改善政府的行政管理工作，为从根本上解决党和政府同人民群众的联系问题做出贡献。

第三节　政府公共关系的几个界定

一、政府公共关系与人际关系的区别

如果从哲学的角度分析，政府公共关系和人际关系从本质上来讲都属于社会关系。国家政府机构，包括它的公共关系组织的工作人员当然总是处于一定的人际关系之中，同时要运用人际关系交往的手段同社会上各种各样的人打交道，进行交往、接触，彼此来往。但是，政府公共关系与人际关系也存在着明显的区别，主要有以下几方面。

（一）关系的性质不同

从关系来看，政府公共关系是政府机构与它的内外社会公众的一种联系状态。不管是否有意识，任何政府机构都处于这种不可避免的关系状态中。这是由政府作为公共管理机构的角色和功能决定的，因此它带有不可抗拒性、职业性、公共性和社会性。人际关系是指社会成员之间基于个体的自由意志基础上进行交往而形成的关系。它有自由性和私人性的显著特点。人际关系是在个人自由意志基础上形成的，这种关系的形成不受社会强制性规范的调节，其交往的内容和形式完全由交往双方的审美观、价值取向、个

人兴趣爱好等所决定。人际关系属于个体的自由意志领域，个体完全可以凭自己的情感、意愿在自愿的基础上来处理人际关系。

（二）关系产生的基础不同

人际关系是以血缘、地缘、业缘为纽带所形成的人与人之间的相互作用、相互影响、相互联系，是一种"个体型"的社会关系，其原始形态与人类的起源同步。如兄弟姊妹、同乡、同事、同学等关系都属于人际关系的范畴。因此，可以说，凡是有人的地方就有人际关系。人际关系是人类社会中一种十分古老的、较低层次的关系形态。政府公共关系则是以政府的管理行为所引发的、以业缘关系为纽带所形成的特定的政府与其相关公众之间的利益互动关系，是一种"群体型"的社会关系，其原始形态产生的时间应晚于人际关系，它以政府机构的产生为依托。政府公共关系是人类社会中一种较高层次的关系形态。

（三）关系的主客体不同

政府公共关系的传播主体是政府机构及其公共关系组织的工作人员，其客体是社会大众，因此，在沟通对象方面涉及面广、范围大、结构复杂。人际关系的主体是个体的人，客体也是个体的人。虽说政府机构及其公众都是由人组成的，但政府公共关系与人际关系的立足点不同，出发点也不一样，研究的角度也不同。政府公共关系注重群体，侧重于个体的共性研究，如公众的需求、意见、评价等；人际关系则注重个体，侧重于个体的特色研究，如个人的气质、性格、仪表、风度等。换言之，政府公共关系是从"公"的角度出发，服从服务于群体的利益——国家与其公众的利益，是一种"群体型"的社会关系；人际关系则是从个体的"私"的角度出发，服从服务于个体的利益，是一种"个体型"的社会关系。由于立足点和出发角度不同，决定了二者是两种不同性质的社会关系。

（四）关系的内容和程度不同

人际关系交往包括人际物质交往和人际精神交往两大类。人际物质交往主要指人与人之间的物质交换行为；人际精神交往则指文化、科学知识、观念、道德、情操等意识方面的交往。人际交往可浅可深，往往由浅入深。社会的物质交往是重要的，是基础，但不一定是内在的东西。人际交往中的佳境往往在精神领域的心心相印、息息相通。交往深的甚至彼此可达到"神交"和"神往"的美好境界。而在政府公共关系活动中，主体与社会公众之间主要是信息、思想、感情的沟通与交流。因此，从内容上看比人际交往要窄。政府公共关系活动中主体与对象之间的交往、沟通和交流，将在交往结构的深层次上进行，更加注重对公共关系对象的灌输、渗透和引导，以便达到预期的效果，改善和提高政府管理的科学性和服务性，更充分地发挥政府的职能。

二、政府公共关系与庸俗关系的区别

公共关系在中国的发展是迅速的，但是我们同时应该看到，在现实的公共关系实践中，不少人并没有真正意识到正常有序的公共关系活动是有效地处理组织和公众之间多方面关系、协助组织创建良好形象的有利机遇，却将公共关系变成了请客送礼、拉关系、走后门的幌子，将公共关系这一美好的事物变得庸俗不堪，充满了铜臭的气息，使之蜕变为庸俗关系。于是乎，在很多情况下，一提到公共关系，人们自然会将其同诸多非正常的手段联系在一起。因此，要使政府公共关系在我国健康发展，必须将公共关系和庸俗关系严格地区分开来，并且要旗帜鲜明地提倡并实践公共关系，反对并抛弃庸俗关系。

（一）二者产生的社会条件不同

公共关系是现代社会政治民主化、商品经济发展、传播技术进步、社会活动空前复杂的产物。商品经济的发达，社会竞争的激烈，客观上要求每一个社会组织必须以公众需求为导向，创优质、求信誉、树形象，通过传播手段，加强同公众的信息交流，建立协调发展的关系。在这种情况下，公共关系事业和公共关系专职人员应运而生。

庸俗关系是指一个机构为了牟取私利，将行为和传播的范围建立和局限在用金钱、美色等手段来维系与关键人物的私人关系之上的活动，以及在该活动中发生的关系总和，它是一种为了达到某种不正当的目的而去搞拉关系、走后门等活动的不正之风，是一种损害社会利益和人民利益的以权谋私、以业谋私的腐败思想和行为。它是在生产力水平低下、商品经济不发达、服务还不够充分的客观条件下产生的。

（二）二者的动机不同

政府开展公共关系的唯一动机就是全心全意为公众服务，完全为了维护和实现社会的利益和公众的利益，同时在公众中塑造政府的良好形象，与公众建立一种相互信任、相互合作的良好氛围，更好地行使政府的管理和服务职能。

与之相对，庸俗关系活动的直接目的是为了个人或小团体的私利，是为了实现一些不可告人目的的一种赤裸裸的利用关系。它以对"我"是否有利为尺度，搞"社交"，拉关系，以权谋私，以情谋私，以钱谋私。

（三）二者的内容不同

政府公共关系的主要工作内容是帮助政府机构与相关公众进行双向的信息沟通，消除彼此间的隔阂，增进相互间的了解，从而为政府机构创造一个和谐的、充满理解和信任的行政环境；同时向政府决策层提供社会公众的反应和社会环境的变化情况及预测，正大光明地公开建立政府与公众之间的双向信息流通网络，密切与公众的关系；致力于把行政"人情化"，它的努力有助于形成正常的、和谐的、健康的人际关系，在真诚和持久的交往中，树立起政府机构特有的信誉和形象，以达到政府机构与公众利益均衡协调和共同发展的目的。庸俗关系则把人际关系"商品化"，用金钱和某种私利作为联系彼此的纽带，互相利用，它的主要活动内容是把物质、金钱作价码，暗地里拉拉扯扯、请客送礼、行贿受贿，以维持这种不正常的关系。

（四）二者的传播形式和原则不同

政府公共关系利用各种传播方式，把政府机构的相关信息传递给广大公众；在信息传递过程中，以强调真实、客观、讲真话，不能有虚假、夸张的成分为原则。庸俗关系则是利用私人交往的传播途径，向目标对象传递有关利益和好处的信息，以对目标对象投其所好为原则。

（五）二者的后果不同

政府公共关系工作的开展会促进政府与社会公众之间的相互理解、信任、合作与支持，密切政府与公众的关系，从而使政府更好地履行管理和服务的职能，使社会形成团结、安定、友好、和谐的稳定局面，促进社会政治文明建设，推动社会繁荣和文明的进步。庸俗关系则是不顾国家利益，不顾别的组织利益或别人的利益，一切为谋求私人或小团体的利益而活动，它破坏了社会秩序的正常运转，破坏了组织与组织之间、人与人之间正常的社会关系，败坏社会的道德风尚，造成社会的不安定因素，是社会文明进步的绊脚石。

从以上分析可知，政府公共关系和庸俗关系是有本质区别的。政府公共关系是一种健康的、正常的、合理的社会关系；庸俗关系则是一种非正常的、不健康的、被扭曲了的社会关系。

三、政府公共关系与行政管理的区别

行政管理指国家通过行政机关和行政工作人员所实施的对国家和社会事务的管理活动、行政行为。政府公共关系进行的工作，例如对话、演讲、民意测验、赞助、展览、接待、信访、新闻发布会、组织会议等，实际上也是政府实施的对国家和社会事务进行的管理活动的部分内容，所以也是一种行政活动和行政行为，也必须在国家政策、法律、纪律规定的范围内运作。同时要讲究工作效率，维护党和政府的形象和权威。因此，政府公共关系在理论上和实践上与行政管理存在着密切的联系，公共关系是现代行政管理的重要职能，在现代行政管理中具有举足轻重的地位。

但公共关系与现代行政管理的概念又是不同的，二者的主要区别表现在以下几方面。

（一）二者的对象不同

行政管理的对象是国家机关、各事业单位、社会团体和公民；政府公共关系的对象是公众，指与政府部门的利益直接和间接相关的个人、群体和组织，他们对于政府部门的目标和发展具有实际或潜在的影响力和制约力。

（二）二者的活动范围不同

行政管理的活动范围极其广阔，包括政治、经济、文化、军事、外交等社会生活的各方面；政府公共关系的活动范围相对狭窄，主要从事与公众之间的信息与观点的交流和沟通活动，以塑造政府形象、协调关系、提高效率、促进政府部门决策的民主化和科学化为中心。

（三）二者的手段不同

行政管理活动是国家机关依赖其掌握的国家政权，依照法律、法规开展行政活动和管理活动，一般来说是一种硬性管理，效果直接、明显、较为迅速；政府公共关系只是现代管理的一种内求团结、外求发展的软性管理手段，它带来的效益不是那么迅速、明显和直接，表现手法委婉含蓄，实现目标是间接的。

四、政府公共关系与企业公共关系的区别

政府公共关系与企业公共关系都是依据公共关系的科学原理开展工作，其基本目标都是为了塑造良好的组织形象。但由于政府和企业的性质、功能的不同，决定了它们的公共关系有许多明显的不同，表现在以下几方面。

（一）二者的主体不同

政府公共关系的主体是国家机关及其承担公共关系职能的部门，即公共关系办公室或公共事务部；企业公共关系的主体是从事生产经营或提供服务的经济实体——企业及其公共关系部。

（二）二者的目标不同

虽说二者的基本目标都是为了塑造良好的组织形象，但是在追求知名度和美誉度上，二者各有侧重，政府公共关系塑造形象注意美誉度，企业公共关系则注重知名度。

政府公共关系注重社会效益，强调从国家的整体利益出发，坚持国家、集体和个人利益的有机统一；企图通过公共关系，推动政务公开，增强政府工作的透明度，与社会公众建立和谐的关系，提高政府行政管理的科学化、现代化水平，树立廉洁、勤政、务实、高效的政府形象，从而促进社会主义经济繁荣和科技进步，促进社会安定团结。

企业公共关系也力图实现经济效益和社会效益的统一，但更注重经济效益。运用有效的传播手段，广泛与社会公众沟通，宣传企业的优质产品、优质服务及企业的经营管理水平和科技水平，从而提高企业及其产品的知名度，努力树立企业及其产品的形象，促进市场销售。

（三）二者活动的形式和范围不同

公共关系活动，是指公共关系部门有目的、有计划地开展各种活动的总称。政府公共关系所开展的各类活动形式有所不同，其范围较窄，主要是：举办记者招待会，新闻发布会；开展对话、公众接待、赞助、演讲、展览会；参与由政府举办的大型社会活动，处理突发事件等。

企业公共关系活动所采取的形式有：举办记者招待会、新闻发布会；举办新产品介绍会、展览会、展销会、表演会、研讨会、洽谈会；开展演讲活动，组织公众参观企业设施和工作现场；举办以企业命名的各种文艺演出、比赛，参加各种社会活动等。

第四节　政府公共关系的职能

政府公共关系的职能是公共关系在政府工作中所应发挥的作用和应承担的职责。政府公共关系最基本的职能，就是通过开展公共关系活动，实现政府机构与公众之间的信息交流和沟通协调，为政府机构提供决策咨询，全方位地塑造政府形象，建立信誉，促进社会的全面发展。

一、收集信息

（一）收集政策形象、管理水平的信息

按照美国学者查尔斯·沃尔夫的看法，政府政策的出台主要是由于市场机制产生的结果存在着经常的、无数的缺陷，也就是说每一个政府政策的制定，都是为了弥补市场机制的不足。国家出台的每项法令、法规，都是为了维持社会有序发展。这种情况，从我国的人民代表大会提案中亦可见一斑。当地的人民代表，针对社会政治、经济、文化等方面的问题，在充分地收集信息、调查研究的基础上，以提案方式提交给人民代表大会，大会经过审议，详细地调查研究、讨论之后，做出采纳或不采纳的决议。在出台相关政策时，一般是先出草案，试运行，在听取各方面的反馈信息后，决定是否出台正式的政策。所以每一个政策的制定都有严格的规则和程序，它是否符合实际还要在运行过程中接受公众的考验。所以，在政策制定和实施的每一个阶段都离不开信息交流。

各级政府组织在贯彻执行上级政府下达的决议、政策的同时，都要结合自己政府各方面的实际情况，制定和实施自己对内对外的各种具体政策，而这些具体政策的制定和实施，政府内外的公众是怎样评价、怎样议论的，是赞成还是反对，赞成的理由和根据是什么，反对的理由和根据又是什么，赞成和反对的比重各占多少，以及政策实施后的经济效益和社会效益如何等，就是政策形象信息搜集的内容。例如，在2001年，为解决国有股一股独大，对股份制企业的经营和管理干涉过重，政府尝试进行国有股减持，但是在实际操作过程中，由于减持的意义、措施未能得到广大股民的理解和支持，在具体操作中没有找到最佳的解决办法，致使上证指数从2200多点跌至300多点，直接造成了企业的股份制改造和融资的困难。政府在充分征求广大股民的意见，与有关专家、学者讨论和研究之后，终于在2002年6月14日出台了停止国有股减持的政策，结果当日绝大部分股票以涨停报收。投资者的行动对此政策投了赞成票。由此可见，政府的政策不是一成不变的，必须以发展的眼光来看待政策，以实事求是的态度来收集政策、形象信息，这样才能真正实现政策形象信息的交流。

政府组织的管理水平包括多方面的内容，无论是政府外部各类公众，还是政府内部的全体员工都可能对此产生不同的反应。例如，对于某项改革措施的评价——决策方向是否正确，目标是否合理，方案有无创新精神；对人事管理的评价——用人是否得当，考察任免干部的程序是否科学、规范等。政府公共关系人员必须将了解和掌握的有关政策形象和管理水平的信息，及时、准确地提供给政府的领导者，这对于进一步修改、充实、完善和更好地实施政府制定的政策，提高管理水平，是很有益处的。

（二）收集领导者形象信息

政府的知名度大小、形象的好坏，在一定程度上与政府领导者的形象有很大的关系。因为一个政府的领导者，对内他是这个政府的带头人，他的形象如何，对政府内部员工将产生直接的影响，也将影响到政府的凝聚力和向心力；对外他是这个政府的代表，在与其他社会组织的交往过程中，他的个人形象直接代表了他所在政府的形象。政府领导者的形象，对一个政府的形象影响是巨大的。例如，9·11事件对美国政府的形象无疑是一个严峻的考验，美国政府采取了一系列的危机公共关系手段。据华盛顿著名的智囊机构——布鲁克斯协会的调查，总统布什的支持率，从8月份的25%创纪录地上升到10月份的91%。对美国总统的支持，无疑是对整个美国政府的支持。

一般说来，公众对政府领导者形象的评价，主要包括组织领导能力、运筹决策能力、协调交往能力和管理水平、创新精神、工作作风等方面。政府公共关系人员应将这些来自公众的客观评价信息及时与领导沟通，以便领导者及时调整自己的形象。

除了需要了解外界公众的评价外，对于政府内部公务员的各种反映也必须认真对待，领导者只有通过他们的行动才能实现自己的愿望。

（三）收集机构设置和办事效率信息

政府外部的社会公众和政府的交往一般是在政府设置的相应机构中进行的，在交往过程中，公众总是自觉或不自觉地对这些机构的办事效率产生这样或那样的看法，形成这样或那样的议论。这些看法和议论或是赞誉肯定，认为机构设置合理、程序少、运转灵活，办事效率高；或是批评否定，认为机构设置重叠、人员多、程序复杂、办事效率低；或是建议，提出对现有机构设置进行调整、变动的方式和方法等。不管哪种类型的信息，政府公共关系人员都应搜集，并客观地反映到政府决策层，这是精简组织机构设置、完善政府工作职能、提高政府办事效率的有效途径之一。政府公共关系人员在搜集上述各方面信息的过程中，一定要做到准确、全面、及时。

（四）收集有关政府的其他信息

现代社会是一个错综复杂的、迅速发展的社会，使得政府的工作也置身于多变的动态环境中。政府公共关系部门和公共关系人员在开展公共关系活动中，应注意广泛收集有关社会、政治、经济、技术、文化等方面的信息和情报，监测外部环境的变化，分析和预测有关发展趋势，及时向政府决策层反映和反馈有关情况。

二、决策咨询

在现代社会，任何一个社会组织面临的情况都是十分复杂的。作为政府的领导者、管理者，要有效地实施领导和管理，在政府内外享有较高的威信，工作要卓有成效，单凭个人的经验、能力和才智是很难适应的,这就需要组织各方面的专业人员提供咨询。由政府内部公共关系人员提供的公共关系方面的咨询就是其中一个必不可少的重要内容。从某种意义上说,政府公共关系部门也是一个智囊机构,在管理中起到政府决策的参谋作用。

政府公共关系人员向决策层和各管理部门提供的咨询建议,主要有以下几方面的内容。

(一) 政府形象咨询

政府形象是一个整体概念,它由以下一些具体要素构成:组织人员,由各级领导者和广大公务人员组成;目标,它是政府宗旨的直接体现,也是政府形象的具体化;政策,是政府为实现自己的路线和任务而规定的行为准则,包括各种法令、法规、纪律、制度等;效率,它是政府活动的综合体现,反映着政府的工作作风、人员素质等各方面的状况。一个政府在不同公众心目中的形象往往是不完全一致的,因为公众接触的事情因时间、地点而异,而且评价又因个人的环境、经历不同而带有各自的主观成分。同时,政府自己心目中的形象与在公众心目中的形象也常常相距甚远。一个政府形象的塑造往往要经历一个漫长的过程,特别是在塑造之前,如果不进行形象咨询,极有可能会走许多弯路,公共关系部门正好可以担当此任。公共关系人员要提供政府形象的咨询,必须在广泛搜集社会公众对政府形象期望和评价的信息基础上,对新获取的有关政府形象的各种不同信息进行认真的、实事求是的分析和整理,去粗取精,去伪存真,形成一个比较准确的关于政府形象的评估。

(二) 公众心理咨询

政府公共关系人员要塑造好政府形象,提高政府声誉,一个重要的前提是了解自己的工作对象——公众。也就是说,要分析和研究、预测公众对政府制定的方针、政策和实施方案的心理需要、心理适应程度和心理承受能力,密切注意公众的各种态度和意向及其变化。公众的种类很多,公共关系人员应当细致地分析和研究、熟悉和掌握不同类型公众的心理需要各有什么特点,并及时为政府领导者和职能部门提供公众心理需要的咨询。如以农民为例,在生产新品种时,他们希望技术下乡;在农业喜获丰收时,他们渴望解决负担过重的问题。下岗工人最急需的是再就业;青年人希望社会能给他们创造良好的条件和环境,让他们充分施展才华;老年人则希望社会公共福利事业有充分发展,以使他们晚年生活舒适、安逸。政府公共关系人员就是要清楚地掌握不同公众的心理需要,并研究和预测这些心理需要因客观环境的变化将发生什么样的变化,从而为政府领导者和有关职能部门制定、修改和完善方针、政策提供可靠、准确的依据。

(三) 领导决策咨询

政府的决策是政府领导者的主要职责。决策的正确与否,直接关系到政府的形象和事业的成败。公共关系人员对领导的决策有参谋作用,具体体现在决策的整个过程之中,包括决策目标咨询、决策方案咨询、评估和选择决策方案咨询。

三、协调沟通

（一）协调沟通政府内部的各种关系

1. 协调沟通政府内部领导者和一般公职人员的关系

政府公共关系人员如何协调处理好领导者和一般公职人员之间的关系呢？第一，应积极主动地在政府领导者与下属之间铺路搭桥，建立沟通渠道，经常提醒领导者抽出一定的时间，深入到下属中间倾听其意见和要求，及时解决下属中存在的一些具体问题和困难，如录用、晋升、工资、奖金等，加强彼此间的联系和信任，融洽双方的关系。第二，帮助领导者了解和掌握员工中的思想动态，注意搜集下属中较有影响的言论信息，便于领导者吸收下属的聪明才智，集思广益地进行指挥和决策。第三，积极宣传介绍政府的方针、政策，传达领导者的意见，解释一切可能发生的误会，使下属对领导的苦衷、难处表示理解，同时，还应让下属了解政府取得的成就，对社会所做的贡献，从而使下属产生一定的成就感和荣誉感，以政府荣誉为重，做好本职工作。

2. 协调沟通政府内部一般公职人员相互间的关系

政府内部的人际关系，既包括领导者之间、领导者与被领导者之间的关系，也包括一般职员相互间的关系。协调公职人员关系最重要的一个方面就是要采用公平、公开的晋升机制。在政府部门中凭自己的能力而得到晋升，是对公职人员价值的最充分的肯定，没有得到晋升的公职人员，如果是因为能力和贡献的差距，他肯定会心悦诚服。要协调好关系，政府公共关系人员还要经常不断地了解公职人员心里在想什么，生活和工作上有哪些实际困难，出现了什么问题等，同他们做知心朋友，并在此基础上，要动之以情、晓之以理地对他们进行增强政府的凝聚力、向心力等方面的思想教育。除此之外，还应知难而进，力求使每位公职人员树立起公正、高效率、高素质的形象，调动内部员工的积极性。

3. 协调沟通政府内部各部门之间的关系

在现代社会中，各级政府要有效地执行党的路线、方针和政策，完成国家下达的各项任务，就必须使政府内部各部门协调一致、相互支持、积极配合地开展工作。如果各职能部门都从本部门的利益出发，就会出现相互推诿、办事拖拉的现象，甚至出现这样或那样的摩擦，造成各部门之间的关系不协调。因此，要求政府公共关系人员要能斡旋其中，明确各自的职责任务，同时要排除误解，缓和冲突。通过沟通渠道，加强各部门之间的联系，造成一种相互支持、相互信任、相互谅解的团结合作气氛，使各部门成为高效能的办事机构。

（二）协调沟通政府外部的各种关系

在复杂的社会现实中，由于各种原因，政府的工作计划或工作的具体方案，常常会发生与当时整个社会的经济政治环境不相吻合或与外界公众的需要相悖的情况，从而出现政府与公众、外界组织或外部环境不协调的现象。政府公共关系人员应当与领导者及其他管理部门一道，发挥自己"双向沟通"的特长。一方面，经常向政府领导者和各职能部门介绍和反映外部公众或外部组织的要求，使政府制定的计划、方案，既与国家的大政方针相适合，又与外界公众、外界组织的要求相适合；另一方面，经常向外界公众和有关组织宣传自己，使广大公众和有关部门尽可能了解和信任、帮助和支持本政府的工作，从而协调好政府内外的各种关系。

四、宣传引导

（一）对外部公众的宣传引导

公众舆论（public opinion）直译过来就是"公众的意见"。公众对组织的评价和意见，既是组织在公众心目中的形象，又是组织所面临的舆论环境。公共关系工作既要向组织提供和解释公众对组织的评价和意见，又要通过有说服力的宣传来影响和引导公众的评价和意见。因此，分析和影响公众舆论是公共关系的重要工作。

组织所面临的环境是不断变化的。在不同的舆论环境下，组织的宣传引导的侧重点不同。一般来说，当政府推出新的政策或服务项目时，宣传的侧重点在于建立新政策或新服务项目的良好声誉，所以要加大宣传力度，吸引公众注意。当它处于顺利发展时，宣传的侧重点在于保持和维护对政府有利的舆论环境，同时寻找新的宣传契机，进一步扩大影响、提高声誉。当政府处于逆境或某服务项目遭受危机时，宣传的侧重点在于扭转不利舆论，形成有利舆论，争取公众支持。此时，应向公众坦诚说明事实真相，宣传危机处理或补救措施，树立政府负责任的形象，从而引导公众客观地、全面地、公正地评价政府，重塑政府形象。

（二）对内部公众的宣传引导

公共关系是政府组织全体成员的公共关系。每个政府部门的成员都是政府的形象代表，每个组织成员都是政府对外宣传引导的窗口。因此，要做好对外的宣传引导，必须先做好对内部成员的宣传引导。平常要将政府的宗旨、文化、方针、政策等对员工进行宣传教育，使政府的理念变成政府组织成员的自觉、主动行为，甚至习惯行为；让组织成员知晓、理解、参与组织的重大活动项目，体会主人翁精神；对组织成员进行公共关系教育，增强公共关系意识，使组织从最高领导人到一般工作人员都养成自觉珍惜组织声誉和形象的职业素质。

五、树立形象

在现代社会，组织形象是一个十分重要的问题。有了良好的组织形象，就能赢得公众的理解和支持，就能增强组织的凝聚力，组织的目标就得以顺利实现。政府部门组织形象是公众对政府部门组织的总体评价，是政府部门组织的表现与特征在公众心目中的反映。良好的政府形象是一笔巨大的无形资产。有人说，形象是继人、财、物、信息之后组织的第五大资源。良好的政府形象有利于维护组织的信誉，有利于拓宽组织的生存空间，有利于增强政府对公众产生强大的吸引力，大大提高社会效益。

树立政府部门的组织形象首先要准确定位。组织形象定位是组织在公众心目中确定自身形象的特定位置。这个特定位置通常是特定组织与其他组织相比较而确定的。因此，组织形象定位总是根据组织自身的特点、同类组织的情况、目标公众的情况等要素来确定的。政府部门组织形象的定位主要在于其目标、宗旨是否符合社会利益。相比来说，政府部门之间的竞争要比营利组织之间的竞争弱，生存空间要大。因此，政府部门的定位只要符合社会需要，就能立足。

政府公共关系是一门塑造政府形象的艺术。以上谈的五个职能，归结到一点都是为了塑造政府良好形象，提高社会效益，以赢得社会公众的信任和支持。而塑造政府形象、建立公众信誉是一个政府长期的战略目标，形象的总体工程设计和实施需要运用公共关系的手段与方法。

【案例1-1】

文莱苏丹国的公关宣传

文莱苏丹国（今文莱国的前身）在16世纪初是一个强盛的国家，它控制着婆罗洲的所有岛屿。到19世纪，其势力削弱至今日小国。19世纪末，文莱成为英国的保护地。1979年，文莱与英国签署协议，并于1983年底宣告独立。然而，该国政府当时面临着这样的问题：在国际社会缺乏知名度，国际媒介对它的报道欠客观、公允。

1987年11月，英国宣伟公司承接了文莱政府委托的一个政府公共关系项目，即建立有关文莱的准确信息源，通过传播增加人们对该国发展与进步的认识，消除人们对该国的不准确的认识和错误的理解。

在进行深入细致的调研基础上，宣伟公司首先通过其全球网络在世界各地的业务点建立文莱新闻信息处，并在文莱成立了新闻信息中心办公室，由后者控制与协调各地新闻信息处的工作。为了全面反映文莱各方面情况及发展，新闻中心办公室编制了参考书《文莱概貌》。这本164彩页书系宣伟公司负责设计和印刷，它有供一般读者阅读的平装本、供政府官员使用的精装本，以及供赠送贵宾的布面本等三种版本，通过广告宣传推介该书。宣传文莱的"言论广告"被译成阿拉伯语、日语和巴哈萨语（印尼语之一），在25个国家的16种报刊上刊出，总发行量超过600万，读者估计有1500万。广告宣传使求购《文莱概貌》的订书单达11000张。除了设计制作宣传广告，宣伟公司还在1988年8月帮助实施了首次由《金融时报》出面的对文莱形象的调查。25分钟的文莱介绍专题录像片也在同期开始制作，首映式安排在1989年2月23日文莱国庆，录像后的拷贝发送至文莱驻外的14个使馆和11个新闻信息处。

同时，文莱新闻信息中心办公室着手组织海外人士对文莱参观访问。1988年7月，为配合文莱庆祝苏丹的生日，英国议员被邀到文莱访问，以便他们了解该国近年来发展情况和未来发展规划。第一位到文莱进行采访活动的新闻界人士是英国《星期日电讯报》总编佩里格林·沃索恩先生，他成为第一位获恩准专访苏丹的记者。过去，有关苏丹的个人秘闻流传甚广，称其是世界上最富有的人之一，这自然吸引了许多记者从主观推测的角度撰写有关苏丹的耸人听闻的故事，使关于文莱的大量报道都集中在这位统治者身上。而现在则通过记者采访及由宣伟公司策划，英国著名记者查尔方特为苏丹撰写传记，使人们能以严肃的态度分析作为一国统治者的苏丹，消除了关于苏丹的误传和流言。随后，英国、日本、东盟国家、香港地区、澳大利亚、美国和中东等国家的著名记者或记者团访问了文莱，使文莱逐渐为世界所认识和了解。

资料来源：好汉网公共关系论坛

【案例1-2】

9·11事件后的布什

政府领导人的形象是第一位的。他们所制定的方针、政策，他们的言谈举止、所作所为，包括外交活动等，都会在各类公众心目中留下深刻的印象，公众都会对其作出种种评价。因此，政府公共关系人员要经常注意收集和详尽研究领导者所拟定的各项目标和政策，研究他们的言行和管理手段、方法，测定他们对政府形象的关心程度和重视程度，同时也要了解他们对公共关系的认识和要求，这些都是公共关系人员在设计、评估政府形象时的重要依据，只有掌握了上述内容，才能及时、准确、有效地协助、劝说政府领导人注意塑造政府的形象。

各国政府对于领导人的形象定位是十分注重的，它包括外部形象和内在形象两个方面。例如，卡特和尼克松在竞选时，就非常注重自己的外部形象，卡特有身高优势，尼克松则有口若悬河的口才，但电视形象较差。所以双方的公共关系专家在进行策划时，卡特主要采用电视作为传播媒介，而尼克松则采用广播。在最终要进行电视辩论时，尼克松的智囊团则要求去掉前面的讲台，因为卡特的身材不太好。

小布什总统在内在形象的树立方面显得得心应手。他巧妙地利用了2001年的9·11事件。9·11事件发生前，小布什的支持率只有25%，公众对他的工作作风和态度颇多怨言，称他是一个"需要假期的总统"。9月11日上午9时05分，布什第二次接到世贸大厦遭袭的报告；9时25分，布什在佛罗里达州的萨拉索挞机场发表了一个简短讲话，称"现在是美国历史上一个艰难时刻"，"美国政府决不会姑息任何恐怖主义行径"；随后，"空军一号"前往内布拉斯州奥法特空军基地，那里是美国控制核武器的战略司令部，布什在那里举行了全国安全委员会紧急会议；下午，"空军一号"停靠在路易斯安那州的安德鲁斯空军基地，布什再次发表简短声明，他谴责恐怖分子是"懦夫的袭击"，同时对奋斗在抢救前线的每一个人表示感谢，他下令美国处于战备状态；傍晚，布什回到了华盛顿，此时世贸大厦的残垣断壁上还在不断地冒着浓烟和烈火；晚上8点30分，布什向全国发表正式电视讲话，布什再次谴责恐怖分子并发誓一定要惩罚凶手。

在12个小时之内的三次公开讲话中布什都是一副悲愤的表情，他眼角噙着泪水，双眼直视前方。美国公众理解了他，人们普遍地感觉到他们的总统受到了打击，和整个美国一样。人们也原谅了总统为什么整整一个下午没有露面。总统的缺席并没有导致更大的危机。在第二天面对媒体的责难时，副总统切尼的解释显然使公众理解了作为总统布什的安全的重要性，当然也理解了总统对于美国公众的重要性。

危机既可能成为更大危机的前奏，也可能成为一个重大转机的开始，接下来布什和他的助手们所开始的工作是非常清晰和高效的。

首先，他必须采取一切措施解救被围困在现场废墟中的人们，他必须安抚正在经历恐怖的民众，同时他还必须明确、坚定地防止恐怖活动的扩散。他下令全美所有机场关闭，全球美军基地处于战备的状态，关闭美国在敏感地区的大使馆等。

接着他向人们保证一定要全力抓住凶手，在一个非常短的时间内将目标锁定在藏身于阿富汗的本·拉登。他还与国际社会进行了广泛的交流，与普京、希拉克、布莱尔、江泽民等各国领导人进行了对话。

他还必须迅速凝聚美国民众的士气，尽管宣布战争需要非常大的勇气，但他还是迅速地就此问题与国会达成一致。布什必须给美国民众一个心理上的安慰，一个宣泄愤怒的出口。

9月12日10时40分，布什发表第二次讲话，这次人们看到的是一个坚定的布什，一个强硬的布什。他正式宣布对纽约和华盛顿的袭击是战争行为。把袭击事件视作战争显然提升了与恐怖主义斗争的级别，国会参众两院以压倒多数票通过了支持他的决议。

9月12日下午，布什身穿牛仔裤和夹克衫来到了仍然弥漫着烟尘的曼哈顿。布什夹杂在警察、志愿者、医生和建筑工人当中，从一个消防员手中接过指挥喇叭高声叫喊："我听到了！造成如此后果的人将很快能听到我们的声音！"尽管在9月11日布什没有及时赶到纽约，但人们仍然高喊着"美国，美国"来响应他。这是副新面孔，他不仅仅带给民众一副亲切面孔，更多的是向民众表达出了他的勇敢。

9月14日，布什眼含泪水宣布该日为全国哀悼日。他呼吁美国人民午餐时为在恐怖袭击事件中遇难的人祈祷。在华盛顿特区国家大教堂举行的一个宗教仪式上，布什呼吁每一个美国人到自己教派的教堂、犹太会堂或清真寺进行祷告。第一夫人劳拉致信全美小学生，说此次恐怖事件给全国儿童造成了伤害，希望父母们能够爱护并安慰自己的孩子，呼吁父母们关掉电视，营造一个平静轻松的家庭环境，以减轻恐怖事件所造成的负面心理影响。

这一天，美国《新闻周刊》公布的民意调查显示布什的民意支持率达到85%，比他父亲老布什在海湾战争时期的支持率还高，也超过了珍珠港事件爆发后的罗斯福总统。由此可见，政府领导人的形象，对于政府整个形象的树立是十分重要的。

【本章小结】

公共关系是特定的社会组织和个人为塑造良好的形象,通过传播沟通的手段争取公众理解和支持的一种管理职能。政府公共关系和人际关系、庸俗关系、行政管理、企业公共关系之间有根本的区别,它是指政府为了争取公众对政府工作的理解和支持,在公众中塑造良好的形象,运用传播沟通手段处理和协调与公众的关系,以便更好管理社会公共事务的一系列活动,它具有一般公共关系的基本属性和基本特征,又具有不同于其他类型公共关系的特点,具有收集信息、决策咨询、沟通协调、宣传引导、塑造形象的职能。

课堂讨论题:

1. 结合上述两个案例谈谈公共关系对政府及其领导人形象塑造的意义。
2. 结合实际,谈谈公共关系对我国当前的政府工作将发挥何种作用。

复习思考题:

1. 怎样理解政府公共关系的科学内涵和特征?
2. 如何界定政府公共关系和庸俗关系?
3. 结合政府公共关系的职能,谈谈我国大力开展政府公共关系工作的必要性。

第二章 政府公共关系的产生和发展

学习目标

- 了解政府公共关系在国外的产生与发展的历史过程
- 认识中国特色政府公共关系产生与发展的历史过程与存在的问题
- 全面、准确和科学地把握中国特色政府公共关系的内涵与广阔前景

第一节 政府公共关系在国外的产生与发展

一、政府公共关系在国外的起源和发展

政府公共关系在国外的起源与发展大体分为三个时期。

（一）萌芽时期

人们普遍认为，真正意义上的公共关系与商品经济的发展、民主政治的兴起及现代传播技术的进步密切相关。所以，职业化的、科学的公共关系是在20世纪初才开始的。但由于任何组织实际上客观存在着和公众的关系，而且公共关系是一门涉及多学科的、运用多手段的管理科学，任何社会组织都有可能自觉或自发地运用其中的某些手段，来争取民众的支持，因此远在公元前的一些文化较发达的国家，就产生了一些类似于现代公共关系的活动。古代社会的组织程度很低，除了政府及附属于政府的一些组织之外，社会上几乎不存在其他类型的组织。所以，所谓古代社会的公共关系实际上主要表现为政府公共关系。在古代的政治生活中，当时的一些比较开明的帝王、统治者或政治活动家，已经懂得如何运用诱导、劝说、宣传等手段来影响民众的态度和社会舆论，尽可能地在民众当中树立自己良好的形象，以便稳固和延续自己的统治，或者达到自己特定的政治目的。

在西方，公共关系开始于古希腊，在那里诗人也是公共关系人员，有韵律的诗歌便于记忆，也便于流传，有钱的王公贵族为了树立自己的形象，便雇诗人给他们写赞美诗，西摩尼得斯和品达就是靠写赞美诗生活的诗人，他们也是最初的宣传人员。在希腊，用诗歌操纵舆论的做法是很普遍的。所以，柏拉图在《共和国》一书中提出禁止

所有的诗歌,只有为政府所作的诗歌例外。这不仅是第一次试图用政府控制大众媒介的例子,也是最早提倡公共关系的例子。

罗马人改进了诗歌形式,使它更加精练,并巧妙地渗透到公共关系之中。维吉尔的《田园诗》从表面上看,只是赞美乡村生活,包括新鲜的空气、纯净的流水和人们在大自然中生活的乐趣,但它的真正目的是希望人们离开已经十分拥挤的罗马城,重新做一个乡村居民,从而减轻罗马城的人口压力,增加农业人口的数量,以便有更多的人为罗马城生产粮食。这首诗是受政府的委托而作的。这是政府通过诗歌进行公共关系活动的例证。

罗马人还雇佣游说者赞美主人的美德。放荡的统治者用马戏表演作为一种公共关系的手段,企图使人们不再关心统治者的腐败、不公正,并忘记他们自己过的那种贫困生活。

罗马第一位运用公共关系的著名人物就是恺撒。他认为时间和空间都要为他和他的政治野心服务。他曾被派往高卢去统帅军队。在罗马军队进军的途中,他派人把他和军队的情况写成报告送往罗马。这些报告使用十分生动的语言,常在罗马广场被人们传诵。当他作为军队的首领返回罗马后,人民便拥护他做了皇帝。

考古学家曾在伊拉克发现了一份公元前 1800 年的农业公告。它的主要内容是告诉农民如何种地、如何灌溉、如何对付田鼠、如何收割庄稼,很有点像现代社会某些农业组织的宣传资料。这大概是我们知道最早的政府公共关系活动。

在古印第安人的历史著作中,关于国王特使的记载也谈到:国王特使的职能就是保持国王与公众的联系,鼓励公众支持国王,制造有利于政府的舆论,并且还负有刺探情报的责任。

在美国,最早的公共关系起始于独立战争时期和立宪运动时期,当时塞缪尔·亚当斯和战友们首先采用现代传播手段,进行反对英国殖民统治的宣传。1750—1783 年公开出版了 1500 多种小册子,成功地为美国革命制造了舆论。历史学家阿伦·内文斯认为,1787—1788 年的美国北部联邦同盟文件"是今天公共关系方法的先驱",争取美国宪法获得批准运动的胜利是"迄今为止美国公共关系领域所取得的最大成果"。

美国的总统竞选活动也普遍运用公共关系手段。1828 年,安德鲁·杰克逊改变早期政治选举方式,按照竞选纲领进行呼吁、宣传和辩论,被选为美国总统。1888 年总统竞选时,共和党和民主党候选人面对广大人民对垄断资本的强烈不满,都打出了反托拉斯的口号,力图树立代表公众利益的形象,笼络人心,捞取选票。自此以后,历届总统竞选都要请公共关系专家精心设计,周密策划,进行推销性的"形象竞争"。

19 世纪二三十年代,美国民主政体趋于成熟,当时普通人开始拥有选举的资格与权利,公众的政治兴趣迅速萌发,新闻界的作用也日益明显。这种情况使得政府不再是少数贵族绝对统治的中心,政府及个人要成功地进行各项政治活动必须首先赢得广大民众的支持。顺应这一历史潮流,政治和政府公共关系也活跃起来。这一时期已出现了类似于今天公共关系顾问的活动形式，其代表人物是艾莫斯·肯德尔。肯德尔作为杰克逊总统的非正式顾问担任竞选活动家、代笔者和公共事务专家。杰克逊的一些政治活动和政府政策明显地受到肯德尔的影响，包括他的策略思想、对公众舆论的看法及沟通技巧等。

19 世纪末期，政治生活中的公共关系有了很大变化，这主要是由于印刷技术的提高、铅字铸造机的产生、廉价纸张的大量供应及报纸数量的增加等。这些经济技术条件为公共关系的发展起到了促进作用。各政党及政治人物纷纷利用这种有利条件为自己张扬、炫耀，公共关系进一步发展起来。尽管如此，公共关系在整个 19 世纪还只是作为一种新生事物刚刚萌芽，公共关系的概念还很少为人们所了解，公共关系全面发展的基础还很薄弱，如当时还没有全国性的宣传和沟通媒介，集团关系相对简单等。人们对公共关系的认识也处于模糊状态，对公共关系的运用缺乏自觉性、系统性及道德性等。

（二）产生和成熟时期

虽然现代意义上的政治和政府公共关系植根于 18—19 世纪，但真正建立起这一职业并使这种活动得到社会广泛承认却是在 20 世纪。这一时期世界进入了新的时代，资本主义商品经济空前发展，人们的社会联系日趋广泛复杂，同时资本主义也从自由竞争阶段发展到垄断阶段，致使阶级矛盾、社会矛盾日趋激烈。社会的现实使得广大群众怨声载道，他们要求建立诚实的政府，要求官员直接对选民负责，要求政府制定节制大企业的立法，要求参政议政，要求政府采取行动保障人民的福利，等等。与此同时，新闻界也开始了一场揭丑运动，历史上被称为"扒粪运动"。这一运动把矛头直接指向政府和大企业，揭露政府官员的贪污腐败及大企业的丑恶行径。这一切都使得资本家及其政府再也不可能像以前那样继续统治下去了。企业和政府要维持其存在和发展，必须以真诚的态度和行为同公众进行广泛的交流与沟通。政府公共关系就是在这样的社会前提下产生和发展起来的。

1900 年，乔治·迈克尔利斯、赫伯特·斯莫尔和托马斯·马文在波士顿创办美国第一家宣传企业——宣传事务所（今天的公共关系机构前身）。从此，公共关系（包括政府公共关系）职业正式诞生。1906 年，这家宣传事务所声振全国并被国家铁路局聘用，成为开展职业政府公共关系工作的先例。以后，其他一些公共关系公司纷纷成立，为政府和企业提供各种公共关系服务。其中影响较大的是公共关系职业创造人之一的艾维·李于 1903 年创办的宣传顾问事务所。艾维·李开创性的工作为今天的公共关系事业打下了坚实的基础，他对公共关系的认识及由他创造的许多技术和原则至今还为人们所运用。1905 年，艾维·李向新闻界发表了著名的、具有里程碑性质的《原则宣言》，全面阐述了他的思想和宗旨。他写道：这不是神秘的新闻机构，我们的所有工作都是公开进行的……简单地说，我们的计划是，公开而坦率地代表企业和公共事务机构，向新闻界和美国的公众提供公众需要了解的、有关公众利益和价值的准确资料。艾维·李的思想可用两句话来概括，即"说真话"和"公众必须被告知"。这种对公共关系的认识及行为打破了过去那种欺骗式的宣传气氛，使公共关系从不成熟走向成熟，从而成为公共关系历程中第二阶段的一块里程碑。

政府公共关系在20世纪20—60年代获得了长足的发展，两次世界大战及资本主义历史上的经济大萧条在客观上促进了公共关系的进步及其范围的扩大。

第一次世界大战期间，美国由威尔逊总统组织成立了公众消息委员会，它的任务是在战争爆发后组织公众舆论支持战争。由于当时没有可利用的电台或电视台将消息迅速传遍全国，为此，他们成立了"四分钟人"组织，组织人员收到消息就迅速把它传递到附近的学校、教会、服务俱乐部及其他人群聚集的地方。这是一个庞大的、有力的宣传性组织，很多优秀的记者、教师、编辑、作家都参加了该项活动，一些著名政治活动家也都成为政府的公共关系顾问。此外，政府在发行战争债券、募集新兵和募捐等活动中也开展了大量政府公共关系工作，取得了显著的成绩。

公共关系的广泛普及使公共关系理论成熟起来。1923年，爱德华·伯尼斯首先把公共关系作为一门课程推上了纽约大学的讲堂，并完成了他的首部著作《公共舆论的形成》。伯尼斯的研究工作使公共关系由一种职业活动变为一种科学理论，开了公共关系理论化、系统化的先河。

1929年是世界经济大萧条时期，美国政府和工会也运用公共关系手段协调劳资矛盾，沟通政民关系。总统富兰克林·罗斯福的"炉边讲话"通过广播深入到美国家庭，宣传了他的社会改革思想，鼓舞了人们的信心。经济灾难和罗斯福的新政使公共关系在新的经济条件下获得了充分发展的动力，各个政治集团认识到赢得公众支持的必要。在罗斯福领导下，政府部门的公共关系异常活跃，这为美国度过艰难的危机阶段立下了汗马功劳。

第二次世界大战期间，美国的政府公共关系又一次得到促进和发展。1941年罗斯福下令成立了作为今天美军中央情报局前身的"战争情报中心"，1942年战争宣传委员会也产生。这两个组织运用公共关系宣传解释美军出国远征的意义，号召人民支持政府和军队，用公共关系协调军队内部黑人和白人士兵的关系，协调驻外美军与驻在国之间的关系，协调政府与工业的联系，调整国内各方面的关系，他们不仅鼓舞了士兵和人民，更重要的是在敌人中埋下了怀疑和失望的种子。"精神战"的术语从此也被收入西方的词典。

战争时期的公共关系雄辩地证明了它在促进战争物质生产、提高军队士气、赢得公众支持等方面的作用。这使得战后公共关系在更广泛范围内被人们所承认与接受，同时战争也培育了大批专业公共关系人员队伍，完善了公共关系技术，拓宽了沟通渠道。这都为战后和平时期公共关系的发展打下了良好的基础。

（三）繁荣和普及时期

战后几十年间是政府公共关系的繁荣和普及时期。战后，美国进入长期的经济发展与繁荣阶段，垄断资本进一步发展，出现了生产和资本国际化趋势。伴随经济的发展，第三次科技革命也在美国兴起，计算机、卫星、电视等现代通讯传播工具相继问世。这种社会经济技术条件的进步推动公共关系理论（包括政府公共关系）的发展。

20世纪50年代后，从事公共关系职业的人员开始与从事研究、教育的专家结合起来。1952年，卡特利普和森特出版了权威性的公共关系著作《有效公共关系》，提出了"双向对称"的公共关系模式。他们认为公共关系就是一个组织与公众建立良好关系而运用的传播原理与方法，一方面组织要把自己的想法和信息向公众进行传播与解释，一方面又要把公众的想法和信息向组织传播与解释，目的是使组织与公众结成一种和谐的关系。这种观点的出现标志着公共关系学已经进一步完善，并进入了一个新的发展阶段。与此同时，公共关系理论、方法、技术等方面的书籍、杂志、文章数量激增，一些著作重复出版，掀起了公共关系研究的热潮。第二次世界大战后，高等院校设置的公共关系课程和这一专业的学生数量大量增加，课程内容在深度和广度上都有所扩展。

公共关系日益受到政府及从政人员的重视，并使公共关系活动成为政府工作的重要组成部分。战后资本主义国家的变化一方面表现为经济的国际化、传播渠道的扩大化及时代的信息化；另一方面又表现为全球性的竞争与混乱，阶级、集团矛盾的复杂化、尖锐化等。这些对整个世界都有重要影响的潮流，使公共关系成为政府部门的重要任务。政府各部门负责宣传和信息传播的专职机构以及人员大量增加，政府与民众沟通的渠道日益健全。这在一定程度上缓和了资本主义的固有矛盾，为资本主义战后经济政治的持续、稳定发展起到了重要作用。在美国，政府用于公共关系方面的经费与人员都是宏大的。从政府到企业、公司，包括美国总统办公室都有专门的公共关系专家和公共关系机构。据《新闻与世界报告》粗略统计："联邦政府的公共事务与情报工作每年至少要花掉纳税人250万美元，如果考虑到其他一些隐蔽的、与此相关的活动，那么这项工作所花费的费用还要更多。"美国联邦政府管理与预算司发现从20世纪80年代以来有近2万名公共情报与公共事务人员和专家为政府部门工作，尽管近些年来政府已经削减了一部分公共关系人员，但上面的数字说明公共关系仍然是政府内部重要的组成部分之一。

第二次世界大战后，在美国的带动下，公共关系在欧洲迅速发展。英国、联邦德国、法国、意大利等国的公共关系现在已普及到社会的各个领域，其发展势头大有赶上美国之势。在亚洲，日本以及东南亚一些国家和地区的公共关系是在第二次世界大战后由美国带进来的。1947年3月，驻日盟军总部用行政命令的方式在日本各府县设立"公共关系办公室"，政府公共关系及其他各行业公共关系正式传入日本。一些专家认为，美国在战后对日本的公共关系的输入，是促进日本经济突飞猛进的一个重要原因。进入20世纪90年代以来，一场以数字化集成和互联网等技术综合而成的信息化浪潮席卷全球。把"电子政府"当作政府公共关系活动的平台，整合社会资源成为政府公共关系信息化的发展趋势。各国政府都积极从实践中摸索，注重建立人性化的、智能化的"网络政府"，把信息技术融入政府的各项管理之中。如，1999年1月，法国政府宣布实施一个"为法国进入信息社会做准备"的政府项目，其中一个重要的内容是政府利用因特网提供对公众的服务。1999年3月,英国政府《政府现代化白皮书》中提出:到2008年,所有政府服务都要上网,要求所有公共服务实现全天候24小时服务。美国20世纪70年代普及新闻发言人制度,并将政府信息公开法制化。新加坡政府于2003年出台了"全联新加坡(Connected Singapore)"战略规划,在政府管理中大胆采用了"电子政府"的方式,把1600多项政府服务挂在网上进行,98%的政务都实现了电子化,取得了政府工作的优质高效,树立了良好的政府形象。公共关系已成为一股世界性的潮流。

从上述政府公共关系的产生、发展历程可以看出,政府公共关系是随着经济、政治的不断成熟和进步而逐渐产生和发展起来的,是社会从封建政治向民主政治过渡,社会政治生活日趋民主化的产物。它的产生和发展反映了人类社会发展的共同趋势与规律,而不只是资本主义社会的特有产物。随着社会的不断发展进步以及政府部门在社会生活中的影响和作用范围越来越大,政府公共关系愈来愈成为各个国家共同面临的一个重大问题。

二、战后政府公共关系发展的特点

战后政府公共关系的发展已呈现出一些新特点:

(1) 由于科技的进步,战后政府公共关系的技术和手段日趋先进。电子计算机、卫星通讯、互联网等技术手段的广泛运用,极大地提高了政府公共关系的效率,拓展了其工作范围。

(2) 机构和人员的日趋专门化和职业化。战后许多国家的政府开始将公共关系活动列入政府的一项专门工作,设置了专门的从事公共关系活动的政府机构,或者在政府的有关机构内设置处理公共关系事务的职能部门,配置素质较高的专门的公共关系官员和工作人员。

(3) 公共关系开始进入政府的高级决策层,发挥重要的参谋和咨询作用,成为决策者的智囊团。信息是决策的基础,公共关系部门的信息优势使其成为政府决策过程中必不可少的因素。

(4) 政府公共关系活动不再局限于中央一级,成为各级政府当局的日常工作。随着新媒体的大量出现和舆论监督力量的加强,各国各级的政府官员公共关系意识大大增强,公共关系已成为他们日常行政活动的重要组成部分。

(5) 政府公共关系出现了国际化趋势。从历史角度看,公共关系的产生需要四个基本条件,政治条件是民主政治取代专制政治,经济条件是市场经济取代小农经济,管理条件是人性管理取代理性管理,传播条件是大众传播取代个体传播。今天的公共关系虽然秉承了早期公共关系的基因,依然注重传播和沟通,但是其理论基础、价值取向、运作模式和操作技巧已发生了根本性的变化。随着经济全球化、民主政治、市场经济、人性管理和传播技术的不断发展,政府公共关系开始了现代化和国际化进程。在这一背景下，各国政府的公众边界大大扩大，公众民主意识增强，信息传播手段多样化，国内政治和政府制定的公共政策可能会在世界范围产生影响，政府面临公共危机出现常态化。因此公共关系的理论结构、运作模式、策略技巧也应进行改革，需要强化政府公共关系的国际化意识，提高危机应对能力，提高政府国际公共关系的水平。

第二节　中国特色政府公共关系的实践

一、政府公共关系在中国的起源

（一）中国历史上的类似政府公共关系的活动

中国是世界文明古国之一，政府公共关系思想在古代已经萌芽，各种各样以树立政府公共关系良好形象为目标的思想活动十分常见。

中国古代有丰富的"重民"思想。孟子认为"善政不如善教之得民也"。孔孟之后，儒家学说又有新的发展，唐魏征与李世民论及人民与帝王关系时所说的"水可载舟，亦可覆舟"便是早期"君轻民重"思想的进一步发挥。

守信用、重信誉也是中国文化的一大特色。如"与朋友交，言而有信"、"言而无信，不知其可也"、"人无信不立"等，都是强调要守信。如商鞅变法前在城外竖木桩、搬木桩入城者重赏，言而有信，在群众中树立了可以信赖的形象。这与现代政府公共关系活动中主张建立信誉，取得公众信任与支持的原则是一致的。

重视人际关系、强调人和的重要作用也是中国的历史传统。我国不少思想家皆对人际关系提出了较深刻的见解，在客观上形成了富有中国民族特色的以"人和"和"修睦"为中心的人际关系处理观念体系，诸如"和为贵"、"两和皆友，两斗皆仇"、"天时不如地利，地利不如人和"等观念深入人心。

在我国历史上，类似这样的具有政府公共关系性质的事例不胜枚举。众所周知的西汉和亲政策、班超出使西域、诸葛亮"七擒七纵孟获"、文成公主入藏、郑和下西洋等都是这方面的典型案例。

中国古代社会所谓的政府公共关系，由于历史条件的限制，同现代意义上的政府公共关系相去甚远，只能被称做是"类"政府公共关系或"准"政府公共关系，看做是政府公共关系的雏形和萌芽。

在中国旧民主主义革命时期也出现了不少类公共关系活动。在反帝反封建的民主革命浪潮中，资产阶级开展了富有特色的"类公共关系"活动。以康有为、梁启超为代表的资产阶级维新派，在变法运动中有效地开展了具有公共关系意义的宣传鼓动工作，塑造了"强学会"形象。刘建利用《中外新闻》等舆论阵地，分送与散发报刊材料，为推动变法鼓与呼，进一步扩大了自己的影响，激发了民众爱国热情，推动了维新变法运动的发展。以孙中山为代表的资产阶级革命派，更是利用大众传播媒介，在海内外做了大量的宣传舆论工作，团结了一大批仁人志士，为辛亥革命爆发与成功奠定了思想基础。他的"驱除鞑虏、恢复中华、建立民国、平均地权"，他的"民族、民权、民生"及"联俄、联共、扶助农工"的民主革命主张，充分体现了在公共关系中所强调的长远性方针与目标性原则。孙中山高超的游说策略与技巧，给了现代公共关系启示，很值得借鉴。

中国共产党人在新民主主义革命时期，非常成功地开展了类公共关系活动，它在现代公共关系三要素的互动上达到了令人叹服的程度。

我党组织内部以毛泽东同志的《矛盾论》、《实践论》为指导，强调军政之间、军民之间、官兵之间的协调统一，强调为一个共同目标的实现而共同奋斗，达到了内部团结统一的目的。我党成功策划的两次国共合作，党的统一战线，瓦解敌军政策以及以平等为基础的民族政策等，都是类似政府公共关系的活动。此外，刘伯承在长征路上与凉山彝族首领小叶丹的"彝还结盟"，周恩来练达、机敏、果敢、极富人情味地处理西安事变，毛泽东与张思德等警卫战士关系的处事艺术，陈毅初到上海"征服"科学家、艺术家的心的艺术与技巧等，均在我党我军及我国的对外发展事业中起了巨大作用，并为现代公共关系史研究提供了丰富的资料。

在革命战争时期，我党提出党的宗旨是全心全意为人民服务。群众路线是党的根本工作路线。"我们是人民的子弟，群众是我们的爹娘"，群众是力量的源泉等，这与政府公共关系中提出的公众是组织的"上帝"和"衣食父母"，是组织生存与发展的关键等，在本质上是一致的。

中国共产党一开始就强调传播以发动群众，沟通以争取群众，注重通过报刊、人际、组织等手段宣传、教育群众，强化反馈，达到双向沟通的目的。毛泽东反复强调宣传工作是党的喉舌，没有调查就没有发言权。延安时期党中央除了大量出版书刊、报纸和宣传品以外，还创造条件建立了自己的广播电台，有计划地组织记者招待会、新闻发布会等，为塑造党的形象起到了重要的作用。这些极为丰富的充满智慧的具有现代公共关系特征的优良的传统、作风，对我们研究中国公共关系史与健全中国特色的现代公共关系理论有着特殊的重要意义。

二、政府公共关系在中国的发展

20世纪80年代以来，随着改革开放的发展，公共关系也逐渐被国人所认识，并很快风行于各行各业、各个领域。短短二十多年间，中国公共关系的发展呈现出突飞猛进的势头，跨越了引入学习阶段、骤热阶段和冷静反思阶段，开始步入稳步健康发展的轨道。

中国公共关系事业的发展，是由企业界率先起步的。20世纪80年代初，得改革开放风气之先的南方一些企业和具有较高经营管理水平的酒店、宾馆，依照国外现代企业的模式设立了公共关系机构。随后，国内企业界的人士逐渐意识到公共关系事业对于增进企业经济和社会效益的重要性。因此，20世纪80年代中期以后，公共关系便以燎原之势，从南到北、从东向西、从沿海到内地迅速发展起来。

1988年底，新华社两位记者以"政府形象"为题，报道了上海市实行廉政的情况，很快引起了研究组织形象的公共关系界人士的格外关注。人们据此分析，我国公共关系的热点已经不再局限于企业界，而开始进入社会政治生活领域。

经过几年的发展，我国的政府公共关系事业已经逐步步入正轨，取得了明显的成效。这主要表现在：

（一）政府公共关系在政府中受到更大重视

20世纪90年代以后，从中央领导到地方层面上普遍开始重视运用政府公共关系在宣传政府形象方面的作用。1998年3月19日，在北京人民大会堂，国务院新一届领导班子举行记者招待会。朱镕基总理胸有成竹，满怀信心，简要阐述了本届政府"一个确保，三个到位，五项改革"的施政纲领，并表示决不辜负人民的期望，"不管前面是地雷阵，还是万丈深渊，我都将一往无前，义无反顾，鞠躬尽瘁，死而后已"。参加招待会的600多名中外记者对朱总理精彩的答问多次报以热烈掌声。它表明了国家领导层正在娴熟地运用现代政府公共关系手段，宣示政治纲领，塑造政府形象，沟通信息交流，协调政民关系，统一政策行为，树立领导权威，不断改善国家的政治领导和社会管理。

2005年岁末，中国高级公务员培训中心与中国国际公共关系协会签署《备忘录》，合作开展国家公务员公共关系专业培训和《国家机构公共关系事务顾问》资格证书的培训工作，公共关系作为独立的专业学科正式纳入到公务员系列培训，预示着公共关系将在政府管理中大显身手。这次合作无疑是公共关系深入中国政府领导层意识的体现。

随着中央提出的构建社会主义和谐社会总体目标，公共关系在社会的危机管理、区域形象等方面发挥着重要的作用，也越来越多地得到各级政府部门和事业单位的重视。各地纷纷开展公共关系教育培训和资格认证工作，政府新闻发言人培训班更是在全国遍地开花。这些举措，都是为了更好地运用公共关系的理念和方法，加强政府部门的服务与管理。

（二）政府公共关系活动开展广泛

在2008年北京奥运会期间，中国政府大量运用了公共关系的手段，开展了一系列外交活动，树立了良好的国家形象。一些大中城市结合地方文化特色，以树立城市形象、开展经济和文化交流为目的，运用公共关系手段，成功地举办了一系列色彩浓厚的公共关系社会活动。例如，潍坊的国际风筝节、淄博的陶瓷琉璃艺术节、哈尔滨的冰灯节、上海和成都的电视节、呼和浩特的那达慕节、青岛的啤酒节、昆明的世博会等。这些活动在提高城市知名度、招商引资等方面都产生了积极的作用。

（三）建立了规范的政府与社会信息沟通形式

以社会协调对话、现场办公、市长公开电话、民意调查等形式的政府公共关系活动大量开展。社会协调对话是政府与公众不同层次、不同级别、不同形式、不同内容的全方位交流活动。目前,协调对话的主要形式有:协调对话会,由政府主要负责人或部门领导参加,与公众面对面直接交流;记者招待会也是民主对话的渠道之一,它有利于提高领导机关的透明度,重大情况让人民知道;座谈会也是一种有效的对话活动,各级政府领导深入群众之中,与群众直接交流对话,有利于密切干群关系,有利于问题的解决。现场办公是消除政府与公众、领导与群众隔阂的有效的政府公共关系方式之一。市长、县长下基层现场办公,直接面对公众,回答各类问题,并尽量给以圆满的答复。这种做法是打破"衙门难进,市长难见"状况、树立政府亲民形象、协调政府与社会公众关系的好途径。市长公开电话是政府倾听群众呼声的"热线"。公众通过公开电话能够将日常生活和工作中遇到的问题及时、迅速地反映给政府。这不仅为领导部门正确决策提供了依据,同时也使政府能够及时察觉到有关动向,并制定应急措施,消除隐患。市长公开电话具有直接、迅捷、真实的特点,对改进政府工作,密切政府与公民关系起到了积极作用。民意调查是一种运用现代科学方法及数理统计手段,及时、准确地搜集、整理、统计、报告民众意见,测定社会舆论变化的活动。其功能在于如实反映各阶层公众对某人、某项政策、某个社会问题的看法、意见、态度和评价,给各级政府提供决策或改进工作的依据。随着改革开放的深化,我国政府日益重视采用民意测验、社会调查方法沟通与公众的联系,这既提高了政府决策的科学性、准确性,提高了干部群众的民主意识,也有利于公民参政,促进政府与公众之间的交流。

(四) 建立了政府对社会信息的传播制度

2008年5月1日,我国正式实施《国务院信息公开条例》,建立了"公开是制度,不公开是例外"的信息发布制度,标志着我国政府对社会的信息公开达到了一个新的水平。特别是汶川地震发生后,我国及时、透明的信息发布工作受到国内外的好评,为党和政府树立了良好的形象。信息发布是政府利用大众传播媒介或其他宣传渠道,将自己的工作和活动情况及时介绍给社会公众。政府发布信息的渠道很多:一是记者招待会,参加人员为政府领导人和新闻记者;二是建立新闻发言人制度,由发言人定期或不定期向外发布信息;三是制度化的工作报告,如在人代会上行政首长要做政府工作报告等;四是政府举办各类展览会、招待会、研讨会等。

(五) 积极推动政务公开

政务公开是一种有被监督意义的政府公共关系形式。其主要内容是办事制度公开、办事程序公开、办事结果公开等。政府可以通过政务公开,缓解冲突,解决矛盾,协调政府机构与各界公众的关系,为决策实施创造良好的内外部环境,促进政府机关的自我监督以及全社会对政策活动的监督,保证政府决策发挥良好的社会效益。这种公共关系形式如同一面高悬的明镜,有效地制约和检验着公务人员的言行。这一制度的建立使行政行为趋向透明化,是公民了解政府信息最有效的手段之一,也是政府公共关系活动中向社会传播信息的最主要、最有效的方式之一。

（六）运用政府公共关系处理突发事件能力不断加强

现代社会爆发危机频繁且不可预测，危机后果一般具有严重性。如何处理危机，摆脱困境，成为衡量现代政府能力的重要标准之一。因此，对政府公共关系而言，关键在于在危机预警时充分发挥政府公共关系的信息收集能力，尽早了解相关情况，早做准备；在危机发生后采取合理的态度、方式来尽快解决危机，尽量减少不利影响，尽可能使社会和谐少受危害。2005年，中国遭遇禽流感袭击，在这次禽流感处理过程中，中国政府启动了防范禽流感应急机制，在国内外及时通报疫情，特别是对一些未确诊的怀疑病例也反应积极，邀请世界卫生组织一起做调查，始终保持高度的信息透明度。政府通过报纸、电视、广播等大众媒体，多渠道宣传防疫知识，各级政府新闻发言人也始终与大众进行持续全面的沟通。在这次预防禽流感的全球战役中，中国政府在信息披露的透明度、主动性与效率上大大提升。我们看到，在经历SARS危机之后，面对禽流感危机，中国政府的危机公共关系措施已经更为成熟和稳健。政府公共关系已经成为缓解内部矛盾、协调社会关系的重要工具，并延伸到国际舞台上，取得令人瞩目的成绩。

（七）设立公共关系机构

1991年，国务院新闻办公室宣告成立。与此同时，全国政协决定设立新闻处。国务院各部门及许多省市政府也都设立了新闻发言人，以加强信息传播，增进公众对政府工作的了解。湖南双峰县在政府机构改革中，首家设立了公共关系局。这意味着我国政府公共关系事业的发展已进入了一个新的阶段。

三、我国政府公共关系发展面临的问题

尽管我国的政府公共关系已取得了巨大的成效，但毋庸置疑，我国政府公共关系发展仍面临着很多困难和障碍。于20世纪80年代才在我国发展传播开来的公共关系基本上是舶来品，科学的现代政府公共关系起步更晚。建设社会主义和谐社会的过程，就是在经济、政治、文化、社会等方面实现转型的过程。在这个转型过程中，对政府公共关系提出了新的时代要求。公共关系作为一种客观的社会现象，作为一种人们自觉的社会实践，它的发展受制于其所赖以生存的历史背景和社会基础，它的发展现状不管是在理论研究上还是实际操作上都与和谐社会的要求还存在一定的差距。由于政府公共关系理念上的落后、观念认识的偏差、传统文化的"官本位"意识的影响、政府公共关系人员素质不高和公民素质整体有待进一步提高等原因，目前我国政府公共关系的发展仍面临一些问题。主要表现在：

（一）政府公共关系发展不平衡，水平比较低

目前，我国部分地区的政府公共关系处于起步阶段，一些地方政府基本没有"政府公共关系"的概念，自然也缺乏自觉的政府公共关系行为。一些地方政府以单一的宣传代替公共关系，政府公共关系一片空白；单一的宣传，大多出于某种策略的需要，容易文过饰非，夸大成绩，在公众中信誉度不高。在一些地方，不少公众对地方政府的

单一的宣传持怀疑的态度，传播效果较差。由于地方政府是独占性非营利的组织，公共关系缺乏外在的动力；政府公务人员的激励机制不完善，政府公共关系缺乏内在的动力，这一组织的性质决定了地方政府的公共关系意识比较弱，加上政府本身又没有采取有力的措施，这就使得一些地方的政府公共关系工作几乎毫无建树。另外，政府或行政部门开展的政府公共关系活动呈现出零散、盲目的特点，缺乏系统的政府公共关系规划。同时，开展公共关系活动的水平也较低下。

（二）公众对象分析选择失偏

政府开展公共关系活动所面对的社会公众，包括本国社会的各阶层、各民族、各党派、各种社会组织、各种群众团体。由于不同类型的公众对政府组织的作用和影响各不相同，面对不同类型的公众对政府的不同影响，政府必然要对公众进行有倾向性的选择，这种选择主要受政府所追求的目标影响。由于当前政府过分追求短期目标，这使得政府公共关系在对象的选择上往往表现出一定程度的错误倾向。首先，重上级政府要害部门的领导和手中掌握大量物质资源，如资金、技术、管理经济等这类能对政府的发展提供支持的公众，轻不能直接给政府带来现实性重大影响的弱势公众；其次，重行动公众，轻潜在公众。潜在公众主要是指由于潜在的公共关系危机而形成的潜伏公众、隐患公众、隐蔽公众或未来公众。由于这个潜在问题尚未充分暴露，这些公众本身还未意识到问题的存在，因此他们与组织的关系尚处于潜伏状态。行动公众是危机出现后形成的群体。在这个阶段，公众不仅表达意见，而且已经采取实际行动，对组织构成压力，这时的政府公共关系，首先要防止已遭受损害的形象进一步恶化，耗费的人力、物力、财力都比较多，而且负面影响比较大。在现实政府公共关系实践中，政府对潜在公众很少关注，往往是待问题出现，潜在公众演变为行动公众时才被迫消极地采取补救行动，这时候其实危害就已经相当严重了。

（三）传播沟通体制运作存在障碍

传播沟通是政府公共关系的一个基本要素，政府公共关系活动的过程，主要就是一个与公众之间进行传播和沟通的过程。有效地利用各种传播媒介，是成功开展政府公共关系活动的关键。政府公共关系传播沟通是实现政府公共关系目标的重要手段。但在实践中，政府公共关系传播沟通呈现以下误区：首先，重命令、指示、发布文件等形式的行政传播，轻双向交流的公共关系传播；其次，重主动式的传播信息，轻回馈性的接收信息。在政府公共关系中，新闻宣传型、公共信息型得到了广泛运用：报纸、电台、电视台、互联网等都是政府传播形象的经常途径；召开会议、发布文件、张贴告示、领导讲话等，都是传播政府信息的有效方式；而公众的评价、意见、看法、反馈性的信息等，则缺乏合适的渠道和方式。沟通少、方式单向也会严重影响政府与人民群众的相互关系。

（四）政府公共关系传播透明度不高

在我国，传统的"民可使由之，不可使知之"的思想仍广泛存在，严重影响了政府行政的透明度，以至流传"凡是公开的都是不重要的，凡是重要的都是不能公开的"这样的说法。现实中，政府公共关系传播透明度不高已成不争的事实。以政府危机公共关系为例，"非典"前期就是一个很好的说明，政府危机公共关系的核心就是信息的透明和畅通，而人民对政府的信任，亦来源于政府工作的透明和高效。此外，我国仍有一些为了提高政府透明度的尝试，例如"政府开放日"、"市长热线"等，这样一些活动都被新闻媒体大肆褒扬，一些公众平时办不了的事情到了"政府开放日"现场办公就办成了。这样一种看似"透明"、"公开"的方式，实质上正是对政府"不开放、不透明"这一事实状态的极力肯定。

三、发展中国特色的政府公共关系

（一）中国特色政府公共关系的基本含义

任何事物都存在共性和个性，政府公共关系也有共性和个性。研究中国特色政府公共关系就是研究政府公共关系同中国社会制度、国家、民族特点相联系的个性，即特殊性。中国特色社会主义政府公共关系包括以下三个方面的基本含义。首先，它是中国的政府公共关系。它是中国公共关系实践经验的总结和提炼，体现了中国国情特点和中华民族的优秀文化传统，有别于其他国家的政府公共关系。其次，它是社会主义的政府公共关系。它体现了我国社会主义生产关系和上层建筑的本质特征。邓小平同志明确指出，社会主义的本质是解放生产力，发展生产力，消灭剥削，消除两极分化，最终达到共同富裕。这就把非本质的种种"特征"排除在社会主义之外。发展中国特色的政府公共关系应符合社会主义市场经济的客观要求。最后，它是现代化的政府公共关系。它所反映的公共关系思想、公共关系职能、公共关系组织、公共关系方法和公共关系手段等，都是具有先进水平的，在政府公共关系现代化进程中起着促进作用。

（二）中国特色政府公共关系的特征

中国特色政府公共关系概括地说，具有以下六个方面的显著特征。

1. 目的性

公共关系是组织、团体在一定社会条件下长期相互作用的结果，一旦形成就具有一种"时代烙印"。社会主义建设的目的在于大力发展社会生产力，不断满足人民日益增长的物质和文化生活的需要。中国特色政府公共关系必然要围绕这个中心进行。它的根本任务是密切政府和人民群众的关系，塑造政府的良好形象，促进社会安定团结，为社会主义现代化建设事业的发展以及社会的整体利益服务。

2. 服务性

中国政府公共关系第二个最明显的也最能反映其个性和本质的特点，就是服务。中国政府公共关系的服务是多方面的，只要是利国利民的事，政府公共关系都直接或间接地为之服务。服务的内涵十分丰富，服务的形式也多种多样，但目标只有一个：一切为了国家强盛、人民幸福富裕。今天，国家的改革开放在全面推进，对外开放逐步向高层次、宽领域、纵深化发展。清楚地认识新的发展形势，进一步开拓新路，中国政府公共关系服务的领域必定更为广泛。

3. 实践性

所谓实践性，是指中国政府公共关系工作要从我国的实际出发，在加强理论建设的同时，向"务实"的方向发展。务实即实事求是地进行公共关系操作，讲求政治效益、感情效益和社会效益。实事求是就是必须坚持科学的理论指导，坚持严肃的求实态度，立足于我国政府公共关系的理论研究和实践发展符合中国国情。

4. 继承性

中国特色政府公共关系必须继承我国优秀的民族文化传统，继承我国各个历史时期包括改革开放时期的公共关系经验，并借鉴国外先进的公共关系，包括政府公共关系的理论和经验。当然，继承和借鉴绝不是全盘照搬，而是取其精华，弃其糟粕，然后消化、吸收与创新。真正做到"古为今用，洋为中用"，特别是继续增强政府公共关系所体现的中华民族的文化色彩，将会使中国特色政府公共关系更加光芒四射、独树一帜。

5. 和谐性

中国社会主义制度的性质，决定了个人、集体和国家根本利益的一致性。在我国，人民是国家的主人，政府组织都要为人民服务，党和政府的一切方针、政策、法规都是从为人民服务出发的，党、政府和各部门的工作人员都是人民的"公仆"，"为人民服务"已成为一种传统精神。开展各种政府公共关系活动，自然也要贯彻为人民服务的精神。不论作为主体，还是作为客体，都必须尊重人民群众的意愿，按照社会公众的要求开展政府公共关系活动。在进行决策时，要重视公众意向调查，倾听公众呼声，吸收公众合理的意见，而且应尽量吸收社会公众参与某些活动，并接受公众的监督。主体、客体发生矛盾时，要以大局为重，坚持利益一致性原则，使政府公共关系的开展处于一个良好的、和谐的气氛中。

6. 发展性

中国特色政府公共关系不仅要有继承性，更要有发展与创新。从中国的历史看，中华民族从黄河流域发祥，不断发展壮大，不断同周围的民族和国家交流、融合、嬗变，才成为今天这样；从世界发达国家看，越是能融合其他民族特色文化，就越能促进生产力的发展。创建中国特色政府公共关系也是如此，既要从多年形成的旧观念中解放出来，又要对外国的公共关系理论进行鉴别，从不适合中国国情的那些理论中解放出来，这样才能在实践中闯出新路。同时，当今世界正处在一个竞争非常激烈、科学技术飞速发展的时代，在这个重要时期，创建中国特色政府公共关系必须应用新技术革命的手段，将政府公共关系与新技术这两种高智慧资源成功地结合起来，开创一个政府公共关系的新时代。

（三）中国特色政府公共关系的特色

1. 理论特色

社会主义政府公共关系的理论和实践，必须有正确的指导思想。走中国特色政府公共关系之路，发展中国政府公共关系，必须坚持以马列主义、毛泽东思想为指导，以邓小平理论和"三个代表"重要思想为指导，运用辩证唯物主义和历史唯物主义的世界观、方法论，也就是运用马列主义、毛泽东思想的立场、观点和方法，解放思想，实事求是，从中国国情出发，分析中国特殊环境下发展起来的公共关系实践，深刻揭示公共关系实践活动中出现的矛盾现象，探索其特点和发展规律，形成理论并用以指导实践。

2. 目标特色

（1）为经济建设服务。我国经济体制改革的目标是建立社会主义市场经济体制。正确处理政府与企业及其他经济组织的关系，是促进经济建设和市场经济发展的重要保证。政府要通过以平等的身份与企业建立新的密切关系，对企业进行信息输导和决策服务，帮助企业走向市场，为企业创造宽松的经营环境，使企业成为相对独立的经济实体，从而使政府公共关系为经济建设服务。

（2）为对外开放服务。通过开展政府公共关系，树立政府良好的国际形象，让中国走向世界，让世界了解中国，消除国际公众对我国政府的误解和偏见，加强相互之间的信息交流，从而为对外开放奠定坚实的基础，这是中国特色政府公共关系的又一重要目标。

（3）为精神文明建设服务。我国的精神文明建设就是要创造一个有利于改革开放、有利于现代化建设的思想文化大环境，并把这个大环境的主体培养成符合现代化需要的"四有"人才，展示各自的才能。中国政府公共关系的发展，不能脱离精神文明建设，必须根据精神文明建设的要求积极开展工作。为社会主义精神文明建设服务是中国特色政府公共关系的重要目标。

3. 职能特色

中国政府公共关系具有参谋、咨询、策划、协调、教育等多方面的职能，其中协调职能独具一格。政府工作的一个重要职能就是组织协调，公共关系对政府实施组织协调有着重要作用。在协调中塑造政府形象，促进整个社会的经济发展和安定团结，是中国政府公共关系职能特色的突出表现。

（1）政府内部关系的协调。这包括政府工作人员之间、上下级之间和职能部门之间的关系协调。只有做到"内求团结"，才能达到"外求发展"之目的。成功的政府内部公共关系，能培养工作人员的归属感、认同感，增强政府的凝聚力，形成和谐融洽的人际关系、齐心协力的工作气氛，使工作人员处于轻松愉快的工作环境之中，从而积极主动地做好本职工作。

（2）政府与企业关系的协调。这是加强政府宏观调控、转变政府职能的需要。政府和企业过去是"婆媳关系"，而今在市场经济条件下，要求政企分开，政府和企业的关系变为市场海洋中"灯塔和航船"的关系。企业只有依靠政府这座"灯塔"的指引，才能保证正确的航线；政府也只有制定出正确的方针政策，依靠公共关系，妥善处理并协调好与企业的关系，才能引导企业这艘"航船"沿着正确的方向行驶。这在未来相当长的时间里将成为中国政府公共关系的一项重要工作。

（3）政府与外部环境关系的协调。政府要冲破多年形成的"区域封锁"，组建大市场，就要加强县内外、省内外的广泛经济合作。要发展外向型经济，政府还要加强与国外的经济合作。合作就需要协调和协商，而公共关系恰恰是沟通上下左右关系的"催化剂"和"润滑剂"。

4. 文化特色

政府公共关系从较大的空间范围来看，首先要受到民族传统文化的影响，打上民族文化的烙印。政府公共关系人员本身就是民族历史文化的产儿。传统的风俗习惯、道德规范必然会作为初级社会化的痕迹被带入政府组织，并作为影响或形成政府公共关系的要素而发挥作用。越是古老、悠久的民族，其民族的意识、精神、风格对公共关系的影响也就越深刻。因此，中国政府公共关系在这一点上显得尤其突出。事实上，中国传统文化中早就具有许多关于"公共关系"的思想，如"民为本"的人文思想、"和为贵"的人际关系原则、"重义轻利"的道德水准、"讲恕道"的待人美德……这些都是我国民族思想文化的优良传统，体现了现代公共关系的基本思想，是值得我们好好研究和继承的。

5. 素质特色

从全员公共关系的角度看，每个政府工作人员都是公共关系人员，是代表政府组织以整个社会为舞台开展活动，其个性、情感、品格等在很大程度上决定着其行为风格。社会公众往往通过公共关系人员的言谈举止来了解其所代表的政府组织。因此，公共关系发展到相当程度后，几乎所有的公共关系理论家都把全体公共关系人员的素质高低看做公共关系活动成功与否的基础。

从我国政府公共关系人员的素质看，由于受几千年传统文化的熏陶和教育，具有真诚宽厚、实事求是以及讲求信誉、礼貌待人的优秀品质，这是我国政府公共关系人员所具备的得天独厚的条件。同时，我国政府公共关系人员和工作人员绝大多数都是中国共产党党员，受党的多年教育和培养，党性强，党性修养好，这是中国政府公共关系人员素质上的明显特色。

6. 传播特色

我国大众传播媒介和外国有很大不同。在我国，新闻、出版、电视、广播、报纸、杂志多具有官方和半官方的性质，传播、宣传等舆论导向是党和政府方针、政策指导下的组织活动，具有真实性和相对权威性。与资本主义社会传播媒介比较，我国的大众传播在社会公众中有着较大的信任感。在我国，政府运用大众传播媒介进行公共关系宣传，不需要中转层次，也不必消耗大量"自我"资金。

由于东方文化的熏陶，人们往往凭借人际交流在个体融合的基础上谋求总体和谐，又以整体意识感化个体意识。因此，我国政府公共关系要实现其目标，必须在发挥大众传播媒介优势的同时重视利用人际传播媒介，使二者互相推动、互相补充，以大众传播为辐射波扩展政府公共关系活动的时空领域，以人际传播为催化剂协调组织与公众的相互关系，这种传播模式较好地体现了中国政府公共关系的传播特色，能卓有成效地推动处于东方文化氛围中的中国政府公共关系。

（四）建设中国特色政府公共关系的途径

1. 体现中国国情

建设中国特色政府公共关系必须从中国实际出发，体现中国的国情。公共关系活动不能照搬西方的理论，各级政府部门的公共关系工作更应从我国的政治制度、管理体制和社会发展状况等实际出发。

2. 强化公共关系意识

努力发展政府公共关系是社会主义现代化建设的需要，各级政府及其各部门都应予以充分重视。从当前来看，发展政府公共关系最重要的是总结多年来企业公共关系的得与失，避免大轰大嗡、遍地开花、急于求成的浮躁现象，使政府各部门领导和工作人员明确公共关系是一种管理思想、管理艺术、管理策略、管理手段，是一种行为沟通、心理沟通、思想感情沟通、人际关系沟通。它既能解决各种社会矛盾纠纷，又能促进市场经济的发展，促进政治的民主化、劳动人事的和谐性，克服社会上流传的走后门、拉关系的歪风邪气，促进廉政建设和社会主义精神文明建设。此外，政府公共关系可以通过讲演、咨询、培训、知识竞赛与普及等多种专题活动，大造舆论，使公共关系深入人心，从不自觉到自觉，从分散零星的活动逐步演化为科学的、系统的工程建设，力求尽早实现人人懂公共关系、人人用公共关系。

3. 继承传统文化

每一个国家的公共关系都有自己的特色，这种特色无疑与它的民族文化传统有着内在的联系。汲取中国传统文化的精华，对形成中国特色政府公共关系具有重要的意义。我国传统文化中的仁爱、民本、人和、中庸、信义等思想都是包含着古代传统文化中的精华，是建设中国特色政府公共关系所可以汲取和借鉴的。

4. 借鉴我党经验

中国共产党积累了丰富的正确处理各种关系的理论、政策和经验，是我们学不完、用不尽的一个宝库。在建设中国特色政府公共关系的理论和实践中，要高度重视这些理论、政策和经验在当代中国所产生的影响，认真学习这方面的理论、政策和经验，尽量发挥其在政府公共关系学科建设及实践活动中的指导作用。

5. 发挥传播优势

我国的大众传播媒介，不论报纸、广播，还是电视，都是党、政府和人民的喉舌，既要宣传党和政府的声音，引导舆论，也要反映人民群众的意见和要求，并实事求是地报道社会、政治、经济事件,讲求真实,对社会负责,对人民负责。建设中国特色政府公共关系,一定要充分发挥传播优势,充分利用政府公共关系一体化的传播条件,促进政府公共关系的开展和政府公共关系目标的实现。

总之,建设中国特色社会主义政府公共关系是一项宏大的系统工程,上述各项措施应纳入政府管理和改革布局中,由政府的领导和有关组织同公共关系理论界和实践部门的专家、学者共同努力,抓住时机,借助于有利因素,积极有效地将这一系统工程推向前进。

【案例2-1】

大上海再展辉煌
——政府公共关系势在必行

上海这个东方大都市、中国最大的经济中心城市,在"沉睡"了几十年之后,今天又重新焕发青春,悄然成为世界舆论注目的"东方明珠"。作为上海社会发展的核心组织者、上海改革开放的先导——上海市政府,也以其出色的政绩和有效的公共关系活动,在国际、国内社会赢得了良好的声誉,树立了良好的政府形象。

一、宣传浦东——重塑上海新形象的公共关系战略

1990年4月8日,党中央、国务院作出开发开放浦东的战略决策。为此,上海市委、市政府提出了浦东开发的宏伟蓝图:到21世纪初,把浦东建设成具有国际一流水平、外向型、多功能现代化新区,与上海浦西共同形成国际金融、贸易、经济中心之一。浦东开发的大手笔和优惠政策,吸引了国内外人士的注意,形成一股"浦东热"。

以浦东开发为契机,展开政府公共关系,重塑上海新形象,这是上海市政府的浦东公共关系战略。为此,上海市政府展开了一系列的公共关系宣传活动:借机进京召开中外记者招待会,宣布浦东开放的优惠政策;召开长江三角洲及长江沿江地区经济规划座谈会,提出以"龙头"带动"两翼"及"龙身"联动发展的构思,并推出对兄弟省市的"八个优先";在党的十四大和八届人大期间,市委书记吴邦国、市长黄菊抢先举办中外记者招待会和大型联谊活动,分别就浦东开发的热门话题答记者问,欢迎外商和兄弟省市到浦东投资开发。他们还充分利用各种媒体展开公共关系攻势:《解放日报》开设"浦东开发"专栏;《新闻报》开展"树立龙头地位,发挥龙头作用"的浦东经济开发征文;上海人民广播电台在"市长与社会"专栏请赵启正副市长就浦东开发等问题与市民直接对话;上海东方电视台、上海东方广播电台在1993年元旦浦东新区工委和管委会成立之际现场直播挂牌仪式;在浦东新区管委会不远处竖立"浦东形象之窗"大型画廊,宣传新区改革开放新形象、新成就。新闻媒介、户外广告、专题活动连在一起,形成了强大的浦东宣传的辐射力,产生了巨大的宣传效果。

二、"杨浦效应"——政府公共关系打"桥"牌

1993年10月23日,上海市政府为刚刚建成的杨浦大桥举行了规模空前的通车典

礼。这座斜拉桥的建成，不仅展示了上海的建桥水平，而且向全球展现了上海政策开放的巨大步伐。

早在1989年初，随着南浦大桥的开工，杨浦大桥工程也被排上议事日程。争论随即而来，是建桥还是建隧道？时任上海市市长的朱镕基批示：请国内一流专家科学论证。经过几十名专家充分论证后，市政府拍板决定建杨浦大桥。上海市副市长倪天增说：决策依据有3条，其中一条是大桥将给人们以现代宏伟工程的深切感受，对振奋民心、吸引外资具有巨大的感召力。当时恰值中央作出开发、开放浦东的重大决定之际，面对新的机遇和挑战，上海市政府及时地打出了"桥"牌公共关系：以桥扬名，以桥凝聚人心。在后来的可行性论证过程中，朱镕基多次指出：杨浦大桥是上海的窗口，是上海的景观。人们看上海，首先看大桥的水平。因此，大桥建设要好中求快，快中求好，好中求省，要从国际一流城市水平着眼，精心设计。

于是，"一切为了杨浦大桥"成为全市上下的共识。杨浦大桥在整个建造过程中始终得到全市各界人士的关心，并成了鼓动全市各项工作的重要动力。在全市人民的通力协作下，一座跨602米、创吉尼斯世界纪录的杨浦大桥竣工，工期仅两年零五个月。它向世人展示了上海的精神、上海的速度、上海的水平。

杨浦大桥的建成，极大地改善了浦东的投资环境，为"以东带西，东西联动"插上了腾飞的翅膀，同时直接促进了杨浦区经济的发展。随之，"大桥经济"日益繁荣。杨浦区大桥旁的土地价值成倍增加，全市30幅土地批租块中，有16幅已顺利批出。1990年底建的大桥街道也已初步形成房地产、旅游、金融、电讯、广告5大产业结构。

杨浦大桥的建成，使上海拥有了两座世界级的斜拉桥。作为"斜拉桥之都"的上海，将更为世界所注目。

三、勤政创绩——政府公共关系的基石

勤政、创业和政绩是政府公共关系的重要基础和原则。上海在加大宣传力度的同时，真抓实干，用创业的伟绩美化了上海的形象，提高了上海的声誉。

仅仅几年，上海的市政仪容发生了翻天覆地的变化：拥抱浦东浦西的双臂——南浦大桥和杨浦大桥，漂亮的新外滩，拓宽一新的淮海路，内环线高架路，亚洲第一塔"东方明珠电视塔"，杨高路交通大动脉……这一切都在折射着这座城市建设面貌的日新月异，折射着上海市政府的杰出业绩。

过去客人来上海，热情的主人总要引导他们去逛南京路、淮海路、城隍庙；如今主人却邀客人去看杨浦大桥、南浦大桥、新外滩和浦东。上海人在向客人介绍新风景的同时，他们自己也是新景点热情的观光者。从1992年入秋以来，有近百万市民走出家门，参加上海市委组织的"百万市民看上海"活动，争睹申城变化的风采。这是上海开埠迄今少有的奇观，成了风景中的风景。

83岁的张德尘偕82岁的老伴黄景慈，在孩子们的陪伴下，参观了杨浦大桥，回家后激动不已，让女儿给市领导部门写信，称自己在大桥上度过了"人生最难忘的时

光"。对于年轻一代的上海人来说，不断出现的上海新风景，给他们心灵的撞击更为深刻。他们把这些视作一种希望，一种国家、民族与自己前途的希望。

漂亮、宏伟的市政仪容，不仅美化了上海，而且产生了巨大的公共关系效应。它用事实直观地告诉人们：大上海变了。

四、协商对话——政府与市民沟通的"金桥"

协商对话是政府公共关系的重要方式。上海市政府创造性地开辟了一种新的对话形式：市长与市民通过广播电台直接对话。1993年，上海市政府为市民办实事进入第八个年头。1月20日，市长黄菊在市政府发布1993年实事的当天，走进了上海人民广播电台"市民与社会"直播室，倾听市民对办实事的意见和反映，解答市民关心的各种问题。市长与市民在空中对话，通过990千赫强大的发射电波将谈话内容不加修饰地传送给全市乃至靠近上海的几个省份。各大新闻媒介也纷纷"参战"，形成传播的"二次效应"，一时间在上海滩和全国引起不小的反响。

市长与市民在电台对话，增强了政府的公开度，体现了上海市政府领导善于利用传播手段联系人民群众的现代公共关系意识和主动、认真倾听群众呼声的公仆意识，在公众中树立了良好的政府形象。"空中金桥"成为政府公共关系的重要渠道。黄菊市长评论："'市民与社会'这个对话渠道，市民需要，市政府也需要。"

五、阔步走向21世纪

1993年5月13日，国际行动理事会第11次会议在沪开幕。20多位国际资深政治家齐聚申城，其中包括德国前总理施密特、日本前首相福田赳夫等一大批国际知名人士。

让世界了解上海，让上海走向世界。黄菊市长在会上展开公共关系攻势，作"上海：阔步走向21世纪"的专题发言，介绍上海的改革开放情况。上海生机勃勃的现状和充满希望的发展前景，引起与会人士的极大兴趣，扩大了上海的影响。

参加国际行动理事会的代表都是名人，能产生强大的辐射作用，起到很好的公共关系效果，这正是上海市政府领导独有的公共关系意识。

【本章小结】

本章论述了政府公共关系在国外和我国产生与发展的历史过程以及形成和发展的历程，指出了我国政府公共关系建设进程中面临的问题，阐明了中国特色政府公共关系的内容和应遵循的途径。

课堂讨论题：

上海市政府公共关系成功的经验是什么？结合案例说明中国政府公共关系的开展，如何体现中国国情，体现民族特色，走同民族文化传统相结合的中国特色公共关系之路。

复习思考题：

1. 试述政府公共关系现代化的趋势。
2. 为什么政府公共关系要用政绩来说话？
3. 论述中国当代政府公共关系建设取得的经验与面临的问题。
4. 试述发展中国特色政府公共关系的基本内涵和建设途径。

第三章 政府公共关系的主体和客体

学习目标

- 掌握政府公共关系各类主体的含义和特征
- 掌握政府公共关系各类人员的职责
- 掌握政府公共关系人员的素质要求和培训
- 掌握政府公共关系"公众"的含义和基本特征
- 掌握政府公共关系公众分析的方法及意义

第一节 政府公共关系的主体

公共关系主体是公共关系活动的三大基本要素之一,是执行公共关系任务、实现公共关系功能的基本载体和行为者。现代社会生活的发展,已使得几乎所有的组织部门都离不开公共关系活动,所以,公共关系主体可以被广义地理解为所有的社会组织。

又由于现代部门的公共关系行为已高度职能化、专业化,即一般都设有专职机构和专业人员执行公共关系任务,所以,本书使用的是狭义的公共关系主体概念,即公共关系主体是指从事公共关系工作的专职机构和从业人员。

公共关系主体是指公共关系活动的组织者、发动者。政府公共关系主体是:国家行政机关、政府公共关系机构和政府公共关系人员。

一、政府公共关系主体之一——国家行政机关

(一) 行政机关定义及特征

行政机关是根据权力机关的决定和委托,按照宪法和有关法律组织起来,依法对国家行政事务进行组织和管理的执行机关。行政机关有以下特征:

(1) 强调行政机关是国家权力机关的执行机关。这是以人民的利益为最高利益,代表和执行人民的意志,完全、彻底为人民服务的国家机关。

(2) 行政机关的工作特点是直接地、具体地对国家事务实施组织管理。

(3) 行政机关对国家事务实施组织管理,其内容可以划分为上中下三层,不同的

层次有不同的权力和职责。上层是以法律或事实为根据的权威机构,即领导层;中层是起辅助与传递作用的机构;下层或基层是具体执行任务的机构。上级的任务比较偏重于原则和决策方面,下级的任务比较偏重于具体执行方面。行政机关一般呈现金字塔式,上级人数较少,下级人数较多。

(二)行政机关的分类

国家行政机关的种类多,其标准不同,角度不同,分类的方法也不同。

1. 按管辖范围分

(1)中央(国家)行政机关,特指国务院,即中央人民政府。负责领导全国的行政工作。

(2)地方国家行政机关,即省、直辖市、自治区人民政府。负责所辖区域的行政工作。

(3)县、市人民政府。负责县、市所辖区域的行政工作。

(4)乡、镇人民政府。负责乡、镇所辖区域的行政工作。

2. 按工作性质和作用分

(1)领导机关。它是指各级政府的首脑机关,如国务院、省(市)、自治区、县(市)、乡(镇)的各级人民政府。领导机关是行政组织的决策指挥系统,其主要功能是计划、指挥和协调,使组织的任务得以圆满完成,目标得以顺利实现。

(2)职能机关。即各级政府中负责组织管理的某个方面的行政管理职权,推动机关任务的顺利完成。如我国国务院的各部、委,省政府的各厅、局,县政府的各委、局。

(3)辅助机关。它是指专司辅助领导机关和行政首长工作的机关。其主要任务是协助行政首长收集信息,提供各种计划和方案,进行决策信息追踪、信息反馈、协调关系等。如我国各级人民政府的办公厅、政策研究室、经济研究中心等。辅助机关又可分为综合性、政务性、专业性等类型。如各级政府的办公厅(或室)是综合性辅助机关,各级政府的政策研究机构是政务性辅助机关,各级政府的人事、劳动、计划、财政等部门是专业性辅助机关。

(4)监察机关。它是指对整个行政机关、行政人员、社会组织及公民遵守有关行政法规、决策执行情况,进行检查、监督的机关。如监察部(厅、局)、审计署(局)等。

(5)派出机关。这是指一级政府在所辖行政区内设立的代表机关。派出机关的性质不同于地方政府,它只是一级政府组织派出的代表机关,而不是以管辖为对象的一级组织。其主要任务是代表上一级政府,对其下级政府工作进行检查、督促和指导。如省政府领导下的地区行政公署、区政府下设的街办事处等,都是派出性质的行政机构。

(三)行政机关作为公共关系主体的特殊性

1. 主体的特殊性

行政机关作为一种社会组织，其特殊性表现在：首先，行政机构拥有极大的权力，具有权威性。它可以制定政策，颁布法令，垄断并合法地使用暴力。这些都是其他任何社会组织所望尘莫及的。其次，行政机关在整个社会中是独一无二的。一个国家或地区不可能出现几个政府。行政机关的独占必使其超然于其他任何社会组织之上，并且不受竞争规则的制约。

在表现形式上，行政机关作为公共关系的主体也有其"不同凡响"之处：其一，体系巨大。从中央到地方直至基层，政府机构形成一个完整的体系，其规模之大是绝大多数社会组织所无法相比的。其二，结构复杂。政府的行政管辖范围可谓包罗万象。从居民的衣食住行到社会的经济发展、文化教育、国防外交、环境生态，几乎人类生活的各个方面都已被纳入到政府的行政管辖范围之内。与此相适应，政府机构也就成了一个严密而全面的系统网络，分布于整个国家、各个领域，上下对口，层次分明，纵横交错。

2. 任务的特殊性

任何组织开展公共关系工作的任务都是为了提高组织的知名度和美誉度。其中，提高知名度是首要的任务。如果组织不为公众所了解，所谓组织形象也就无从谈起。对于政府这样一种特殊的社会组织来说，其公共关系工作中几乎不存在提高知名度的任务。一个国家或地区的人民，不可能不知道管辖他们的政府。所以，拥有较高的知名度是政府与生俱来的天然优势。这样，与企业公共关系相比，政府公共关系的任务主要是提高美誉度的问题，即树立"创新、强干、务实、高效、廉洁"的政府形象，争取公众对政府工作的理解和支持，以便为各项行政管理活动的顺利开展创造有利的社会环境和社会条件。

二、政府公共关系主体之二——政府公共关系机构

政府大量的、经常性的公共关系活动是由政府内部公共关系机构承担的。因此，政府内部公共关系机构的建立和健全，对于政府公共关系活动的有效开展有着直接的影响。由于政府的行政管理涉及社会事务的方方面面，其管理覆盖面之宽、所面对的公众之复杂、信息流量之大，都是其他任何组织不能相比的。这就要求政府内部必须有专门的机构去承担和完成传播沟通、信息咨询、协调引导等公共关系，以保证政府机构正常而有效运作。当然，政府内部的公共关系机构未必要冠以"公共关系"名称，有些承担着公共关系职能的机构也承担着其他方面的上述业务。但是，政府内部应有专职或兼职的机构去处理公共关系业务，这是被政府管理实践证明了的不容争议的事实。

（一）政府中承担公共关系职能的机构

承担政府机构公共关系工作的主要有以下一些部门和机构。

1. 办公厅、办公室

它是政府的综合职能部门，同时也发挥着公共关系综合职能的作用。它要加强及协调政府各部门横向的关系，要与政府外部有关组织沟通情况。由于办公厅、办公室联系广泛，又归政府领导人直接指挥，担负上传下达的任务，所以在塑造形象、收集与传递信息、缓冲矛盾、协调关系等方面都具有重要作用。

2. 调研机构

它是政府搜集情报，提供咨询的专项职能部门。这些机构主要负责调查实际情况，进行分析研究，向政府决策层反映政策执行情况、社会经济形势变化以及带有全局性、倾向性的问题，提出对策及建议供决策机构选择。调研机构大多由专家组成，这些专家能很好地理解政府意图，对公众的了解比较自觉，提出的意见目的性较强，往往被看做是政府智囊。

3. 沟通机构

它是政府与社会公众沟通信息的职能部门，如新闻处，主要负责协调和沟通政府同各新闻媒介的联系，传达政府意图，协助新闻界及时了解政府的各项工作，并听取新闻界的意见和反映。新闻处负责沟通政府与社会公众的联系，其目的在于塑造政府的整体形象，形成有利的社会舆论。

4. 人民来信来访办公室

它是负责接待、处理人民群众向政府提出申诉或要求解决具体问题的部门。人民来信来访办公室没有直接处理问题的手段和权力，它通过受理来信来访者的申诉、要求、意见、问题，根据实际情况，提出处理意见，提供给有关部门并督促它们合情合理地尽快解决。从人民来信来访办公室的工作中，公众可对政府的决策、工作作风、效率等作出评价，并直接影响着公众对政府的信赖程度。

5. 举报中心

它的任务是受理公民对国家公职人员犯罪活动的控告和检举，并依法进行处理。举报中心在政府公共关系方面的重要作用主要体现在：政府通过举报中心查处国家公职人员的违法犯罪活动，保持政府机构的清正廉洁，从而提高政府的威信。

6. 外事机构

它是政府处理境外事务的专门机构，主要负责国际往来以及港、澳、台事务。随着对外开放的发展，境外投资、中外合作、国际交往等事务越来越多，政府的外事部门在发挥其协调和处理境外事务功能的同时，也在塑造着政府的国际形象，不断消除各种隔阂、偏见，以增进与国际社会的相互了解、支持与合作。

除了上述机构和部门以外，各级政府以及政府的各部门，都在自觉不自觉地从事公共关系活动，都在不同角度和方面塑造着同一个政府的形象。

（二）政府中专门公共关系部门的设置

根据政府公共关系的特点和需要以及目前承担着政府公共关系职能的部门的实际状

况，可以对政府公共关系机构进行设置。

设立公共关系部要注意它的整体性、灵活性。那么，公共关系部的地位如何确定？在确定公共关系部的组织地位时，必须考虑以下两个方面。

第一，公共关系部门必须具有一定权力，能够成为政府的公开代表。在公众面前，公共关系部仍然是政府的机构，是代表政府说话的，且说话应该具有一定的权威性。如果公共关系部的意见经常被其他权力机构否定，或置之不理，那么，公众对政府公共关系部的信誉就会发生怀疑，公共关系部的一切努力都将化为乌有，公共关系部就没有存在的价值和理由了。公共关系部被赋予的权力并不是一般行政管理权，它的权力是能够代表政府。

第二，公共关系部能够有效地、经常地、便利地和政府决策机构保持联系、传递信息。一方面向领导人提建议，反映情况；另一方面，又要听取他们的意见，了解他们的思路。公共关系部和政府领导层保持"热情"联系的形式，可以由政府领导人兼任公共关系部负责人，领导公共关系部工作，也可以定期见面，通报情况。

根据以上两方面的要求，在设置政府公共关系部时，应给予以下安排：

（1）公共关系部应是政府组织序列中的正式编制。公共关系工作是一项长期的、具有战略意义的任务。因此，一个强有力的、在政府中具有较高权威的正式机构专门从事这份工作，就是十分自然的。公共关系机构纳入组织的正式编制之中，不但便于公共关系活动的开展，而且有利于公共关系部职能的发挥。

（2）公共关系部应直接隶属于政府决策层。公共关系部能否打开局面，关键在于政府领导机构是否具有正确的认识，是否具有强烈的公共关系意识并使之付诸实践。公共关系工作的每一步都需要得到政府领导人的支持，而且政府领导人也应参与其间，一同策划。因此，就要求公共关系部必须保持和政府领导层的经常联系，取得政府领导层的有力支持和具体指导，否则，公共关系部的作用就很难如愿发挥。

（3）充分考虑公共关系部的人、财、物需要。公共关系部的人包括公共关系部的领导人和工作人员两部分。应当指出，不是任何人都能从事公共关系工作的，更不是能吃善喝的人就是合格的公共关系人员。只有掌握了公共关系理论，具备了扎实的社会科学知识，又经过公共关系技能培训，有较高的思想政策水平和道德修养，心理健康的人，才能成为公共关系部工作的合适人选。公共关系部的活动是需要一定经费的，其来源可能是政府财政拨款，也可以是企业赞助和海外捐赠。公共关系部对物的需求，也就是公共关系工作能够得到正常开展所需要的设备、器材和有关物品，包括一般办公用品和专项技术性设备和器材，在不铺张浪费和保证工作必需的前提下，应尽量满足公共关系部的需要。

事实上，即使政府领导机构对公共关系事业的认识已经统一，公共关系部的权威地位得到了确认，仅仅依靠公共关系部承担政府公共关系的全部工作是难以做到的，公共关系部常常需要借助社会的人、财、物力量开展政府公共关系活动。

（三）政府公共关系机构的作用

政府内部公共关系机构是政府开展公共关系的主体力量，是政府各种公共关系活动的主要策划者、组织者和实施者。它肩负着以下重要职责。

1. 决策参谋

公共关系机构能否充分发挥作用，首先在于它能否介入领导层的决策活动，尽到领导层决策参谋的职责。所谓决策参谋，即公共关系工作人员必须注意设计组织的整体形象，随时分析政府内外公众的意见变化，并根据社会公众对政府的要求，综合评判各职能部门的管理决策及其活动对社会发展带来的效益和可能的影响，并将这些评判意见提供给政府的领导层，充当领导层决策的顾问。

2. 协调关系

公共关系机构在政府中的协调作用，主要表现在建立并发展同内外公众的联系网络，协调好内部和外部的关系。

协调内部关系，是指政府机构内领导之间、领导与职工之间、职工与职工之间、部门与部门之间的关系。可以说，任何一个政府机构良好的内部公众关系是其工作成效和发展的基础。因为政府内部的各种关系是否融洽，各部门运转是否协调和高效，是政府自身发展和树立良好形象的关键所在。首先，沟通并协调领导与职工之间的关系，可以使"上情下达"、"下情上呈"，促使职工尽快领会并自觉执行决策层的战略和技术意图，并及时将职工对管理或决策的意见反馈给领导层，使其管理和决策更加科学和完善；其次，沟通并协调职工之间、部门之间的关系，可以使职工增强集体观念，彼此互助、合作，加强各部门的统一，消除隔阂，防止摩擦，减少内耗，为政府工作的开展建立良好的内部环境。

协调外部关系，是指与政府相关的外部各类公众关系，使外部公众保持对政府工作的了解，并取得他们的支持与合作。为此，需要设立正式对外发言人，通过新闻媒介，不断向社会公众传递政府的有关信息；需要专人负责安排各种社交应酬，保持与外界密切的联系；需要专人代表政府交涉、处理与社会公众可能发生的纠纷，尤其要处理好突发事件，保护公众及政府的利益不受侵害，增进彼此间的理解和信任等，努力为政府工作建立良好的外部环境。

3. 收集情报

政府工作要适应复杂多变的社会环境，就必须及时掌握影响政府工作开展的各种信息动态，及时调整自身的行为。在这方面，公共关系机构也担负着环境监测和情报搜集的重要职责。通过调查了解社会舆论和民情民意，向领导决策层及时提供和预测社会环境变化的动态，及时进行公共关系策划，采取相应对策，以利于避免和改善政府工作的被动局面。

4. 宣传教育

所谓宣传教育，即通过公共关系机构和工作人员的不断努力，使全体职工有公共关系意识，认识公共关系工作的重要性，能够在与外部公众的交往和沟通中，注意增进公众对自己所在政府机构的好感，以自己良好的言行体现和树立政府的形象。

公共关系机构要注意向职工（包括领导层）介绍正确的公共关系观念，强化公共关系意识，有计划地开展公共关系实务和技巧方面的教育、宣传、培训工作，使干部、职工掌握建立良好公共关系的实际本领。

5. 专业制作

公共关系机构和工作人员，要针对不同的公众对象和要达到的公共关系目标，拟写新闻稿、简报、组织发展简介、工作报告，举办新闻发布会、记者招待会、演讲会、展览会，设计、筹划、监制各种宣传品和赠品及公共关系广告，整理、保存资料图片，安排、接待各种参观和来访，等等。

三、政府公共关系主体之三——政府公共关系人员

无论是社会组织还是公共关系机构开展公共关系工作，最终都是由公共关系人员具体执行。离开公共关系人员，社会组织和公共关系机构只是抽象的公共关系主体。就广义而言，社会组织中的每个人都可以成为公共关系人员。从公共关系学意义上讲，公共关系人员实际上是有严格限制的。它主要是指公共关系的专业人员或者是公共关系职业的从业人员。他们需要经过严格的专业训练和长期的实践锻炼才能造就，他们有自己特有的素质条件、能力条件。

政府公共关系人员是指在政府公共关系部门或机构中专门从事公共关系工作的各类人员。他们是政府公共关系工作的主体力量，是公共关系活动的设计者和实际操作者。因此，对政府公共关系人员的结构进行科学的配置，选择和配备职业素质较高的政府公共关系人员，是搞好政府公共关系的前提条件，直接决定和影响政府公共关系活动的效能。政府公共关系人员的基本构成主要包括以下几方面。

（一）领导人员

领导人员是指政府公共关系部门或机构的决策者、组织者和管理者，是公共关系部门或机构的核心，承担着政府机构公共关系工作的最重要的职责。

（1）组织制定和实施所在政府机构公共关系发展目标、战略和工作计划。

（2）领导制定并监督执行本公共关系机构的工作制度和各种规则。

（3）组织和领导开展各种公共关系活动，处理一些重要问题。

（4）协调本公共关系机构内外的各种关系，领导全体工作人员有序和有效地开展工作。

（5）代表本公共关系机构接受上级组织布置的任务，并向上级组织汇报任务的进展情况和下一步的打算、设想。

（6）为所在政府机构决策层提供各种信息、咨询、建议和方案，发挥决策参谋作用。

（7）对外代表本公共关系机构，负责处理内部和外部的各种公共关系。

（8）作为本公共关系机构的发言人，负责与外部沟通工作。

（二）专业技术人员

专业技术人员是指公共关系工作的专业设计者、策划者和指导者，是公共关系机构的骨干力量，由于他们具有丰富的专业知识和良好的专业技能，在政府公共关系机构中发挥着特殊的作用。

（1）撰写和编辑，即撰写和编辑有关公共关系方面的文件和宣传材料等。

（2）新闻和宣传，即组织新闻发布与传播活动并与传播媒介保持接触联系。通过各种媒体和宣传工具向公众传达政府活动的有关信息。

（3）调研和预测，即通过各种方式和手段，监测社会环境，预测未来发展趋势，提出科学的公共关系决策方案和建议。

（4）顾问和咨询，即对政府的有关公共关系政策和活动提出建设性的建议。根据政府领导和有关部门的要求，提供相关信息和决策方案。

（5）规划和设计，即规划和设计某些公共关系活动的方案，并具体指导其实施。

（6）培训和指导，即培训公共关系人员，指导其工作。

（三）事务人员

所谓事务人员，是指公共关系工作的具体承担者。他们的任务实际上是领导人员和专业技术人员任务的延伸和具体化。也就是说，他们在领导人员和专业技术人员的组织和指导下，承担并从事某些具体的事务性工作，而且最终把领导人员和专业技术人员的工作任务转化为实际效果。因此，他们位于同公众接触的"前沿阵地"，是政府公共关系机构的基础力量。他们的主要任务是：

（1）收集、加工、整理和处理公共关系方面的有关信息。

（2）从事各种文书和档案工作。

（3）编辑、印刷和发送各种内外部文件、刊物、资料汇编等材料。

（4）保持同公众的联系，如记录来电、处理来信、接待来访等。

（5）具体操办各种公共关系活动。

（6）接受公共关系教育和培训。

第二节 政府公共关系人员的基本素质要求和培养

一、政府公共关系人员的基本素质要求

政府公共关系人员的素质要求包括三方面：道德修养、职业素质、能力结构。

（一）道德修养

政府公共关系人员由于其特殊的工作职责——沟通组织与公众的联系，人们把政府公共关系人员的工作状态描写为"一只脚在组织内,另一只脚在组织外"。这种特殊的工作状态对他们的道德品质提出了较高的要求。根据政府公共关系机构工作的要求,政府公共关系工作人员除了要有一般公共关系工作人员的基本道德修养外,还应做到以下几点:

(1) 坚持宗旨,尊重公众。公众利益是政府公共关系人员在公共关系活动中始终要坚持的,毕竟政府的一切工作最终要体现出为人民服务。不关心公众利益,公共关系活动将难以奏效,其政府形象也必然不好。

(2) 实事求是,正确传播。所谓"正确"体现在信息来源可靠、信息内容真实、传播意图明确、传播方式公开。政府公共关系人员不得有意制造虚假和骗人的政府新闻;也不得根据个人好恶,隐瞒和删减政府消息;更不得对新闻媒介施加压力,操纵和控制新闻媒介。

(3) 平等待人,热情诚恳。公共关系工作面对的公众,可能是德高望重的领导者,也可能是初出茅庐的年轻人。公众所从事的可能是儒雅风流的文化艺术工作,也可能是满手泥垢的管道清洁工作。不管是什么人,不管他所从事的是什么职业,都应一律平等对待。

(4) 客观公正,正直无私。由于政府公共关系人员经常和政府决策层打交道,其个人意见会对政府决策产生影响,这就要求政府公共关系人员必须公正客观地分析、评论问题,所提建议也必须合理合法,正直无私。如果为了迎合领导层而专拣好听的说,或者为了达到个人目的,对领导吹耳边风,打小报告,诬告陷害别人,这样的人,必须坚决清除出政府公共关系部门。

(二) 职业素质

国内外的公共关系学者们曾从不同的角度对公共关系人员的素质和能力提出要求,其基本点一致认为,公共关系人员必须具备较高的和较全面的素质、能力,必须在性格、品德、知识、经验和行政工作能力等方面达到一个起码的职业水准。良好的人员素质,是顺利开展公共关系工作的基础,较强的工作能力是公共关系活动成功的保证。

(1) 较高的政策水平。政府公共关系人员的思想政策水平决定其公共关系工作的质量。政府公共关系人员的政策水平表现为两个方面:一是对政府的各项有关政策了解、认识、运用得如何;二是熟练地运用组织内的有关政策和方针,努力使每一项公共关系活动都能为实现组织的目标服务,有利于组织的生存和发展。具有较高政策水平的政府公共关系人员,在大量信息面前,往往判断准确,行动果断,容易把握时机,推动公共关系活动。

(2) 丰富的知识素养。政府公共关系所面对的公众工作在各行各业,要求政府公共关系人员什么都懂当然是不可能的,但较广博的知识面、合理的知识结构、新颖的知识观念,都是非常必要的。足智多谋来源于渊博的知识,"水深则所载者重,土厚则所植者著"。一个博学多闻、兴趣广泛的政府公共关系人员,就能得心应手地应付各种场面,创造出心理相容的气氛和局面。

(3) 完善的个性。对政府公共关系人员个性的要求,可能是各种工作中要求最高的。既机敏、热情、善于交际,又沉着、冷静、意志坚定;既待人宽容、豁达开朗,又自尊自重、落落大方;既要善于妥协、解决冲突,又要不卑不亢、坚持原则;既是一位才思敏捷的演说家,又是一位善解人意的倾听者。无论在什么场合,他都应该是最受欢迎的人。

(4) 精巧熟练的技能。政府公共关系专职人员,一般都要具备某项专门的技能,有比较强的公共关系业务能力。比如新闻写作、宣传资料设计、摄影摄像、编辑、橱窗布置、演讲、谈判等,他们往往是一专多能的多面手。

(三) 能力结构

(1) 交际能力。政府公共关系人员要和各种各样的人打交道,在同他们的交往中,实现政府和公众的沟通,这就需要政府公共关系人员有较强的交际能力。政府公共关系人员常常面对的是矛盾冲突,是来自公众的意见、批评。政府公共关系人员更多的时候需要耐心倾听,而不是作出裁决。倾听时的耐心,有时是忍耐,来自政府公共关系人员对人的理解。善解人意才能够吸引人、打动人、说服人,给人以极大的好感,这是政府公共关系人员与人交往的起点,也是他们被人接受的基础。

(2) 沟通能力。无论是语言、文字、图像、动作、表情,政府公共关系人员都能通过它们准确地表达出自己的意思。向公众说清楚问题,比要求公众接受结论更重要。说清楚不仅在于怎样表达,还在于选择何种方式、在何种场合、以何种形式表达。要让公众能够准确理解,才能实现沟通。

(3) 组织能力。政府公共关系人员要围绕不同的主题,组织各种各样的政府公共关系活动,每一项活动都需要周密计划,认真组织,尽量避免疏漏和失误。政府公共关系人员的组织能力如何,直接关系活动的效果,如活动形式是否切合实际,计划制订是否周到详细,组织实施是否井井有条,评价反馈是否客观公正,改进措施是否正确有效等。一个好的政府公共关系工作者可以不是领导人,但必须有领导人的魄力和组织能力。

(4) 思辨能力。政府公共关系人员的思辨能力表现为质量和速度两方面。所谓质量是指对问题的分析新颖透彻;综合准确有力,善联想,有悟性。所谓速度是指思维灵敏,反应迅速,能很快抓住本质、要害,又能随机应变,摆脱窘迫和困境。

(5) 创新能力。创新能力来自于丰富的想像力和将想像变成现实的创造力。一般来说,公众对信息的注意,并不都来自信息的重要性,而是来自于它能否吸引人。政府公共关系人员要能够把一些基本信息变成新鲜的、吸引人的东西,策划的活动要别具一格,令人耳目一新,让公众产生兴趣并最终接受政府的观点。老面孔、老腔调、老方法,常常使人厌倦而变得漠不关心。政府公共关系人员为寻找解决问题的办法,向领导层提出建议时,更应该体现出这种独特的创新能力,使问题得到妥善解决。

二、政府公共关系人员的培训

（一）加强政府公共关系人员培训的紧迫性

中国特色的政府公共关系的发展已经取得一些成效，但要适应形势的发展需要，在政府公共关系人才队伍建设中还面临着一些迫切需要解决的问题。

1. 政府官员的公共关系意识仍较淡薄

普遍来说，现在许多政府官员既没有认识到政府公共关系活动的重要性，更谈不上将其提升为一种价值观和管理哲学，渗透到政府工作人员的日常行为之中。其主要表现有以下几方面：

（1）缺乏自觉利用传媒手段进行形象投资、形象管理、形象塑造的意识。政府形象，主要指政府及工作人员在社会公众心目中的美誉度大小，是政府获得公众欢迎、接纳、信任的程度。固然，政府工作具有权威性和政策性，但无论是从民主政治的大气候还是从中国特色的政府公共关系的"小环境"来看，所谓的权威性及政策性都必须建立在社会公众依赖政府的基础之上，政府的形象如何，直接关系到党和政府的威信及其工作的成败。许多政府工作人员心目中没有形象意识，对现代传播媒介的重大作用了解不多，而且十分缺乏应有的传播技巧，表现在决策和行动中则是对自觉进行形象投资和形象塑造重视不够。

（2）缺乏为公众服务的意识。门难进、脸难看、话难听、事难办的现象时有发生。一些领导干部更多考虑其权威性和政策性，习惯于高高在上，发号施令，不愿脚踏实地为群众、为社会奉献，不愿通过自己的工作为群众带来满意和方便，不愿用热诚的服务去赢得好感和信赖。更有甚者，将手中的权力当做群众办事时的路障，进行"管、卡、压"，严重败坏了政府的形象。

（3）缺乏协调意识。表现为不善于调节、平衡和统一各种不同的关系、不同的利益、不同的要素；缺乏对"兼顾"、"统筹"、"缓冲"和必要的"调和"、"折衷"的意义和价值的认识，经常陷于难以协调的矛盾之中。

2. 政府公共关系人员的素质水平比较低

应当承认，我国政府公共关系人员的素质现状并不理想。首先，从知识结构看，我国现有的政府公共关系人员（无论是专职的还是兼职的），真正具有政府公共关系方面系统知识的为数不多，绝大多数人都是以哲学、政治经济学和科学社会主义及某些管理科学知识为政府公共关系的知识框架，以至于在从事政府公共关系的活动中，往往只能局限于搞政治思想教育等原则性的工作，而不能深入具体化。因此，知识结构显得有些陈旧老化。其次，从能力素质看，我国政府公共关系人员的能力素质也比较低，突出表现在创造能力和社交能力不强，老成持重者居多。

3. 年龄结构和人员结构不合理

从年龄结构上看，我国政府公共关系人员的年龄结构偏高、偏老，使得我国政府的公共关系手段、形式、方法等都趋向老成保守型。从人员结构上看,我国政府公共关系机构的人员也有些不合理。如男的多,女的少;老的多,年轻的少;不懂专业知识的多,懂业务知识的少;性格内向的多,外向的少,如此等等。

总之,由于我国赋有现代公共关系精神的政府公共关系起步晚,政府公共关系人员的素质水平是比较低的。政府公共关系工作的成败,主要取决于公共关系人员的素质,因此加强政府公共关系人员的培养,提高政府公共关系人员的素质,在建设中国特色的政府公共关系事业中就显得尤为迫切。

(二)培养目标

根据公共关系工作的需要及个人特点,可以培养两种不同类型的公共关系人才,即通才式的公共关系领导人才和专才式的具体公共关系人才。

1. 通才式公共关系领导人才

通才式的公共关系领导人才要求知识面广,有较全面的智力基础、能力结构和适宜的性格气质,他们能够在工作中独当一面地处理各种问题,能够充当公共关系实务工作的组织者和指挥者。这种通才式的人才,一般需要的量不多,但他们对公共关系事业的成败关系重大,故必须通过系统理论的培养和训练,造就一批公共关系领导人才。

2. 专才式的具体公共关系人才

专才式的具体公共关系人才精通某一方面的公共关系技术,如广告设计、编辑制作、市场调查、美工设计、新闻写作等,这样的专才在组织中多一些好,因为大量的具体的公共关系工作都需要这些人去完成。专才式人员需要经过专门训练,他们经过一段时间的工作实践或通过专门培训亦可能成为通才人员。

(三)培养原则

培养公共关系人员应遵循以下原则:

(1) 科学理论知识与思想品德教育相结合。开展公共关系教育与培养,既要搞清公共关系理论和相关的学科知识,对于公共关系的概念、规律、定理、原则等必须保证其内容的科学、正确,又要进行思想政治、道德品质等方面的教育,并使两者有机地结合起来。

(2) 理论与实践相结合。教育培养公共关系人员必须理论联系实际,并在实践中提高用理论解决实际问题的能力,要强调在实践中灵活运用理论知识。

(3) 因材施教,因人施教。公共关系人才的教育培养,必须根据不同的学制,不同的教育形式来进行。还应根据受教育者的智力、能力、兴趣、性格、气质等不同特点有区别地进行。公共关系人才的教育培养应具有普遍性、适应性,使每个公共关系人员的个性潜力得到充分发挥。

(4) 专业知识和综合知识相结合。公共关系人才的教育培养应加强专业课程的设置,每项教育活动都应围绕公共关系专业目标进行。公共关系学是各学科高度综合的产物。因此,现代公共关系人才应具有较厚实的专业知识和广博的综合知识。

(四) 培养渠道

公共关系人员的培养主要有三种渠道，即高校教育、社会教育和实践锻炼。

1. 高校教育

大专院校公共关系专业教育应该说是培养高质量专门公共关系人员的正规途径。正规院校培养公共关系人员的优点在于，学员可以系统地学习公共关系理论，掌握多方面的公共关系实务技能。正规教育中，还特别强调学员要把知识面铺得广些，多掌握一些知识，所以，一些学校的公共关系专业所制订的课程有75%是在公共关系学和传播学之外的。学生起初两年所学的课程，绝大多数都不是公共关系学和传播学，这对于他们以后能够得心应手地开展公共关系活动是大有好处的。正规教育的缺点是，他们缺少实践来运用理论和检验技巧。同时，正规教育时间很长，在学员未结束学习前，他们顶多只能算后备人才。

2. 社会教育

除了高校培养公共关系人才外，社会教育也是提高公共关系从业人员理论水平和业务素质的重要渠道。社会教育属非学历的继续教育，主要有普及型和提高型两种类型。普及型的公共关系社会教育重点是向非公共关系专业人员普及公共关系知识，这些非公共关系专业人员在接受公共关系知识后，再经进一步的学习深造和实践锻炼，才可能成为公共关系专业人员。提高型的公共关系社会教育侧重对现有公共关系人员进行集中培训，以提高他们的理论和工作水平。无论是普及型还是提高型，教育都要有针对性。培训的具体方法可以是走出去也可以是请进来。"走出去"即组织选派人员或者参加培训班，或者到高校旁听公共关系专业课程，或者委托高校代培养等；"请进来"即半脱产或不脱产培训，由组织聘请公共关系方面的专家学者或实业界人士举办讲座或短训班，进行公共关系专业理论和技能培训，也可以参加业余大学、函授和自学考试等。

3. 实践锻炼

公共关系是一项实践性很强的工作，公共关系的许多职业知识和能力并不是仅从培训教育中就可以获得。无论哪一种形式的教育培训和学习所给予的理论与技巧，与实际工作的差距都是很大的。对于政府公共关系人员的培养来说，他首先应该不断学习新知识，掌握更新更多的技能技巧，经常总结经验和教训，注意提高自己的素质，以适应新时期政府公共关系工作的需要。同时，政府公共关系人员要成为政府公共关系方面的专家，只有加强实践锻炼，在丰富多彩的政府公共关系实践中才能达此目的。可见，在加强教育培训的同时，注重在实践中锻炼公共关系人员，使政府公共关系人员多面向企业、面向基层、面向社会公众，这也是一条培训政府公共关系人员，完善其能力素质的重要途径。

第三节　政府公共关系的客体

一、政府公共关系公众的含义

公共关系工作的客体统称为"公众",因此,"公共关系"也称作"公众关系"。"公众"这一概念在公共关系学中有其特定的含义,正确理解这种含义,树立正确的公众意识,对于科学地理解和把握公共关系工作的实质具有指导性意义。

从政府公共关系学的一般意义上说,政府公众即与政府公共关系主体利益相关并相互影响和相互作用的个人、群体或组织。"政府公众"这个概念涵盖了政府公共关系工作的所有对象,凡是政府公共关系传播沟通的对象都可称为政府公众。因此,政府公众是政府公共关系对象的总称。

从这个定义可以看出:首先,政府的行为（诸如政府的目标、政策、工作）对社会群体产生了现实或潜在的利益关系和影响,因而受政府行为制约和影响的社会群体,才称为政府的公众。其次,特定的社会群体因与政府行为面临着共同问题,而产生了共同目的、共同利益、共同心理等"合群意识",对该政府的行为产生具有现实或潜在的利益关系或影响。再次,政府公共关系主体和客体之间是以开展公共关系活动的政府为主导的相互联系、相互影响、相互制约的互动关系。

从以上对公众定义的分析可以看出:公众与"人民"、"群众"、"人群"、"受众"的概念是有区别的。

人民（people）属于一个政治学和社会学的范畴,其量的方面泛指居民中的大多数,其质的方面指一切推动社会历史前进的人们,其中包括劳动群众及一切促进社会历史发展的其他阶级、阶层或集团。

群众（the masses）与人民相比,其内涵大、外延小,就是说本质内涵很大程度上是一致的;从范围上看,群众包含于人民之中,但其内涵更具体、稳定。人民是个动态的概念,在不同的历史时期有不同的内容,但其主体和稳定的部分始终是从事物质资料和精神资料生产的劳动者,这部分人就是群众。"公众"与"群众"这两个概念既有联系又有区别。群众是公众的主体部分,但群众又不等于公众。"公众"概念的外延更大,比如国外的投资者和商旅人员,属于我们政府的服务对象和沟通对象,但却不适于用"群众"的称谓。而且,"公众"这一概念淡化了领导和统属的色彩,显得更为中性和客观。

人群（crowd）属于社会学用语,在量上是居民中的某一部分;在质上,人群是个松散的结构,不一定需要合群的整体意识和相互联结的牢固纽带,凡是人聚在一起均可称为"群"。

受众（audiences）是传播学的概念,在新闻学、广告学中也通用,其含义与公众很接近，乃至在公共关系学中也经常使用。但在不同的学科或专业，人们也可能用不同的方式使用同一个词，从而使同一个词具有不同的学科含义。比如在广告媒介宣传活动中和在公共关系活动中，受众一词的含义会存在微妙的差别。在公共关系领域，正确区别"受众"与"公众"这两个概念，不但有助于理解公共关系活动的本质，而且对有效开展公共关系活动有重要意义。从广告的角度讲，受众一词的含义是指一些东西、信息或资料的接受者。因此，受众是天然内在消极和被动的。公众这个词的含义是与一个组织有着内在联系的群体（也可能是个人或组织），而且公众与组织的关系是相互的，公众会给组织施加影响，组织也会影响公众。可见，虽然从信息传播的对象、信息的接受者这个角度，可以把公众和受众看做同义词，但从公共关系的严格意义上讲并非如此。受众天然内在的消极和被动性是与大多数公共关系活动的目标——激起较强的公众参与是矛盾的。为解决语义上的差异和冲突，公共关系界已趋向把受众划分为"积极受众"（active audiences）和"消极受众"（passive audiences），公众特指积极受众。

在公共关系学中，公众（the public or active audiences）这个词特指任何被共同利益或共同关心的问题联结在一起的群体。这种群体对组织有着重要的影响，因此成为组织传播交流信息的对象。

二、政府公共关系公众的特征

（一）公众的相关性

政府公共关系的公众虽然是广泛存在的，但只有在特定条件下，才能成为实际与政府机构发生直接关系的公众。这个特定条件就是相互之间存在的某些共同点，比如由于面临共同问题而产生的共同的需求、共同的目的、共同的利益、共同的兴趣、共同的背景等。这样一些共同点，使一群人、团体、组织与政府的行为相关联，因而成为政府的公众，形成政府机构与特定公众之间的互动关系：公众的行为和意见对政府的目标和发展具有影响力，同时政府的管理活动也制约着公众问题的解决。

（二）公众的群体性

政府公共关系既然是一种公众关系，那就不是仅仅与一个人或几个人发生关系，而是与一批人，是面临共同问题的特定的社会群体。政府公共关系的公众一般是指以下三类社会群体：

第一类是社会组织。一般来说，社会组织就是公共关系主体。但是，公共关系主体和公共关系客体（公众）在一定条件下又是可以相互转化的。某个社会组织是某些公众的主体，但也可以成为其他社会组织的公共关系客体。比如，新闻媒介、企业、学校、军队、宗教团体等组织是政府机构的公众，在一定条件下政府机构又是上述各类社会组织的公众。

第二类是初级社会群体组合。它是指通过一定的固定联系纽带而形成的有较亲密关系的社会群体，如由亲缘、业缘、地缘关系而形成的家庭、师徒、同乡等，又如政府计划生育部门的公众就是家庭群体组合。

第三类是同质群体。它是指因一时面临共同问题而形成的社会群体。同质群体因其内部成员不存在必然的联系，其联系的程度取决于要解决的问题的难易程度，问题一旦解决，这种同质群体也就自然消失。如因某一问题而形成的上访人群体，就可以被政府机构看成是一种同质性公众。

总之，政府公共关系的公众是一种社会群体，个人只是公众的成员。当某一个人成为特定公众对象时，他（她）总是作为群体或组织的代表出现，其意见和行为往往不仅仅是个人的，而且是代表某一群体或组织的。

（三）公众的复杂性

政府公共关系公众的复杂性主要表现在以下两个方面：

（1）数量巨大。与其他类型的公共关系相比，政府公共关系面临的公众范围更为广泛，数量更为巨大。在政府公共关系中，最基本的公众是公民。尽管公民由于不同的社会地位、不同的政治经济利益和不同的居住地域，面临政府不同的各项具体施政政策和行为而分别形成不同的社会群体，但是，就他们都面对同一个政府这个最根本的问题而言，全体公民都成为政府公共关系最基本、最稳定的公众。政府公共关系的公众也包括各种社会组织。社会生活的每个领域都有一定数量的社会组织。政府要对社会生活的各个方面进行管理，就必须协调与这些组织的关系。政府与各类社会组织关系的全面性和广泛性，也是其他类型的公共关系所无法相比的。

（2）结构复杂。政府公共关系公众不仅数量巨大，而且由于个体公众与组织公众交织在一起与政府发生关系，因此还呈现出非常复杂的结构。从执政党到各民主党派、各人民团体，从各级人民代表大会到各级政治协商会议，从政府工作人员到全体公民，从各种经济组织到各种文化、军事和新闻媒介组织，从政府到社区，从本国政府机构到外国政府机构以及广大的多重身份的社会大众。这一特点大大提高了政府公共关系工作的难度，要求政府公共关系部门和政府公共关系人员更加全面、更加努力地搞好政府公共关系工作。

（四）公众利益的多维性

在我国，人民之间的利益虽然从根本上说是一致的，但在具体利益上又会有矛盾，存在着诸多的矛盾关系，加之政府公共关系公众本身数量巨大、结构复杂，所以其利益呈现出明显的多维性。以一定的利益关系为基础，社会公众可划分成各种不同的利益群体。这些利益群体既有共同的社会利益，又有各自不同的特殊利益。对政府制定的有关政策和法规，不同的利益群体会持不同的态度，这就必然出现不同意见的社会群体。特别是在一些与人们切身利益密切相关的敏感性问题上，如物价问题、工资问题、住房问题、就业问题、社会福利问题等，政府的有关政策会引起公众的不同反响。这些问题处理得不好，往往容易在公众与政府之间产生隔阂、引起矛盾。因此，政府公共关系工作应把握公众的这一特点，有效地运用公共关系的协调职能，统筹兼顾，协调好各方面的利益，理顺各种社会关系。

（五）公众的变动性

政府公共关系的公众不是封闭僵化、一成不变的对象，而是个开放的系统，处于不断变化发展的过程之中。任何政府面临的公众，其性质、形式、数量、范围等均会随着主体条件、客观环境的变化而变化，有的关系产生了，有的关系消失了；有的关系不断扩大，有的关系又可能缩小；有的关系越来越稳固，有的关系越来越动荡；有的关系甚至发生性质上的变化——竞争关系转化成协作关系，友好关系转变成敌对关系等。公众环境的变化，必将导致政府公共关系工作目标、方针、策略、手段的变化。反过来，政府自身的变化也会导致公众环境的变化，如政府的政策、行为的变化，使公众的意见、评价、态度或行为发生相应的变化，这种变化的结果又可能倒过来对政府产生影响、制约作用。可见，必须以发展的、动态的眼光来认识和把握政府公共关系的公众。

三、政府公共关系的公众分类

（一）对公众分类的必要性

公众作为政府公共关系的客体，成为某一政府开展公共关系工作的对象。政府为了有效地开展公共关系工作，达到预期的目的，对公众进行分类是十分必要的。这种必要性主要表现在以下几方面。

1. 科学的公众分类为公共关系的调查研究和组织形象评估确定范围

公共关系工作是从调查研究开始的，通过调查研究客观地评估组织形象，确定公共关系问题，寻找形象差距，这是公共关系工作的第一步。而这一步要走好，首先必须正确地确定公众，通过确定公众来确定调查的对象和研究的范围，通过确定公众来找到客观评估组织形象的一面镜子。因为反映组织形象的镜子就是公众舆论，公共关系的调查研究很重要的是做民意分析。要了解公众的看法和态度，首先必须研究公众，分析公众。

2. 科学的公众分类为制定公共关系政策、设计公共关系方案明确方向

正确的政策和成功的方案是公共关系活动的灵魂。制定公共关系政策和策划公共关系方案是公共关系活动过程中第二个重要步骤。决策和策划的水平将决定着整个公共关系工作的水平。而科学的决策和周密的策划是建立在对实际情况的了解基础之上的，特别是对公众的了解和分析是至关重要的。没有区别就没有政策，从而就没有方法。通过对公众的分析，区分出亲疏远近、轻重缓急，把握住公众发展的脉络，为制定不同的政策、策划针对性的方案提供依据，指明方向。

3. 科学的公众分类为公共关系活动的组织和运行打下基础

运用各种传播媒介，开发多种沟通渠道去"说"和"做"，是公共关系运行过程的第三步。公共关系工作成功与否，要通过实际的公共关系活动来体现，即"说"得精彩，"做"得成功。传播沟通活动的许多环节，都离不开对公众分类的研究和分析。通

过对公众的分类研究和分析，为选择传播媒介、沟通渠道提供可靠依据，从而使"说"和"做"具有更强的针对性。

4. 科学的公众分类为科学评审公共关系工作的效果提供依据

公共关系工作过程的最后一步是科学地检测和评审公共关系工作的成效。公共关系工作成效的评审是多层次、多视角的。比如，信息的传递范围和效率，感情的建立和深化，公众态度的形成和改变，公众行为的支持与配合等。这些效果的评审都直接与对公众分类的研究有关，需要分门别类地考察各类不同的公众，了解他们是否接收到了与他们有关的信息，他们的情感、态度和行为有什么变化，预期的形象效果与他们的实际评价还存在什么差距等。科学的公众分类，为评审公共关系工作效果提供了重要依据。

总之，对公众正确地识别和分类，明确公共关系工作的对象，对于政府搞好公共关系具有极为重要的意义。

(二) 政府公共关系公众的类型

1. 按人口学结构分类

按人口学结构进行分类是政府公共关系中最常用的分类方法。它主要是按照性别、年龄、民族、职业、经济状况、教育程度、政治或宗教信仰、种族等方面来分类。政府各级部门都应对自己的公众对象进行人口结构分析，积累和把握这方面的基本资料，这是政府公共关系的一项最基本的基础性工作。

2. 根据政府公共关系活动的内外对象分类

（1）内部公众。所谓内部公众，是指政府系统内部的所有成员和各个单位。诸如政府公务员，为政府机构服务的职工，政府所属的各职能部门。内部公众是政府公共关系特别重要的公众，这是因为政府要树立良好的形象，发挥行政管理职能的作用，促进行政管理目标的实现，内部公众的行为有着决定性的影响和制约力。

（2）外部公众。所谓外部公众，是指在政府机构外部形成的与政府机构有直接或间接关系的社会群体。这类公众与政府之间的关系虽然不像内部公众那样直接和密切，但对于政府总是具有这样或那样的利益关系和影响力。而且，他们从数量上来说要比内部公众多得多，关系要比内部公众复杂。如政党、权力机关、军队、新闻机构、社会团体、宗教团体、企事业单位、外国政府或国际组织等都属于外部公众。政府公共关系机构的重要工作就是要同这些外部公众建立经常的、密切的联系，了解他们的需求和动态，同时将政府自身的各方面信息进行传递、沟通和交流，使社会公众对政府的行为和政策保持赞同、支持的态度。

3. 按公众对政府的重要程度分类

（1）首要公众。所谓首要公众，是指与政府联系最频繁，关系最密切，对政府机构的生存、发展、信誉和成败有举足轻重影响的公众。从政府内部来看，如职能部门、公务员、职工等，与政府利益休戚相关，是构成政府的基础力量，是推动政府机构运转和发展的内在动力，因此政府公共关系人员必须首先做好内部公众的公共关系工作。从政府外部来看，社会公民也是一类首要公众，他们是各级政府服务和推行政令的重要对象，所以也必须首先做好这类首要公众的公共关系工作。

（2）次要公众。所谓次要公众，是指与政府有联系和利益相关但不是最密切、对政府有影响但不起决定作用的公众。应该指出，首要和次要都是相对而言的。政府公共关系人员应该注意维持和不断改善与他们的关系。在某一特定时期或特定条件下，这类公众随时有变化为首要公众的可能，从而对政府的利益和发展也有举足轻重的影响和制约。

4. 按公众对政府的态度分类

（1）顺意公众。所谓顺意公众，是指对政府的政策和行为持赞同态度并积极支持的公众。他们是推动政府机构发展的基本公众。政府公共关系人员必须加强同他们的联系、沟通，及时收集、分析他们反馈的信息。如在某个问题上发生误解应及时消除，以防止这部分公众态度的逆转，产生不利于政府的影响。

（2）逆意公众。所谓逆意公众，是指对政府的政策和行为持反对态度并有可能付诸行动的公众。对这类公众，政府公共关系机构应有针对性地采取对策，加强信息、观点的沟通与交流，加强感情联络，改善政府的行为，改变政府在他们心目中的不良形象，力争使这类公众转化为顺意公众。

（3）独立公众。所谓独立公众，是指对政府的政策和行为持中立态度或态度不明确的公众。这类公众是政府公共关系工作争取的对象，因为他们随时都有可能或向顺意公众转化或向逆意公众转化。做好这类公众的工作，使他们转化为顺意公众，而避免向逆意公众转化。

5. 按公众的组织状态分类

（1）组织公众。这是指具有稳定组织机构的政府公共关系公众。这部分公众可分为社区型公众、集团型公众和权力型公众。社区型公众由政府公共关系主体所在地的居民组织、企业、社会团体、学校、医院等组成；集团型公众包括各种社会团体、学校、科研单位、事业单位、工商企业等；权力型公众是指除了主体以外的拥有某种行政权力的组织，如政府所属各类行政管理机构。

（2）非组织公众。这是指没有固定的组织机构的政府公共关系公众。这部分公众可分为流散型公众、聚散型公众、周期型公众。流散型公众是指不是按特定目标或规律聚集的公众，他们的数量较多，但分散、不稳定，如临时外出的政府工作人员及一般旅客、游客等；聚散型公众是指因为事件或活动而聚集的公众，其特点是临时聚集而又很快分散，如各种展览会、博览会、报告会、运动会等的参与者；周期型公众是指按一定的规律定期形成的公众，如几年一次举行的选民、每天上下班的政府机构工作人员、有计划培训的公务员等。总之，非组织公众人数多，分布广，流动性大，目标与需求多样化。在特定的环境和条件下，政府公共关系做好这部分公众的工作也是非常重要的。

6. 按政府对公众的态度分类

（1）政府欢迎的公众。它是指完全迎合政府的需要，对政府表示兴趣和交往意向的公众。对于政府来说，这是一种两厢情愿、一拍即合的关系，如自愿的捐献者和投资者、慕名拜访的国内外客人、为政府采写正面报道的记者等。这种关系因双方均采取主动的姿态，不存在传播的障碍，沟通结果一般来说对双方都有利。政府公共关系的任务就是维系和加强这种合作关系。

（2）政府追求的公众。它是指符合政府的利益和需要，但却对政府不感兴趣、缺乏交往意愿的公众。如一些社会名流、有雄厚实力的外商和投资者等均可能成为政府追求的公众。政府或希望与他们建立关系来扩大影响，或吸收外资来发展当地经济。

（3）政府不欢迎的公众。它是指违背政府的利益和意愿、对政府构成潜在或现实威胁的公众。如在国际公共关系中，对我国政府怀有敌意或粗暴干涉我国内政的组织。对这部分公众，政府要疏远或给以有力还击。

7. 按公众的发展过程分类

（1）非公众。它是指尚未与政府机构发生关系的公众，他们既不受政府机构的影响，又不对政府机构的运行产生影响，但在一定条件下，它们又很可能与政府机构发生联系而成为政府的公众。

（2）潜在公众。它是指由于政府的行为，事实上已与政府面临共同问题和利益关系，但本身并未意识到的公众。

（3）知晓公众。它是由潜在公众发展而来，即他们已意识到了同政府机构面临的共同问题和利益关系，就成了知晓公众。

（4）行动公众。它是由知晓公众发展而来。当知晓公众开始关注他们所面临的问题，并采取了行动，产生了对政府有利的或不利的影响和作用，就变成了行动公众。

从以上四种公众的分类可以看出：公共关系问题是一个由潜在到被发现和解决的过程，因而从非公众到行动公众也是一个连续发展的过程。

政府公共关系工作要注意区分以上这四种公众，研究和掌握公众发展的规律，时刻注意观察由于政府行为而带来的公众及其态度的变化，以便及时制定和实施公共关系计划，实现要达到的预期目标。非公众虽然暂不属于公共关系对象范围，但也不能忽视，因为在一定条件下，有可能成为与政府有关的潜在公众。政府公共关系要特别重视潜在公众，因为他们与政府之间存在的有利关系或有害关系，没有充分暴露出来，很容易被忽视。公共关系部门和人员要加强对潜在公众的分析，研究切实有效的对策，使潜在公众向有利于政府的方向转化。政府公共关系的良机在于知晓公众，因而使其成为重点工作对象。这是由于知晓公众已意识到与政府的利害关系的存在，因此，他们对有关信息特别敏感，获取有关信息的心情也较迫切。这时政府公共关系部门的人员应该及时、准确地提供他们所需要的而又可以提供的信息，包括提供和解释组织准备执行的政策和采取的行动，这样才能不失时机地达到预期目标。如果失掉做知晓公众工作的时机，公众已开始采取对政府不利的行动，这时不仅会损害政府的形象和声誉，还可能会因问题的复杂化，而给政府公共关系工作带来困难。

8. 根据公众之间的决定性区别，可将公众划分为消极公众和积极公众

（1）从传播学的角度来看，组织传播的对象可分为消极受众和积极受众。消极受众是被动地接受组织"信息弹"的靶子，他们不对组织施加影响。其实这些消极受众从公共关系学的角度来看，可以称之为"非公众"。而积极受众与传播信息的组织存在着互动关系，它们互相施加影响。从公共关系学的角度来看，这类受众才可以称为组织的公众。

（2）"公众"又可以根据"人们消极地还是积极地就某个问题进行沟通的程度，以及他们对于某一组织所经营的业务是以支持还是限制的方式积极作出反应的程度"（格鲁尼格语），划分为消极公众和积极公众。消极公众是与组织存在着内在关系，但又因对这种关系的认识不够，或该组织的行为对其造成的影响尚未被其察觉，同时又具有觉察、卷入和认知这些问题的可能性，但目前对组织的行为和传播持消极不干预、不影响、不积极反馈态度的公众。消极公众也可称为潜在公众。积极公众是与组织之间的互动关系已经形成，对组织问题认知和卷入较深，对组织积极施加影响的那部分公众。

（3）积极公众又可根据其积极程度的不同发展阶段和卷入问题的程度而分为知晓公众和行动公众。国外的一些战略管理研究者经常使用的"赌金持有人"（Stakeholder）这个概念，其实就是指积极公众。"赌金持有人"是与某一组织联系在一起，与该组织有着相互影响关系的人们。这些同某一组织相联系的人们在其中拥有风险，卡罗尔（Carroll）把它叫做"企业利润或份额"。因此，一个"赌金持有人"可以是能够影响该组织行为、决策、政策、策略或目标的，或受它们影响的任何人或集团。

积极公众是公共关系计划的重要目标，因为他们最知晓并关心组织正在做的事情。而且，如果某一组织企图不同积极公众沟通以处理相互间的冲突，那么，这些公众就可能组成社会势力集团，直接通过抗议、抵制、罢工，或间接通过政府立法来限制某一组织的能力。当然，组织在密切关注积极公众的同时，要关注消极公众的发展变化，因为他们随时会转化为积极公众。

【案例 3-1】

"水门事件"与大亚湾核电站风波

1972 年 6 月 17 日，"水门事件"发生，舆论大哗。《华盛顿邮报》、《纽约时报》等美国大小报纸纷纷登载有关尼克松政府采取不道德的窃听做法的各种新闻。面对这种情况，白宫表示沉默，尼克松对他的两位高级助手说："我们对此少说为妙，传闻自会过去，不必为此忧虑。"

白宫的做法更引起了人们对"水门事件"的强烈关注。《华盛顿邮报》的两位记者对此紧追不放，促使新闻媒介一致呼吁停止拒绝调查。白宫则开始了一系列拒绝调查、

掩盖真相的活动:

——尼克松曾命令助手开列一份记者中反政府人士的"敌对分子名单"。他认为直接盯住这些特殊的人,就能瓦解他们揭开"水门事件"真相的努力。

——1973年初,参院"水门事件"调查委员会请总统和他的助手出面接受调查,但他们用"行政特权"拒绝了委员会的调查,而这个委员会起着影响全国新闻报道的关键作用。

——在"水门事件"大陪审团和联邦调查局的调查中,尼克松政府采取各种掩盖事实真相的做法,如作伪证、用巨额金钱收买被告等,并以"国家安全"为理由进行自我辩护。

——1973年7月,最高法院做出决定,迫使尼克松交出他在办公室谈话的所有秘密录音带,因为这些录音带可能有关于"水门事件"的证据,然而尼克松拒绝了。10月,首席检察长理查森迫于尼克松的压力辞职,副检察长拉克尔肖斯和特别检察官考克斯也被免职。这种做法,被人们称为"周末夜残杀"。至此,"水门事件"重新燃烧起来。

1974年7月末,尼克松因"妨碍司法程序、滥用职权以及不肯交出秘密录音带犯了蔑视国会罪"被弹劾。8月8日,尼克松宣布辞职,第二天生效。于是,尼克松成为美国历史上第一位辞职的总统。

相反,我国政府在大亚湾核电站风波中,以诚取信,化险为夷。

由于煤电供应日趋紧张,尤其是燃烧石化燃料过多而导致的"温室效应"及天气异常现象,加深了人们对核电优越性的认识。我国有关方面经过科学的分析和调查,认为发展核电不失为解决我国中长期电力需求增长问题的重要途径。于是,我国决定在深圳大亚湾修建一座核电站。但是,此时恰值核电业经受了1979年美国三里岛事故之后,在苏联又发生了1986年的切尔诺贝利核电站核泄漏事故。消息见诸世界各国、各地区的报端之后,这一与人类生存攸关的重大问题受到了世界各国、各地区人民的广泛关注。一时间,我国在大亚湾修建核电站之事也成为香港各界公众的热门话题。香港各报辟出版面,对此间议论广泛报道,最后居然形成了一股反对在大亚湾修建核电站的社会舆论。香港公众为此组织了反核的专门机构,并发起香港各界100万人的签名运动。在为了"保障香港公众安全"的舆论调动之下,125万香港公众参加了签名运动。反核的专门机构派出了请愿团去京请愿,将请愿名单送至北京。一时间,这股不利舆论汇成了汹涌的波涛。这时,有人主张"别管他"。但是,有关部门认为产生这种不利舆论的根本原因是由于我们对大亚湾核电站的修建缺乏宣传,致使香港公众不了解有关情况而产生误解,处理此事应采取全面的公共关系宣传,以"软处理"的方式化解这种不利舆论。于是,有关当局采取了如下对策:

第一,立即组建核电站公共关系处,由一位高级工程师任处长,以增强公共关系宣传的针对性。

第二，通过新华社、中新社等新闻媒介如实报道苏联切尔诺贝利核电站核泄露事故调查及救援工作开展的情况，并及时详尽报道了调查结果——由于操作人员不慎所造成的，并非技术问题。

第三，由具有权威的核科学家和核电专家在香港举办关于核电站知识讲座。在宣传中，他们针对香港公众担心的问题，给予了耐心的解释和说明：我国目前采用的安全标准是在国际上积累了几十年经验基础上结合我国国情制定的，具有很高的安全保障系数。在压水堆的设计上我们也采用了国际上最成熟的技术，设立3道屏障：一是安全壳，二是压力壳，三是包壳，从而使反应堆达到最佳安全性能，万无一失。世界核电史上的两次最大事故（三里岛事故、切尔诺贝利事故）均是由于操作人员操作不慎造成的，而非压水堆本身的技术问题。高标准、严要求是我们在核电建设中始终坚持的原则。另外，大亚湾核电站距香港50公里，完全符合国际规定的选址要求。在美国、我国台湾地区的一些核电站的设立，距居住区都在50公里以内，没有造成任何危害。苏联切尔诺贝利核事故的清理范围也在50公里以内。因此，50公里的距离不算近，港人不必担心，相信核电站投入使用后不会造成任何危害。核恐惧心理是杞人忧天，大可不必。核电和原子弹是有本质区别的，核电站绝不会发生爆炸，它可能产生的泄漏事故也会因多层防护屏障的纵深保护而减少到最低程度。所有这些针对性的公共关系宣传缓解了公众的核恐惧心理，成功地引导了公众舆论。

第四，组织香港人士参观大亚湾核电站的基地及设施，增加了工程决策、设计、施工、管理及技术等方面的透明度。

第五，中央有关领导会见请愿团，向香港公众做认真的说明和解释工作，沟通信息与情感，让香港公众感到政府对此是襟怀坦白的，从而增强了香港公众的信任感。

第六，有关当局和香港一家有影响、有信誉的公共关系公司合作，在日本的广岛举办和平利用原子能的展览会，宣传核知识。

通过以上一系列公共关系活动的开展，一场反对修建大亚湾核电站的轩然大波终于平息了。

经过十年的努力和公共关系工作，社会各界理解"大亚湾"、支持"大亚湾"的舆论越来越多了，几年来，核电站收到各方面送来的锦旗一百多面，纪念品一百多件。现在岭澳核电站正在热火朝天地兴建中，香港方面反应平静。这一切说明了公众对大亚湾核电站认识的变化。1994年大亚湾核电站投产的当年，即被美国电力公司杂志社评为国际上5个获奖电站之一，而且是获奖中唯一的核电站。这说明，大亚湾核电站不但在香港地区、东南亚，而且在世界上也具备了一定的知名度和美誉度。由于大亚湾核电站在环境保护方面的优异业绩，广东核电合营有限公司被评为"1997年度全国环境保护先进企业"。

【本章小结】

本章论述了政府公共关系主体的构成和各类政府公共关系人员的职责、素质要求和培养途径，阐明了政府公共关系公众的含义及其基本特征，并按照不同的分类方法对政府公共关系的公众进行分类，区分了内部公众和外部公众，首要公众和次要公众，顺意公众、逆意公众和独立公众，组织公众和非组织公众，政府欢迎的公众、政府追求的公众和政府不欢迎的公众，非公众、潜在公众、知晓公众和行动公众，消极公众和积极公众等概念。

课堂讨论题：

1. 为什么"水门事件"没有很快平息？
2. 尼克松辞职后沉痛地总结教训道："这是公共关系的失误。"你认为尼克松政府在公共关系方面如何做才能重塑形象，以避免不幸的结局？
3. 我国政府有关部门面临大亚湾核电站风波所开展的公共关系活动，作为一种补偿措施是成功的。但是，你能否指出在整个事件的处理过程中暴露了我们在公共关系工作中存在哪些不足？

复习思考题：

1. 简述行政机构作为公共关系主体的特殊性。
2. 政府公共关系机构有哪些作用？
3. 结合实际，谈谈为什么要加强政府公共关系人员的素质培养。
4. 政府公共关系公众有哪些特征？
5. 试述政府公共关系公众的分类。

第四章 政府公共关系的传播

学习目标

- 了解政府公共关系主要的传播模式与相关理论
- 掌握文字大众传媒、电子大众传媒、国际互联网等主要的传播媒介知识
- 了解政府公共关系传播的类型和政府公共关系沟通传播的障碍
- 掌握政府公共关系沟通传播的基本原则

第一节 政府公共关系传播及其要素

一、政府公共关系传播的含义及特征

(一) 传播的概念

传播(communication)指的是人类社会中的信息传递、收受、交流、分享与沟通的过程。由于人们受早期的传播思想和传播研究方法的影响，也由于中国人传统的对"传播"一词的理解的影响，人们习惯于把传播只理解为一种单向的、大量的、大范围的散布、扩散某种信息的行为。这与我们现代所说的传播，在概念上有较大的差距。现代"传播"一词的含义至少应包括：

(1) 信息传递。即某一信息源将信息传递给某一目的地的活动。

(2) 双向交流。即在传播中的双方都是信息传递的参与者，他们之间相互影响，构成信息上的相互交流关系。

(3) 信息共享。即在传播中，双方通过分享信息，使在某种程度上取得一致的了解、认识、理解或意向，达到了相互间的沟通。

(二) 政府公共关系传播的界定

政府公共关系本质上是一种传播活动。政府公共关系传播是政府与公众之间的一种信息传播活动和信息交流过程。因此，政府必须自觉地与公众保持经常性、持续性的接触和联系，通过信息传播的相互往来，树立和强化在公众中的形象。

政府公共关系传播与人际传播存在着区别。人际传播泛指人与人之间的相互接触与

彼此往来。它与政府公共关系传播有许多共同点：两者都属于社会范畴，都是能动的交流行为，都是以人为主体的活动过程，都具有相互作用的功能。而且，人际传播可以作为政府公共关系传播的辅助手段。但是，它们也有着明显的不同之处。首先，人际传播和政府公共关系传播的主体的含义不同。前者指单个的个人，后者指组织化了的个人；前者研究的是人与人之间的交往及信息交流活动，后者研究的则是代表组织的个人有目的、有计划地传递组织信息的过程。第二，从社会关系的总体上看，人际关系是一种较低层次的社会关系，而政府公共关系则是基于社会群体或组织建立起来的一种较高层次的社会关系。第三，它们所采用的传播手段各不相同。人际传播手段一般比较简单，而政府公共关系传播手段相对复杂一些。第四，人际传播的对象可以是一群人，也可以是一个人；政府公共关系的传播对象则是与组织有着某种特定联系的群体。

政府公共关系传播也不同于大众传播。大众传播是专业化群体通过各种技术手段向为数众多的读者、听众、观众传递信息的过程。它具有政府公共关系传播的一般特性，是政府公共关系传播的组成部分。但是，它们之间又有着明显的区别。首先，大众传播的主体是以传播信息为职业的团体或个人；政府公共关系传播的主体则是一般的社会组织，是代表组织行使传播职能的政府公共关系机构或政府公共关系人员。其次，大众传播的内容是由职业传播者根据新闻价值规律采编的、需要告知公众的信息；政府公共关系传播的则是由组织部门行使传播职能的人根据政府公共关系计划编制的对组织有利的信息。第三，大众传播的渠道一般不是由感受器官和简单的表达工具组成，而是包括大规模的、以先进技术为基础的分发设备和分发系统。因此，专门的信息传播机构既需要充足的资金、设备，又需要大量的专业化人才。政府公共关系传播则不受技术水平和专业化的限制，它的制作过程也相对简单一些。第四，大众传播的流程在很大程度上说是单向的，因为它的主导者始终是传播者，受传者既不确知，也不稳定，很难取得直接的反馈。而政府公共关系的传播对象是可知的和相对稳定的，它的传播过程具有明显的双向性特点。具体表现在：组织通过信息传播将自己的目标、政策和具体措施告诉公众，公众则通过被调查或主动回报两种方式把自己的要求、意见和建议告诉组织。与大众传播相比，政府公共关系传播能够更加及时、有效地取得反馈。

政府公共关系传播与通常意义上说的宣传相比较，既有联系又有区别。二者的联系表现在：二者都是让自己的对象了解信息的传播活动；二者为了达到传播的目的，都以同宣传对象沟通情况为前提；二者在传播的内容上常常有某种重合性，表现在任何一个组织（包括政府）为了实现群体目标，必须统一思想，振奋精神，协调一致，共同奋斗，这既需要信息沟通，又需要宣传活动，两者密切配合，相辅相成。二者的区别表现在：宣传工作在我国是为社会主义的政治、经济和思想服务的，以保证社会主义的政治方向，党和国家的路线、方针、政策的贯彻执行和提高人民的素质为目的，它的基本工作原则和工作制度是由党和政府统一制定的，它的着眼点是维护整个国家、党和人民的根本利益；公共关系传播属于管理的一种活动，它虽然以党和国家的路线、方针、政策为指导,但并不直接表现为政治意义。一般来说,公共关系传播不能由党和政府通过组织手段统一制定它的原则和制度,更说不上必须统一执行,它的传播目的是为了一个组织(如政府)的生存和发展,随时向公众传递信息,进行沟通,它的着眼点是维护本组织的形象和声誉,使其自身利益与社会公众利益和谐统一。此外,从影响社会公众的方式上,宣传与公共关系传播的疏导形式也有不同之处。宣传为了达到特定的政治目的,在发布信息影响宣传对象时,往往要借助党和政府的政治权威性去强化自身的说服力,而且执著地向宣传对象"单向灌输"和"单向教育";而公共关系在传播信息影响公众时,则要避免带有明显的倾向和政治性目的,它影响公众的基本原则是"劝服",不允许借助政治权威强加于公众,它强调组织和公众之间平等相待,双向沟通和交流。就一个政府来说,既要向公众有效地传递自己的信息,又要从公众那里获取信息,以便及时调整自己的行为,适应公众的变化,满足公众的需求。

二、政府公共关系传播的要素

1948年,美国著名的政治学家哈罗德·拉斯韦尔提出了传播过程五因素的公式:即:"五W公式":who says what in which channel to whom with what effects,即谁通过何种通道对谁说了什么而带来什么效果——"谁?说什么?通过什么渠道?对谁说?产生了什么效果?"。但忽略了"反馈",使该模式的走向成为单向的,而不是双向的。这个公式描述的虽然是单向传播现象,却为我们提供了一个分析传播过程的简易的模式。因为其中包含了构成传播的基本要素:传播者、传播信息、传播渠道、受传者和传播效果。政府公共关系传播是组织运用传播手段向公众传递信息的过程,它经历了由传播者到受传者的全过程,因此,也应当包含传播过程的五个要素。

美国贝尔电话实验室工程师香农和韦弗从信息论角度提出的数学传播模式:信源→传播者→信道(噪音)→接收者→目的地。香农模式提到了"噪音",表明信息在传播过程中会受到干扰,从而可能引起信息的失真。但该模式仍属于一种单向直线传播模式。美国大众传播学权威施拉姆提出的控制论传播模式:传播者→信息→接受者→信息→传播者。该模式是一种双向的循环式运行过程,它与传统线性传播模式的根本区别在于引进了反馈机制,接通了政府公共关系信息的传播过程。

政府公共关系的过程就是信息的传播、交流和沟通过程。把政府公共关系信息复杂的传播过程解剖加以简化,可以将其模式归纳如下:"传播主体"制作出"传播信息",提供给"传播媒介",告知和影响"传播对象",引起"传播效果",再"反馈"给传播主体。这个传播过程的完整性,揭示出传播要素之间最基本的顺序关系和因果关系,缺一不可。从这个意义上说,政府公共关系传播包括以下要素。

(一)政府公共关系传播者——传播主体

政府公共关系传播者是组织信息的采集、发布者,是代表组织行使传播职能的人。在我国政治组织中,该角色一般由党和国家的新闻发布机构、新闻发布人以及各级党和政府的新闻、宣传部门担任（在其他一些国家还包括政府中的政府公共关系人员）；在各种福利组织和赢利性组织中，该角色由组织内部的宣传部门、政府公共关系部门或宣传人员、政府公共关系人员担任。

政府公共关系传播者是政府公共关系的主体，因为它是构成传播过程的主导因素。在协调公众关系、改善周围环境的过程中，在树立自身形象、提高信誉的过程中，在沟通内外联系、谋求支持与合作的过程中，政府公共关系传播者居于主动地位，起着控制者与组织者的作用。它的任务，是将外部的信息传达给组织内部公众，将有关组织的信息发布出去，传递到目标公众那里。

（二）政府公共关系传播内容——信息

政府公共关系传播内容是指传播者发出的有关组织的所有信息。它包括：语言信息（口头或文字信息）和非语言信息（用人的四肢、体态动作、表情等传播的信息）。

政府公共关系传播内容是指传播者发出的有关组织的所有信息。它大体上可以分为如下两类：一类是告知性内容，即向公众介绍有关政府需告知公众的情况。在信息传播过程中，告知性内容往往以动态消息或是专题报道的形式出现。前者是关于新近发生的某一事件的基本事实的描述，通常包括五个"W"，比如关于政府新政策、经济社会发展情况等的报道。后者是对事件全景或某一侧面进行的放大式描述，它不但包含五个"W"，而且包括对基本事实具体情节的勾勒。例如介绍新政策的制定过程、制定背景、政策意义、专家论证情况等等。另一类是劝导性的内容，即号召公众响应一项决议，呼吁公众参与一项社会公益活动等等。在利用大众传媒进行宣传的过程中，政党、政府及其他非盈利性组织发布的劝导性的内容，往往以社论、评论、倡议书的形式出现。

例如，1985年9月，墨西哥发生了一次罕见的强烈地震。虽然震灾面积不大，但几分钟后人们从传媒上看到和听到的却是倒塌的房屋和抢救的消息。在一些过分渲染的报道影响下，人们对灾情的恐怖和误解加深了。仅一夜之间，游客数量下降了50%。这使得以旅游业为重要收入的墨西哥不仅遭受了巨大的经济损失，而且出现了严重的形象危机。国际著名的政府公共关系公司——伟达公司为墨西哥旅游局制定了一个行动方案。该方案包括：用卫星向全球传送关于灾区的新闻，举行新闻发布会，定时向游客发布消息，组织一个由新闻界和旅游界人士参加的调查团，深入灾区现场，了解真实情况，为旅游局组织一系列灾情介绍会等等。通过这些活动，让人们认识到，此次地震范围很小，对广大旅游区没有什么影响，扭转了公众舆论，重新请来众多的游人。

（三）政府公共关系传播渠道——传播媒介

所谓传播渠道，是指信息流通的载体，也称媒介或工具。这是指进行信息传播过程中所应用的中介物。人们通常把用于传播的工具统称为传播媒介，而把政府公共关系活动中使用的传播媒介称为政府公共关系媒介。政府公共关系的传播媒介，即是信息借以传播的物质载体，可以分为以下两大类：

（1）语言符号媒介。它包括自然语言在内的所有可能有的符号系统。无疑，人类的各种自然语言是最重要也是使用最多的符号系统。用自然语言编制成的各类文字资料也属于语言符号系统。语言符号媒介是现代社会运用最广泛的传播媒介，也是政府公共关系传播最主要的媒介。以语言符号为载体的信息很大一部分是通过大众媒介来传播的。

（2）非语言符号媒介。非语言符号媒介分为实物媒介和人体媒介两种。一是实物媒介。它指的是在实物上包含着某种信息，即实物充当了信息传递的载体。它包括产品、象征物和政府公共关系礼品等。实物媒介的最大特点是可信度比较高。二是人体媒介。它是借助人的行为、服饰、素质和社会影响来作为传递信息的载体。它包括政府领导和员工的形象、社会名流、新闻人物，以及能够影响社会舆论的其他公众，等等。人体媒介的最大特点，除了可信度较高外，还容易建立传播双方的感情关系。

（四）目标公众——传播对象

目标公众（即组织外部公众）是指那些与组织有着某种利益关系的特定公众。它们是大众传播受传者中的一部分，是组织意欲影响的重点对象。这类公众的特点是：第一，目标公众是有一定范围的，是具体的，可知的，也是相对稳定的，即每个组织都有自己的特定公众。第二，公众是复杂的。尽管某些个人由于某种共同性构成了某一组织的公众，但他们之间还是有着明显的差异。第三，公众趋向集合。当组织与公众之间的利益关系变得突出时，原来松散的公众集合体就会趋于集中，显示出它特有的集体力量。第四，公众是变化的。当组织与公众之间的利益关系结束了，这一类公众就不复为该组织的公众。

组织要想有效地开展公关工作，分辨自己面对的公众是十分重要的。一般说来，辨认公众可分几个步骤，层层深入。比如，首先把组织面对的公众无一遗漏地罗列出来，然后按需要对它们进行分类。根据组织内外有别的原则，可以把公众分为内部公众和外部公众；根据公众对组织的影响程度，可以把它们分为潜在公众、知晓公众和行动公众；根据公众对组织重要性的不同，可以把它们分为主要公众和次要公众。当组织开展一项具体活动时，还可以对公众作出更进一步的分类，以便确定具体活动针对的目标公众。

（五）政府公共关系传播效果

政府公共关系传播效果，是指目标公众对信息传播的反应，也是政府公共关系人员对传播对象的影响程度。人们对传播效果的研究经历了半个多世纪的历程，先是提出"传播万能论"，继而提出"有限效果论"（以"两极传播"为主要内容），后来又由"两极传播模式"发展为"多级传播模式"。传播效果理论的演变告诉我们，大众传播媒介固然能够改变受众原有的观念，但其效果不是无限的。在实际工作中，政府公共关系人员不能把大众传播媒介作为唯一的手段，而应当将它与人际传播、组织传播等多种方式结合起来，以便收到更好的效果。同时，受众的被动地位是相对的，他们对信息的注意、理解和记忆都是有选择的。政府公共关系人员可以通过各种调查手段（如观察、访问、文献分析、抽样调查等）了解公众对信息的接受程度，知己知彼，百战不殆。

此外，在信息传播过程中，还要重视专家、学者、社会名流等"意见领袖"的中转作用，设法通过他们影响公众。

（六）反馈

反馈，是信息产生的回流，是信息传播者对发出的信息在社会公众中所产生的效果进行搜集的过程。信息反馈分为直接反馈和间接反馈。直接反馈，是传播者直接接收受传对象对信息的反映；自己监听自己说话，对其修正、补充，这种自我反馈，也是直接反馈。间接反馈，是通过第三者反馈给传播者。反馈还可分为正反馈和负反馈。正反馈是告诉传播者，对传播的内容应继续；负反馈则是告诉传播者，对传播的内容应改变或纠正。

（七）环境

环境，即指传播是在一定的客观条件中发生和发展的。它对传播起着影响和制约作用。主要包括以下环境：①物质环境，是指看得见、摸得到的物质实体；②社会环境，是社会的政治、经济和文化背景在传播中的呈现；③心理环境，是指接受信息者的心理状态；④时间环境，是指传播所处的最佳时间。以上这四种环境相互作用，构成了传播的整体背景。它们之间的连动，推动着传播向既定的方向发展。

三、传播的类型

依据人类传播的发展过程，一般可以将传播分为四种类型：自身传播、人际传播、组织传播和大众传播。

1. 自身传播

自身传播又称人的内向交流，即传播的"双方"集于一身，本身内部进行交流。其表现形式是独立思考、自言自语、自问自答、自我反省、自我发泄、自我陶醉、沉思默想等。这种传播的特点是在"自我"的内心世界里，是"主我"和"宾我"之间的内向沟通。因此，从严格意义上讲，它是个人内心世界的思维活动。从传播学角度上讲，它是人类传播的基本单位和细胞。

2. 人际传播

人际传播指的是个体与个体之间的沟通交流。它是最常见、最广泛的一种传播方式。其表现形式有面对面传播和非面对面传播两种。前者一般通过语言、动作和表情等进行交流；后者则通过电话、电报和书信等进行交流。

人际传播的特点是突出个体性、私人性和信息反馈的及时性。因此，在传播过程中，双方不断地相互调整、相互适应，传播效果也易于显现。

3. 组织传播

组织传播是指组织内部成员与成员之间、组织与组织之间的沟通交流。组织传播通过担任各种不同角色的组织成员和一定的通道进行。这种通道主要有自上而下、自下而上和横向三种。就传播方式而言，有两种形式：正式传播和非正式传播。正式传播，如政府领导与政府机关各职能部门之间、部门领导以及职工之间的角色沟通。非正式传播，如政府领导之间、职工之间的感情沟通。组织传播的特点是：传播的主体是组织，传播的对象是广泛而又复杂的，传播的目的性和可控性明确。因此，组织传播对疏通组织内外沟通渠道、密切组织的内外关系发挥着重要作用。

4. 大众传播

大众传播指的是职业性信息传播者和传播机构通过大众传播媒介（报纸、杂志、广播和电视等），向分散的广大社会公众传播信息的活动。这种传播的特点是：传播主体的高度组织化和专业化；传播手段现代化和技术化；传播对象众多，覆盖面极广；传者和受传者之间的"人际关系"不复存在；信息反馈比较缓慢和间接等。

四、政府公共关系的主要传播媒介

在现代社会里，政府公共关系主要依靠的是大众传播媒介。大众传播媒介是现代社会科技迅猛发展的产物。现代社会信息传播的最大容量就是大众传播，它的信息无孔不入。可以说，现代社会是大众传播的时代。因此，公共关系人员必须掌握大众传播方式。大众传播媒介有印刷类大众传播媒介和电子类大众传播媒介两大类。

（一）印刷类大众传播媒介

印刷类大众传播媒介是指借助于可视的语言文字符号传递信息的各种载体。报纸、杂志、图书通过印刷文字将大量的信息和意见传递给公众，同属于印刷类大众传播媒介，也称文字传播媒介。文字的发明和使用，使人类传播发生了革命性的飞跃，它具有优于言语交流的一些特征。

记录性。在录音设备发明之前，言语交流受时间、空间的限制，无法记录，无法重现。文字则可以将信息资料记录下来，进行跨时空的传播。

扩散性。文字传播可以借助各种媒体传送到遥远的地方，扩散到大范围的公众，从而扩大了信息的影响力。

渗透性。文字传播资料可以长时间保存，同一信息有可能对读者产生反复刺激和影响；读者接受信息的过程比较从容，有利于通过思考来加深理解。因此，文字传播的信息渗透性比较强。

准确性。文字媒介的信息，在制作的时候可以字斟句酌，反复推敲修改，对信息内容的表达更具条理性、逻辑性和准确性。

公共关系传播工作是离不开报纸、杂志的，要通过报纸、杂志去搜集公众的信息，更要通过报纸、杂志向公众传播信息，如刊发新闻稿、做公共关系广告等。

报纸作为一种文字媒介，是以刊登新闻为主的面向公众发行的定期出版物。杂志也是一种文字媒介，它是定期或不定期成册连续出版的印刷品。报纸和杂志合称报刊，它们有面向组织公众和面向社会公众之分。面向组织公众发行的报刊称组织报刊，面向社会公众发行的报刊称社会报刊。

所有的组织报刊都具有这样的特点：它们为了满足组织的需要，公开发表自己的见解，向特定的目标公众进行信息传播，以达到组织的目标。组织以自己的语言、自己的方式进行着连续不断的传播，这种传播是一种可控传播。

社会报刊属大众传播媒介。运用大众传媒进行的传播称大众传播。大众传播同运用语言媒介进行的人际传播比较，具有传播受众广泛的优点，但也有社会公众反馈不直接或反馈时间间隔较长的缺点。

1. 报纸传播信息的优势和弱点

报纸传播信息的优势主要有：

（1）传播面广。报纸发行量大，触及面广，遍及城市、乡村、机关、厂矿、企业、家庭，有些报纸甚至发行至海外。同时，由于报纸可以互相传阅，因此看报的实际人数往往大大超过报纸发行数。

（2）传播迅速。报纸一般都有自己的发行网和发行对象，因而投递迅速准确。报导新闻是报纸的主要任务，所以传播速度的快慢在某种程度上决定着报纸自身的命运。国外有些报纸甚至能报道当日的重大新闻，一天要出早、午、晚三版报纸。新闻报道速度带动着广告信息的传播速度，保证了广告宣传的时效性。

（3）具有新闻性，阅读率较高。报纸能较充分地处理信息资料，使报道的内容更为深入细致。另外，有权威性的报纸更增加了公众对其传播信息的信任感。

（4）文字表现力强。报纸版面由文字构成，文字表现多种多样，可大可小，可繁可简，图文并茂，又可套色，引人注目。

（5）便于保存和查找，报纸信息便于保存和查找，基本上无阅读时间限制。

（6）报纸传播费用较低。

报纸传播信息的弱点是：

（1）时效短。报纸的新闻性极强，因而隔日的报纸容易被人弃置一旁，传播效果会大打折扣。

（2）传播信息易被读者忽略。报纸的幅面大、版面多、内容杂，读者经常随意跳读所感兴趣的内容，因此报纸对读者阅读的强制性小。

（3）理解能力受限。受读者文化水平的限制，更无法对文盲产生传播效果。报纸不如广播电视那么形象、生动、直观和口语化，特别是在文化水平低、理解能力差的读者群中，传播的效果受到制约。

（4）色泽较差，缺乏动感。报纸媒体因纸质和印刷关系，大都颜色单调，插图和摄影不如杂志精美，更不能与视听结合的电视相比了。

2. 杂志传播信息的优势和弱点

杂志传播信息的优势有：

（1）时效长。杂志的阅读有效时间较长，可重复阅读，好的杂志不光为人传阅、借阅，而且在相当一段时间内具有保留价值，因而在某种程度上扩大和深化了广告的传播效果。印刷精美的杂志，往往能伴随其长时间的保留价值而持续不断地发挥其传播效果。

（2）针对性强。每种杂志都有自己的特定读者群，传播者可以面对明确的目标公众制定传播策略，做到对症下药，把好钢用在刀刃上，以节省传播费用。

（3）印刷精美，表现力强。同报纸相比，印刷精美无疑是杂志媒体目前或在以后相当一段时间内最大的优势。显然，由于印刷精美，会在视觉上给读者带来美的享受，易于产生心理上的认同。

杂志传播信息的弱点是：

（1）出版周期长。杂志出版周期长。杂志出版周期大都在一个月以上，因而时效性强的公关信息或广告则不宜在杂志媒体上刊登，而且杂志媒体的定稿和截稿期限比较严格，面对多变的社会形势和市场行情，不便于组织及时调整传播策略。

（2）声势小。杂志媒体无法像报纸和电视那样造成铺天盖地般的宣传效果。杂志尽管精美，但幅面较小、版面有限，发行量也不大，因而较难做出大的宣传气势。

（3）理解能力受限。像报纸一样，杂志不如广播电视那么形象、生动、直观和口语化，特别是在文化水平低的读者群中，传播的效果受到制约。

3. 图书

图书是人类历史上最为悠久的一种印刷类大众传播媒介。图书的优点有：第一，形式规范化，一般装订成册，封面精美，便于长期保存；第二，内容详尽、具体，具有一定的权威性，带有很强的史料性，有保存价值；第三，图书在传播和积累人类知识、文化过程中，起着持久性的重要作用。

（二）电子类大众传播媒介

1. 电子类大众传播媒介的特征

电子媒介是指运用电子技术、电子技术设备及其产品进行信息传播的媒介，其中包括广播、电视、电影、录音、录像、光碟（CD、LD、VCD、DVD）、互联网等等。大多数电子媒介属于大众传播媒介，它们对语言、文字信息等具有强大的放大功能。其中广播、电视是最主要的电子媒介，与印刷大众媒介相比较，它们在信息传播中具有以下特征：

（1）时效性。电子媒介具有最好的时效性，与印刷媒介相比，对信息的传播更迅速、更及时，消息的报道与事件的发生、发展能够做到同步，具有同时性。

（2）远播性。电子媒介通过电波作远距离的传播，不受空间的局限，不受气候的影响，即使与事件和发生地点相隔遥远，消息的报道也能做到同步进行，具有同位性。

（3）生动性。广播和电视通过声音、图像、色彩、文字的组合，使信息的传播比印刷媒介更加生动，现场感比较强，更富于感染力。

（4）技术性。与印刷媒介相比，电子媒介的科技含量更高，无论播发还是接收信息，都需要专门的技术设备；而且制作和播送信息的操作过程复杂，需要有专门的技术人才。

2. 广播在传播信息中的优势和弱点

广播，这里是指通过无线电波或导线传送声音节目、供大众收听的传播工具。广播分无线广播和有线广播。通过无线电波传送声音信号称无线广播，通过导线传送声音信号称有线广播。

广播的优势主要有：

（1）传播面广。广播使用语言做工具，用声音传播内容，听众对象不受年龄、性别、职业、文化、空间、地点条件的限制。

（2）传播迅速。广播传播速度快，能把刚刚发生和正在发生的新闻告诉听众。时事转播和广播是新闻报道中最快的形式，被称为"同步新闻"。

（3）感染力强。广播依靠声音传播内容，声音的优势在于具有传真感，听其声能如临其境、如见其人，能唤起听众的视觉形象，有很强的吸引力。播音员用声情并茂的语言调动听众的感情，有很强的鼓动性和感染力。

（4）多种功能。广播是一种多功能的传播工具，可以用来传播信息、普及知识、开展教育、提供娱乐服务，能满足不同阶层、不同年龄、不同文化程度、不同职业的听众多方面的需要，而且传播方式较灵活，广播听众的收听状态比较自由，不受严格的时空限制。

广播的弱点是：

（1）传播效果稍纵即逝，过耳不留。信息的储存性差，难以查询和记录。

（2）线性的传播方式，即广播内容按时间顺序依次排列，听众受节目顺序限制，只能被动接受既定的内容，选择性差。

（3）广播只有声音，没有文字和图像，听众对广播信息的注意力容易分散。

3. 电视在传播信息中的优势和弱点

电视是用电子技术传送活动图像的通讯方式。它应用电子技术把静止或活动景物的影像进行光电转换，然后将电信号传送出去，使远方能即时重现影像。电视与其他传播媒介比较，其主要优点有：

（1）视听结合，传播效果好。它用图像和声音表达思想，这比报纸只靠文字符号、广播只靠声音来表达要直观得多。电视这种图像和声音相结合的表达手段，最符合人类感受客观事件的习惯，因而最容易为人们所理解和接受。

（2）纪实性强，有现场感。它可以对事件作直接目击报导，电视能让观众直接看到事件的情境；这种纪实性使电视报导特别逼真、可信，能使观众产生亲临其境的现场感和参与感，时间上的同时性和空间上的同位性，对增强事件的纪实性最有效。

（3）传播迅速，影响面大。它与广播一样，用电波传送信号，向四面八方发射，把信号直接送到观众家里，传播速度快，收视观众多，影响面大。

（4）多种功能，娱乐性强。由于直接用图像和声音来传播信息，因此观众完全不受文化程度的限制，适应面最广泛。而且电视集各种艺术手段和传播媒介之长，是当今娱乐性最强的一种传播手段。

电视的弱点包括：

（1）和广播一样，传播效果稍纵即逝，信息的储存性差，记录不便也难以查询。

（2）电视节目同样受时间顺序的限制，加上受场地、设备条件的限制，使信息的传送和接收都不如报刊、广播电台那样具有灵活性。

（3）电视节目的制作、传送、接收和保存的成本较高。

4. Internet（互联网）

Internet 是指全球最大的、开放的、由众多网络互联而成的主要采用 TCP/IP 协议的计算机网络，以及这个网络所包含的世界范围内的巨大信息资源。从网络的角度讲，Internet 是一个国际性的计算机网络集合体，它集现代通信技术、现代计算机技术于一体，是一种在计算机之间实现国际信息交流和共享的手段；从信息资源的角度讲，Internet 是全球范围内最大的信息资源，该信息资源之大，超过人们的想像力。计算机网络只是信息传播的载体，而巨大的信息资源才是 Internet 的生命力之所在，Internet 的神奇、美妙和实用性就在于它所拥有的巨大的信息资源。Internet 代表了现代传播科技的最高水平，是人类传播史上的第四个里程碑。它的出现，从根本上改变了人类的传播意识、传播行为和传播方式，并影响人类社会生活的方方面面。

Internet 这种全新的媒介科技，具有与传统的大众媒介和其他电子媒体不同的传播特征，主要表现在下述几方面：

（1）传播速度更快，时效性更强。它能够直接刊发信息，无需加工制作，具有即时传播的特点。而且，Internet 的传播沟通是在电子空间进行的，能够突破现实时空的许多客观的限制和障碍，真正全天候地开放和运转，实现超越时空的异步通讯。

（2）信息容量更大。信息网络是一个没有边界的世界，在这个无边界的数字化空间中，可以十分详尽地介绍政府的各种信息，满足公众深入了解的需要。

（3）有效覆盖面更大。目前，全球互联网用户分布在 160 多个国家和地区。经过初期的超常规发展后，全球互联网用户的年增长率将维持在 50%，到 2005 年，全球的网络使用人数达到 10 亿人，到 2010 年可能会高达 20 亿人，约占世界人口的 1/3。网络上刊发的信息，几乎是没有国界的，可以直接发至全球 160 多个国家和地区的网络用户。任何国家的公众只要点击相关网页，就能浏览其中所刊载的信息内容。

（4）形式更加生动，视觉效果更好。互联网借助各种以电脑为中心的硬件设备和软件技术，运用各种艺术汉字、美术字、图片、三维动画技术等多媒体开发工具，将文字、图像、表格、声音、动画融为一体，显得更加形象生动，吸引力更强。

（5）费用更低廉。相对其巨大的功能来说，Internet 的使用是比较便宜的。其主要原因是目前 Internet 充分利用了现成的全球通讯网络，一般无需重新投资建设新的通讯线路设施。而且，在互联网上创作宣传作品，属无纸化办公，创意设计和制作几乎不用材料费用，一切工作都可以借助计算机工作平台完成，而且网上发布信息相对也比较经济。所以说，运用互联网创作发布信息，具有显著的集约化效应，是实现"最小化投入、最大化收益"目的的最佳途径。

（6）互动性强。多媒体技术的运用，使得网络不仅能够有效地处理文字和数据，而且能够处理图像、文本、音频等多种信息，将电脑、电视、录像、录音、电话、传真等融为一体，形成智能化的多媒体终端与人之间相互交流的信息操作环境。在这个内容特别丰富的信息网络中，公众通过点击相关网站，可以自由地检索自己感兴趣的内容，根据自己的需要深入寻找有关信息，各取所需，既可简单，也可详尽，公众的阅读自主性得到了技术上的保障，具有公众参与性强的特征。此外，公众还能够主动用电子邮件等方法迅速与信息发布者联系，传播者与受传者之间的互动机制十分明显。

（7）灵活性。传统的媒介信息不能随意更换，但是互联网上的信息内容可以随时、轻易地更换掉，有利于及时传递政府的最新信息，强化信息的时效性。

（8）逼真性。信息网络借助多媒体技术能够提供集协同工作、娱乐、消费等于一体的综合性虚拟空间。多媒体具有多重感官的刺激功能，能够使公众的多种感官同时感知信息，其宣传效果明显优于单一感官接受信息的宣传效果，特别是其虚拟现实技术，通过计算机创造出真实的环境，当公众戴上带有微电视屏幕的头盔和数字手套时，三维图像和虚拟的声音、感触可以使公众产生身临其境的感觉，逼真地接近实物。

（9）持续时间长。从技术上讲，互联网的传递模式是数字化信息的复制，信息复制传递之后，原信息还存在，没有时间、地点的限制，只要网上内容没有被删除，公众可以随时随地查寻相关内容。

（10）易统计性。对传统的媒介宣传进行效果测试具有一定的难度，不能准确地判断报纸杂志阅读率、电视收视率和广播的收听率。而在互联网上发布信息，借助软件技术则可以迅速统计出看信息公告的人数以及时间分布、地理分布等情况，这样就可以相当准确地评估宣传效果，并针对性地提出相应的网上信息传播策略、创意策略和发布策略，提高宣传效果。值得注意的是，虽然互联网具有多种传播优势，但是我国政府的网上宣传还不尽如人意。21世纪的公共关系，应该积极开发互联网这种全球性媒介，利用其跨国公关宣传机制，塑造我国政府的国际形象。

第二节　政府公共关系沟通传播的障碍及其效果

一、传播的障碍

（一）机械障碍

机械障碍，主要是指不能维持传播信道的通行无阻，影响传播的效果。

对于印刷媒介而言，最常见的是印刷质量不好，字体模糊，缺页断行，错字漏字，画面不清等。对于电子媒介而言，常见的障碍有两种：一是人为的干扰，电台与电台之间所使用的频率非常接近，会发生干扰；二是大气压的干扰，引起干扰的是传播静电，会发生爆炸似的杂音。电视媒介有时会出现不清楚的频道。面对面个人对团体的传播，如麦克风出现了故障，也会发生传播障碍。

（二）语言障碍

由于语言方面的原因引起的信息传播障碍，称语言障碍。

语言是公共关系传播最重要的工具。但是语言本身是复杂的。首先，世界上不同国家的语言，一个国家不同民族的语言，即使是同一民族的语言还有方言土语，这些语言的差异，阻碍着人们之间信息的传播；其次，人们掌握运用语言能力的差异，用语不明，不能正确表达思想，就不能有效地进行信息传播；再次，当语言结构不符合语言规范时，产生语病，也会给传播带来困难。

（三）习俗障碍

习俗，即风俗习惯。这是在一定历史文化背景下形成的社会规范，虽然一般不具有法律的强制力，但对调整人际关系有较强的约束力。公共关系传播会受到不同国家、不同地域、不同民族公众习俗的影响和制约。由于礼节习俗的不同，审美习俗的不同，时空观习俗的不同，如果公共关系人员在传播活动中不掌握民俗、民风知识，不注意因地制宜、入乡随俗，就可能在交往、沟通中形成误会甚至冲突。

（四）观念障碍

观念属于思想范畴，由一定的经验和知识积淀而成，是一定条件下人们接受、信奉并用以指导自己行动的理论和观点。观念本身是传播的重要内容，同时又对信息传播有巨大的影响。有的观念是传播的动力，而有的观念可成为传播的障碍。封闭的观念排斥传播活动的开展，僵化的观念窒息双向交流，极端的观念破坏传播的完成。观念障碍既可能在传播者身上存在，也可能在受传者身上存在。

（五）角色障碍

每个人作为社会的一员，在社会大舞台上都扮演着角色。担当不同社会角色的个人，如果缺乏明智性，或陷入盲目性，不能理解别人，则往往会因缺少共同语言而造成传播沟通的障碍。人们可以因为年龄不同而造成"代沟"，可以因为社会职业不同而造成"行沟"，可以因为社会地位不同而造成"位沟"。以上都是属于角色障碍的范围。

（六）舆论障碍

舆论障碍，是指传言、小道消息和谣言所造成的传播障碍。

所谓传言，一是指辗转流传的话；二是指某人向他人传述另一个人的话。小道消息又称小道新闻，即所谓"小道"传播的关于某人某事的"报道"。传言和小道消息，都是通过非正式传播渠道传播的。

传言和小道消息有积极作用的一面：一是领导者常常可以从中获得一些有价值的信息；二是通过有益的传言，可以化解矛盾，增强人们之间的协作和团结。传言和小道消息也有消极作用的一面，主要表现在：造成泄密，危害工作；给工作造成被动；影响团结等。

谣言是通过非正式渠道流传的无事实根据的消息。从谣言的来源看，大致可分为有意捏造和无意讹传两类。如果说传言和小道消息还可能有积极作用，那么谣言就只有消极作用。人们常把谣言比作一把"杀人剑"，比如，一个创业功臣，在艰难困苦中没有倒下，却往往被"桃色新闻"的谣言所淹没。因为这正是怀有恶意的人毁掉好人形象的"选中点"。这种谣言一经传出，就会形成一种消极的舆论力量，给人增加精神负担和心理压力，影响人们的感情方式和行为方式，造成严重的消极影响。

（七）心理障碍

现实的传播与沟通过程中还常为人的认知、情感、态度等心理因素所影响，消极的心理状态常会造成传播障碍。认知不当、情感失控、态度欠当都会导致传播障碍。

（八）组织障碍

衡量一个政府功能的优劣，很重要的一个标准就是看能否有效地进行内外信息沟通，组织机构不合理会造成内外信息传播的障碍。机构层次过多会造成信息失真，机构重叠会造成信息沟通缓慢，管理系统的条块分割会造成信息沟通不畅等。

二、传播的效果

（一）从传播者的行为分析传播效果

1. 传播者的权威性

它是指由于信息传播者是某领域的权威或在社会上有声望，而且有使人信服的力量。

传播者的权威性受多种因素制约，诸如受教育程度、专业知识、社会经验、地位、职业、年龄等。在传统社会中，年龄、经验和地位是决定权威的主要因素；在现代社会中，某领域的权威主要取决于专业知识和实际才能。信息传播者的权威性越大，传播的效果就越好。

2. 传播的动机

传播者的动机直接影响传播效果。传播者要取信于公众，按照预期的目的去影响和改变人们的态度，最根本的一点就是动机要纯正，即公正、客观、无偏见、无欺骗性、不损人利己，诚心诚意为公众服务。只要公众了解这一点，他们就会对传播的内容深信不疑，就会产生积极效果。反之，就会产生消极效果。

3. 传播者的吸引力

传播者有权威性，而且传播的动机纯正就会受到公众的信任，但也并不一定就有吸引力。因为还有一个传播者在传播过程中的仪表、行为、举止、风度问题，即情感作用的效果问题。美会给人以愉悦之感，人们也容易在这种情感推动之下接受传播的某些观点。仪表美主要是通过"诉诸情感"的作用对受众产生影响，但这种影响是近期的、表面的、有限的。只是由于传播者的外部特征具有情境性、显明性、感染性，传播信息时诉诸感情，易激发起人们的愉悦情绪，反应较强烈，因而近期效果显著。但随着时间的推移，感情作用会减弱，而理智作用则相对增强。因此，理性传播的作用是长期的、持久的、深远的。为了提高传播效果，传播者一方面要尽力做到诉诸理性和诉诸感情相结合，另一方面要根据不同的传播任务和目的使两者各有侧重。如果需要传播立即见效（如演讲、动员），采取诉诸感情为主的方式为宜；如果要给人以稳定持久的影响，使公众形成某种观点或态度，则应采取诉诸理性为主的方式。诉诸感性的作用和诉诸理性的作用，还受传播对象的年龄、经验、文化、智力水平的制约。

4. 传播者的相似性

由于传播者和接受者在文化背景、年龄、经历、兴趣爱好、态度、观点、思想信仰、社会政治地位和经济地位等方面相似，就会使接受者产生认同感，有助于提高信息传播效果。因为人们总是喜爱那些和自己相似的人，就是说，接受者喜欢传播者，就容易倾向接受他的观点。

5. 传播者的期待

一般来说，传播者对接受者怀有正确、适度、真诚的期待，就会产生好的传播效果。因为它可使接受者感受到传播者的信赖、期望和鼓励，促使接受者努力实践传播者所期待的行为。一个政绩显著的政府，都与政府领导者对干部、职工所寄予的期待有直接关系。

6. 传播者的作风

传播者的作风是指领导者的民主作风。民主作风好的政府领导者，能深入实际，联系群众，听取各方意见，依靠集体智慧搞好工作。有民主作风的政府领导者，能做到以情感人、以心动人、以行导人，能满足干部和职工生活、物质、文化、精神的需要，而产生向心力，必然唤起干部、职工的成就动机，并增强动机的坚韧度，大大提高工作和生产效率。

7. 传播者的个人品格

一个品德修养高尚的政府领导者，对干部、职工必然产生巨大的影响力，因得到干部、职工的信任而接受他的思想、观念和行为。一些心理学家的研究结果表明，接受者最喜欢的是传播者的真诚、热情、善良的个人品格。具有这种品格的政府领导者，会表现出对人或事喜欢、温和、友善、关心、爱护、信任、尊重、快乐、赞赏等，可转化为人际吸引——喜爱，从而使干部、职工接受他们所喜爱、欢迎的领导者所传播的信息。此外，政府领导者真诚、热情、善良的个性品格，有利于创造生动、活跃、轻松的传播气氛，充分开发人们的潜在意识，使消极因素转化为积极因素。

8. 传播者的自我意识和自我暴露

传播者的自我意识，是指传播者对自身的认识，即自知的能力。"人贵有自知之明"，传播者能做到自知之明，正确地认识和评价自己，才能做到在传播过程中明智行事，才能提高传播效果。因此，自我意识对传播具有特殊意义。由于人们自我意识的能力客观上存在着差别，因此不同的人对信息传播产生着截然不同的效果。

自我意识成熟的传播者，能够保持"现实的我"和"反射的我"同步发展，在选择自我、超越自我、再造自我、更新自我的良性循环中，不断实现自我的平衡状态。在传播过程中自觉地控制和调节有碍于传播效果的言行。

什么是自我暴露呢？就是"开放自我"，增加透明度。在人际信息交流的过程中，传播者只有对接受者开放自我，使接受者了解和理解，才能产生人际吸引，建立良好的人际关系。一个经常过于掩饰自己真情实感的人，因为对他人的封闭，会使人们不愿同他交往。之所以把"真诚"摆在传播者品格的首位，原因就在于具有真诚品格的人，对人襟怀坦白，坦率诚实，勇于开放自我，人们对他了解、信任，在与他的交往中放心。这也正是自我暴露对传播效果的重要意义。

（二）从受传者的行为分析传播效果

所谓受传者（即受众）行为分析，就是分析受众需要什么，心理状态如何，喜欢选择哪一种媒介，通过什么方法来了解这个问题等。

1. 受众需要和受众心理

由于受众年龄、性别、职业的不同，所处的地位和背景不同，人们对传播信息的取舍、选择、需求也不尽相同，但受众相同的基本需求有：

（1）获得与自己生活、生存相关的信息。

（2）获得文化娱乐需求的信息。

（3）提供社会服务的需求信息。

（4）获得求知需求的信息。

信息传播内容能满足受众的不同需求，一方面会提高传播效果，另一方面也为考察受众的兴趣提供了基础。

受众的兴趣是由其心理状况决定的。受众心理，从传播学角度来说，是传播的信息作用所引起的人的高级神经活动，是人脑的反射活动。受众的心理活动是积极主动的、有选择性的，而且表现为多种内涵、多种色调和多种层次。这里只能从总的方面谈受众的心理特点。要提高传播效果，传播者要注意满足受众的如下心理需求：①求新心理；②求真心理；③求美心理；④求奇心理。

如果传播者传播的信息不能满足上述的种种受众的心理需要，就有可能引起受众的逆反心理，使传播信息受阻。

2. 影响传播效果的受众因素

影响传播效果的受众因素主要有预存立场、团体规范、亲身影响、个人特性等。

（1）预存立场。就是受众原来存有的立场、印象，是指每个人对外在事物的印象，乃是我们脑子里的"图画"。每个人存在于脑子里的图画各不相同，当接受传播信息时，他们就会根据自己各自的图画来做解释，当然，不同的图画得出的结论也就不一样。

（2）团体规范。通常，一个人隶属于多个团体，同时扮演着各种不同的角色，又都不能离开团体而生活，不能脱离团体决定自己的行为，包括传播行为。任何性质的团体，所表现的行为和见解或多或少地趋于统一化，为了维护团体的利益，会形成团体规范，团体中的任何一个成员假若偏离了此规范，必然受到压力。团体规范的压力可以促使一个人接受所属团体所认可的传播内容，拒绝与团体意见相违背的传播内容。就是说，一般而言，一个人选择和理解传播内容，都是依照合乎团体规范来吸收的，传播媒介往往难以改变他们原有的意见。

（3）亲身影响。在传播过程中，大众传播媒介的内容是时常透过人与人之间的相互交谈而传播的。一般来说，亲身影响要大于传播媒介的影响，容易引起人们态度的改变。

（4）个人特性。在信息传播过程中常遇到这样的情况，为什么同样的传播媒介和传播内容，对有些人影响较大，对有些人影响较小，对有的人甚至没影响。这是因为除了上述的预存立场、团体规范、亲身影响的因素外，个人特性也是一个重要因素。比如，有的人自以为是"强者"，觉得处处比别人强，不愿受别人左右和接受别人的影响；有的人个性怪异，对人和事消极冷淡，不太愿意接受别人的劝服和影响；有的人反应迟钝，想像力差，听从别人劝服的能力弱；自卑感重的人，对自己没有信心，遇事没有主见，反而愿意接受别人的劝服。

以上几种影响传播效果的受众因素都不是绝对的，传播者掌握这些受众因素存在的传播障碍，以便采取有效对策，提高传播效果。

第三节　政府公共关系沟通传播的基本原则

政府公共关系部门和公共关系人员，面对复杂多变的公众对象要确保取得理想的传播效果，应遵循以下原则。

一、真实性原则

（一）真实性的含义

所谓真实性，一层含义是指在公共关系工作中，必须以事实为依据，实事求是，讲真话，不讲假话，不讲空话，不做假事，不愚弄公众；另一层含义是要真诚，对工作要以真心相待、坦诚交往，不能敷衍搪塞、虚情假意。

（二）坚持真实性原则的意义

1. 真实性是政府公共关系的基础和生命

政府公共关系工作实质上是一种传播（信息交流）活动。政府公共关系过程就是政府和公众之间不断双向信息沟通的过程。没有信息传播和沟通就没有公共关系。但是，信息的传播与沟通必须以客观事实为基础。任何信息都有滞后性，即信息总是产生、传播在事实之后。先有了事实,然后才能有信息和信息的传播与沟通。政府公共关系的本源和基础就是客观存在的事实,离开了事实,政府公共关系就成了无源之水、无本之木。在政府公共关系工作中,不从实际出发,不实事求是,不尊重事实,甚至脱离和歪曲事实,就从根本上动摇了政府公共关系的基础,也就谈不上开展政府公共关系了。

2. 真实性是政府和公共关系信誉和力量的根本条件

政府公共关系的目的是努力在社会公众中建立政府的良好信誉和形象。但是这一目的的实现只靠一些公共关系的技能技巧和传播艺术是不能奏效的。从根本上说,政府公共关系工作只有靠讲真话、办实事,把政府的真实情况对公众作客观的宣传,才能真正取信于公众,才能在公众中树立起政府的良好形象和信誉,政府公共关系工作才会有力量。正如列宁曾经说的那样:"我们应该说真话,因为这是我们的力量所在。"① 被称为"现代公共关系之父"的艾维·李在20世纪初就提出了"说真话"的宣传思想。他认为,搞公共关系要获得公众的支持和理解,说真话是最重要的。美国斯科特·卡特李普等人,在其所著的《有效的公共关系》一书中也说:"时代要求公共关系人员必须实事求是地回答问题,就像一部活的机器一样,从一端把生活的真实情况吞进去,又从另一端吐出不经掩饰的真实信息。"②

3. 讲真话才能搞好与新闻媒介的关系

在政府的外部公众中,新闻媒介处于举足轻重的地位。搞好同新闻媒介的关系,需要做的工作是多方面的。但是,坚持真实性原则,传递真实信息,则是搞好双方关系的中心环节。政府部门因向新闻机构提供了不真实的信息,而造成新闻报道的失实,不仅损害了政府的形象和欺骗了公众,而且也因此损害了这家新闻机构的声誉,招致其与提供信息的组织关系的恶化。因此,政府与新闻媒介之间都必须以尊重客观事实、保证信息准确无误为纽带,来联结双方的关系,维护和发展双方的声誉。

在政府公共关系活动中不说真话,歪曲事实,弄虚作假,必然会使公众失去对政府的信任,必然会败坏政府的信誉和形象,政府公共关系也就失去了自己的力量。美国《幸福》杂志退休总编辑罗伯特·卢巴在为罗伯特·L·狄思达等著的《公共关系手册》第3版写的引言中说:"坚定的、不动摇的诚实本身当然是很必要的,但在公共关系中尤其应强调这一点。公众最不容忍的是不诚实。尼克松总统的下台不是因为他赞成在水门大厦里安装窃听器,而是因为他和他的公共关系助手做了手脚,失去了信任。同样,在里根总统的第二届任期内的伊朗武器交易上,使大多数人感到痛心的是有关官员不光

---

① 《列宁全集》第9卷,人民出版社1960年版,第238页。
② [美] 斯科特·卡特李普等著:《有效的公共关系》,中国财政出版社1988年版,第431页。

明正大。"① 作者狄思达在书中也说："任何歪曲和掩盖事实的公司、私人社团都在冒失去信任的危险。对任何个人也是一样。对一个公司和一个组织来说，建立和保持信誉就决不能粉饰、掩盖事实。那些企图推诿职责、掩盖真相的人势必事与愿违。"④

（三）如何坚持真实性原则

政府公共关系工作要坚持真实性的原则，就必须做到以下几点：

（1）在把握具体和单个事实上必须真实。政府公共关系工作中，对每一个事实发生的时间、地点、人物、事件、原因、过程，结果的认识、判断、说明、解释、传播，都必须与客观实际相符合。

（2）在把握事物的总体、本质上必须真实。事物是复杂的，是由多方面的因素构成的。每一事物又总是同周围其他事物相互联系着。所以，政府公共关系工作还要注重和善于尽可能地把握事物的各个方面和事物之间的联系，从事实的全部总和或事物间的本质和内部联系出发去研究事物，努力做到整体真实和本质真实。刘少奇当年对华北记者团谈话时就曾明确指出："要做到真实，就要全面，缺一面就不是真实。"②

（3）在把握事物的发展趋势上必须真实。任何事物都是变化发展的，都是作为过程而存在的。所以，任何事物都有其发展的某种可能性和发展趋势。政府公共关系工作要想适应不断变化的社会环境和公众舆论，不断进行自身调整，必须努力做到：无论是对客观事物及自己的活动所产生的种种可能性的预测，还是对客观事物的发展趋势、客观过程的阶段性和外部环境的变化的揭示，都要具有真实性。

（4）必须有强烈的信息意识。不论是去把握事物的个体和事物的整体与本质，还是预测事物的未来，都必须掌握全面、真实、准确的大量信息，以此作为分析和认识事物、制定政府公共关系行动决策和计划的基础。因此，政府必须坚持深入实际，深入公众，经常做大量的科学调查研究，反对官僚主义、形式主义，才能坚持政府公共关系真实性原则。

二、目的性原则

政府公共关系传播的总目标是树立、改善政府的形象，为政府创造良好的关系环境，获得各界公众的信任和支持。因此，通过向公众传播政府的信息，巩固对政府的积极态度，改变对政府的消极态度，使公众形成对政府好的总体评价。这个总目标必须通过若干具体目标实现，每一次公关传播活动，想解决什么问题，争取哪些公众，达到什么效果，都必须明确。假如目标不明确，盲目行动，就会无效果甚至产生负效果。因此，明确的传播目标是公共关系传播工作的重要原则。

---

①④ ［美］罗伯特·L·狄思达等著：《公共关系手册》，社会科学文献出版社1989年版，引言第43页，正文第39页。

② 《刘少奇文选》上卷，人民出版社1981年版，第402页。

根据传播效果四层次理论，公共关系传播的一般性目的可分如下四种。

（一）引起公众的注意

政府公共关系传播的内容和形式新、奇、特，能使公众注意政府，才能在此基础上对政府产生认同、肯定的积极态度。

（二）诱发公众的兴趣

政府公共关系传播要充分利用传播的内容和形式，诱发公众的兴趣。公共关系人员首先要了解公众的兴趣、爱好、观点、立场，据此开展自己的公共关系活动。

（三）得到公众的肯定态度

政府公共关系传播的深层次目的是使公众对政府产生肯定、认可的态度，或者由负态度转向正态度。由于态度是人们在长期生活中的经验积累形成的，一经形成则具有相对的稳定性。因此，政府传播要使公众树立或改变对政府的态度，必须做长期的、持之以恒的传播活动。

（四）促进公众的支持行动

就是使公众由关心到参与政府的活动，支持政府的工作，积极实施政府的政策和法规。这是政府公关传播的最高目的。

三、双向沟通原则

政府公共关系双向沟通原则，是传者和受者双方相互传递、相互理解的信息互动过程。它具有以下含义：沟通必须由双方进行；沟通双方互为角色，任何一方既可以传递信息，也可以反馈信息；沟通意味着双方的相互交流和相互理解。政府在争取公众的问题上需注意以下两个问题。

（一）创造沟通的共识区

这是指政府与公众的信息传接双方在知识、经验、兴趣、爱好、文化传统等的相似之处。这些相似之处，就是政府和公众之间可交流的范围。就是说，共同的经验范围（即经验区）是建立双方传播沟通的基础。政府公共关系传播要实现有效沟通，首先是寻找与政府存在共同经验范围的公众。一般来说，政府与公众的共同经验范围越大，沟通的语言就越多，信息分享的程度就越高。

（二）传受双方具备反馈意识

这一方面指沟通的双方在信息传播过程中相互理解后要有所反应；另一方面指沟通双方应根据反馈的信息对自己的行为进行调节，它使沟通双方轮换充当施控者与受控者，彼此制约对方的行为，增强传播效果。

四、政务公开原则

（一）政务公开的含义

政务公开，就是各级政府机构及其部门对所从事的政务和权力运行情况（除属于国家规定保密的事项外），依据一定的法律、政策和程序，向社会和公众公开，以接受公众的监督，确保政务和权力在公平、公正的轨道运行。坚持政务公开原则的根本目的，在于提高政务和权力运行的透明度，接受监督，提高工作效率，加强廉政建设，更好地为人民服务。

（二）坚持政务公开原则的意义

（1）有利于推进我国社会的民主政治建设。发展社会主义民主政治，是我们党和政府始终不渝的奋斗目标。社会主义民主的本质就是人民当家做主。人民行使自己当家做主权力的基本方式之一就是能够直接和间接地了解、参与对国家事务的管理和监督。而坚持政务公开就是让公众了解、参与和监督政务和权力的运行情况，这就为公众参政议政、充分行使民主权利开辟了一条渠道，这必将大大推进我国社会的民主政治建设。实行政务公开是推进民主政治建设的一项基础工程。

（2）有利于充分调动人民群众建设社会主义现代化的积极性和创造性。坚持政务公开，可以调动广大公众参与公共事务的积极性和热情，以主人翁的姿态投身到社会主义现代化建设中来。

（3）有利于促进依法行政，提高行政效率和质量。推行政务公开，把政府及其部门的法律、法规、政策以及在工作中应遵守的行政纪律，特别是涉及公众切身利益的各项办事内容、程序、标准、结果公开，就把衡量办事的尺子交给了公众，这将会规范公务员的行政行为，促使他们依法行政，提高行政效率和质量。

（4）有利于反腐倡廉，促进廉洁从政。公开，是完善民主监督制度的有效措施，是有效的"防腐剂"。实行政务公开可以把政府部门和公务员从事的政务和权力运行情况置于公众的监督之下，从而使公众对他们进行全方位的监督，防止和纠正滥用权力的行为。

（三）怎样坚持政务公开原则

（1）提高思想认识。实行政务公开，是坚持党和政府的根本宗旨和群众路线的具体体现，是社会主义市场经济体制的客观要求，是建设社会主义政治文明的需要。实行政务公开具有多方面的重要意义和作用。各级政府部门和公务员必须从讲政治的高度，进一步提高认识，要把政务公开提高到关系全局，事关改革、发展和稳定的高度，作为一项民主政治建设的重点基础性工作来抓，不断增强工作的自觉性和主动性。

（2）切实加强领导。要把推行和坚持政务公开作为一项重要任务提上领导议事日程，精心组织，加强领导，采取有效措施，切实抓出成效。坚持和完善党委统一领导、党政齐抓共管、有关部门协调推动、广大人民群众积极参与的领导机制和工作机制。

（3）坚持规范化标准。要坚持政务公开规范化、制度化。对政务公开的范围、内容、形式、程度、时间、检验标准、监督方式等方面都要提出具体要求。

（4）加强监督检查。一是建立健全举报、投诉监督网络，充分发挥责任单位、主管部门和职能机构的职能。二是要加强监督检查。根据不同情况适时组织纪检监察机关、人大、政协的有关人员和特邀监察员等进行明察暗访，并把监察情况公开通报。三是充分发挥舆论监督的作用。经常组织新闻单位对政务公开制度的落实情况进行跟踪采访，介绍推广一些好的做法，批评不良现象。四是加大纠正和查处的力度。对违反政务公开的人和事，必须分别情况，依照规定及时做出处理。

五、全员公关的原则

（一）全员公关的含义

所谓全员公关，就是说要使政府的全体公务员都来关心、重视并自觉地投入到政府公共关系工作中去，共同为树立政府良好的声誉和形象而奋发努力。公共关系工作要依靠政府的全体公务员共同来做，这是政府公共关系工作的一条重要原则，也是群众路线在政府公共关系工作中的具体体现。

（二）坚持全员公关原则的意义

坚持全员公关原则是牢固树立政府良好形象和信誉的可靠保障。任何政府良好形象的建立与发展，只靠少数公共关系从业人员的工作是远远不够的。它必须依靠政府内全体成员的共同努力才能实现。政府是由许许多多公务员个体组成的，其中任何一个人都会与外部公众发生这样或那样的交往和联系。在这些交往和联系中，每个公务员的言行对于政府的形象、信誉都会产生或大或小、或好或坏的影响。也就是说，每个公务员都自觉不自觉地参与了公共关系工作，每个人都是政府公共关系的"代表"。政府公共关系工作无疑需要专业的公共关系人员，但是没有政府中全体"业余"公共关系人员的携手合作，公共关系工作也是难以做好的。公共关系工作是政府全体公务员共同的工作。只有当政府中的每个公务员都热情关心、重视并积极投身到公共关系工作中去，亲自去做公共关系工作，政府的良好形象、信誉和关系才能真正牢固地树立并蓬勃地发展。

（三）如何坚持全员公关的原则

（1）培养全体公务员的公共关系意识。要通过宣传教育使政府的全体公务员都了解公共关系工作同政府的生存发展有休戚相关的关系，懂得政府的形象、声誉和与公众的关系对于政府的重要性，从而使他们都能从本职工作出发去关心、参与公共关系工作，建立和维护政府的声誉和形象。

（2）确保公务员的主人翁地位。在政府部门内部必须发扬民主，保障全体公务员充分行使管理的权力，并能以各种途径和形式参加各项管理，参与讨论和决定管理中的各项重大事务，处理管理中的各种重大问题，使公务员真正成为各部门的主人，这样公务员的积极性和首创精神才会达到一个全新的高度，才能真正激发每个公务员的主人翁责任感，调动其积极性，每个公务员才能成为公共关系活动的自觉参加者。

（3）在公务员中开展公共关系培训。要使政府内的全体公务员都能理解和有效地参加公共关系工作，还必须使他们具备一些公共关系的基本知识和实际本领。所以，应该不断对政府全体公务员进行公共关系的培训和实际训练，使每个公务员都掌握一些必备的公共关系工作的基本知识、方法、技术和基本的技能、技巧,并能熟练运用。

六、有效沟通原则

公关传播的有效沟通原则,是指传播者通过沟通活动要取得预期的效果。政府通过沟通使公众了解、理解、喜爱、支持政府。在传播的实践中,政府要做到与公众有效沟通,应注意以下几点:

(1) 传播的信息内容要真实、准确、全面、客观。
(2) 传播的信息量要适度,做到迅速、及时。
(3) 传播的信息对象明确,做到有的放矢,并持之以恒。
(4) 要有好的传播方式和对公众好的态度。
(5) 注意传播内容的制作技巧,保持传播渠道的畅通。

【案例 4-1】

"炉边谈话"立奇功
——引导公众舆论

罗斯福总统堪称公共关系的行家里手,他亲自"导演"和"主演"的一出出有分量的重头戏,在政府公共关系史上留下了不少令人拍案叫绝的杰作。"炉边谈话"即是其中之一。

罗斯福总统入住白宫之日,正是德、日、意法西斯羽翼渐丰之时,他以政治家的敏锐的洞察力预感到世界战争的阴云即将来临。但是,20年前美国卷入第一次世界大战的教训像梦魇一样缠绕在美国人的心头,"不介入战争"的孤立主义呼声席卷全国。有鉴于此,罗斯福总统以"炉边谈话"为阵地,开始了有步骤地引导公众舆论的工作。

入住白宫的第八天,罗斯福总统就借助广播这个当时最先进且最普遍的传媒发表了第一次讲话。他一改过去播音时主持人正襟危坐的"传道"式的刻板风格,以围坐在壁炉边与家人、朋友聊天的形式,用平和轻松的语调及时把大政方针告诉人民。他将"炉边谈话"看做是对全国人民进行教育的极好时机,看成是潜移默化地实施舆论总动员的极佳载体。这一有总统主持的节目一直延续了12年,且收听率极高。

欧战爆发的当天晚上,罗斯福发表了"炉边谈话"。为了安抚群众,他首先说道:"我希望美国将不会介入这场战争,我认为它不会介入。我向你们保证,并再次保证,你们的政府将为实现这个目标作出一切努力。"但在讲话中又委婉地暗示美国人民:"美国的安全现在和将来都是同西半球及其邻近海域的安全联系在一起的。总有一天,美国应该为受到创伤的人类提供尽可能的帮助。"二战伊始,德国法西斯入侵势头强劲,法国投降,英国军事力量损失惨重。为了说明战争局势的严重性,总统再次发表"炉边谈话",警告国民英国战事吃紧,美国已难隔岸观火,号召人民丢掉同纳粹和平共处的幻想,准备斗争。总统的呼吁逐渐赢得了公众的支持,并先后两次修改中立法以适应形势需要。珍珠港事件使美国人民彻底清醒,在总统发表了题为"我们将打赢这场战争,我们还将赢得战后的和平"的"炉边谈话"后,"美国参战"成为美国社会的共同呼声。美国人民同仇敌忾,积极投入了反法西斯战争。罗斯福总统的良苦用心终于得到了预期的回报。

【本章小结】

本章论述了政府公共关系传播的含义、要素、类型,探讨了各种政府公共关系的传播媒介的优缺点,分析了影响政府公共关系沟通传播的各种障碍因素,阐明了政府公共关系传播真实性原则、目的性原则、双向沟通原则、全员公关原则等。

课堂讨论题:

如何克服政府公共关系沟通传播中存在的诸多障碍?从本章案例中你受到什么启发?你认为应该如何提高政府公共关系沟通传播的沟通效果?

复习思考题:

1. 什么是政府公共关系传播?它有哪些特征?
2. 政府公共关系传播的类型有哪些?
3. 政府公共关系沟通传播的障碍有哪些?
4. 政府公共关系沟通传播的基本原则是什么?
5. 试比较各种大众传播媒介的优缺点。

第五章 政府公共关系的工作程序

学习目标

- 认识政府公共关系调查的意义和原则，熟悉和掌握政府公共关系调查的程序、内容和方法
- 认识政府公共关系策划的意义和原则，熟悉和掌握政府公共关系策划的程序和编制方案的方法
- 认识政府公共关系实施的意义，熟悉和掌握政府公共关系实施过程中应注意的问题
- 认识政府公共关系评估的意义和原则，熟悉和掌握政府公共关系评估的程序、内容和方法

第一节 政府公共关系调查

一、政府公共关系调查概述

（一）政府公共关系调查的含义

政府公共关系调查是社会调查的一种，它是指社会组织根据某种需要，运用科学合理的方法，为准确地收集有关信息而进行的专项活动。这种调查活动的目的是认识自己、了解公众意愿，把握社会环境的发展趋势，为组织开展政府公共关系活动提供条件和基础，为组织制定政府公共关系计划提供科学依据，它是整个政府公共关系活动之"轴心"。正如著名政府公共关系专家R·西蒙所说，不论人们如何表达政府公共关系活动的流程，调查研究都是举足轻重的，如果把整个政府公共关系活动的流程视为一个"车轮"，调查研究便是这个"车轮"的"轴"。

政府公共关系调查是政府公共关系组织机构通过运用定性和定量的研究方法，准确地了解公众对组织的意见、态度和反映，发现影响公众动机的因素，并从中分析和确定社会环境状况、政府公共关系状态及其存在的问题，为科学决策和制定政府公共关系计划，实施政府公共关系活动而进行的收集信息的专项活动。它是政府制定政府公共关

计划、实施政府公共关系活动的基础，为组织制定切实可行的政府公共关系筹划方案提供客观的依据，是政府开展政府公共关系活动的先导。

(二) 政府公共关系调查的特点

政府公共关系调查不同于企业为开拓市场而进行的一般性的市场调研，也不同于事业单位或者某个非盈利性组织为了某种社会公益所进行的社会调查，它是政府这种特殊的社会组织为开展活动而进行的专项调查活动。一般来说，政府公共关系调查具有三方面的特点。

1. 调查目的的明确性和公益性

企业公共关系调查虽然也是有目的的一种认识活动，但是由于其自身营利性目的和消费者的私人利益的自然矛盾性，企业公共关系调查目的的形成和明确要经历一个过程，直至趋向于消费者和企业双方的认同。而政府公共关系调查不但目的明确，以服务和规范为目的，而且具有很强的公益性，与社会大众的根本利益一致。具体地说，政府公共关系调查的目的在于了解民情、社会舆论、社会公众意见和需求，以预测社会发展和需求的趋势，寻求政府部门建立信誉、塑造形象、提高知名度的途径。

2. 调查对象的广泛性和众多性

企业公共关系调查和一般的社会调查是以消费者或者某个特定的群体为对象。根据利益相关原则，企业的调查对象往往仅限于它的消费者群体或者潜在的消费者群体，而一般不会涉及其他人。政府部门在整个社会中处于特殊地位，它是社会利益的代表者，对每一公民和社会组织进行行政管理并提供公益性的公共服务。因此政府部门的政府公共关系调查是面向社会大众的，其调查对象具有分布广泛、数量众多的特点。

3. 调查过程的长期性和系统性

政府公共关系调查的内容往往是重大的社会问题，涉及人数众多、牵扯到社会的方方面面且历时长久。因此，在调查开始之前更加需要精心地制订计划，规定目标和客体，确定调查的时间，落实经费，并且在整个漫长的调查过程中保持长期的跟踪分析和资料积累。当然，由于社会公众的数量和差异性巨大，许多政府公共关系调查也采用典型调查的方法，调查典型群体，然后运用定量和定性相结合的分析方法，揭示在特定环境中影响公众的认识和态度。

(三) 政府公共关系调查的作用

政府公共关系调查在政府公共关系活动中起着调查民意、反馈信息、协助科学决策、制定政策、监视社会环境、调查政府部门自身的活动以及与公众沟通观点、协调关系和整理信息、积累资料等重要作用。随着政府公共关系活动的逐步开展和深入，它将越来越被人们所重视。具体地说，政府公共关系调查的作用有以下几方面。

1. 调查民意，制定政策

政府部门为了达到预定的目标，必须通过政府公共关系调查了解民意，调查公众意见和社会环境，以制定出切实有效的方针政策。例如，1990年美国为了制定新政府的国家安全政策，曾进行了一系列的全国调查。调查表明，美国公众安全的概念已经从加强军事力量和加强对苏联的斗争转变为制止毒品扩散、减少贸易逆差、维持现有国防开支和寻求对外合作等。因此，美国政府根据民众态度的变化采取新的安全政策，相应也在一段时间内产生了相对缓和的国际趋势。

2. 沟通公众，改善工作

政府在进行政府公共关系调查后，将调查的结果与内外部公众沟通，或者是通过新闻媒介广为传播，以提高政府部门的工作效率和工作质量，加强行政机构的科学化、法制化和现代化。如在20世纪90年代后半期，不少省市地区曾进行过对政府机关工作状况的调查和对某项行政职能行使情况的调查。调查结果显示，社会公众普遍反映，在经济和政治体制改革的同时，政府行政职能在转变过程中，地方行政部门逐渐转变态度，改变以往行政机构的低效和浪费，提高行政效率，但是社会公众对政府职能部门的工作状况尚未达到满意的程度，要求政府部门进一步提高工作效率和工作质量。

3. 监视环境，调整政策

政府的生存和发展总是受到一定社会环境的制约和限制。因此，政府的某项已经制定的政策，其具体实施需要通过政府公共关系调查随时监视环境的变化，以调整自己的活动。如政府在实行医疗制度改革、住房制度改革等关系广大人民切身利益的重大改革之前，或者在改革实施的进程中，常常要通过问卷调查、走访和网络专题讨论等方式掌握人们对新制度和新政策的反馈情况，了解人们的心理接受能力和社会基层的舆论状况。通过调查，对具体实施措施和方法进行调整，使它不偏离政策和公众需求的正确轨道。

4. 整理信息，积累资料

政府公共关系调查的过程，实际上是一个整理信息，积累资料，不断完善、充实资料和信息源的过程。现代社会是个瞬息万变的社会，信息、物质和能源被人们喻为现代经济和社会发展的三大支柱。无论哪个组织的周围都积聚着浩瀚无边的信息。在信息社会中，信息就是资源，就是财富，是现代经济、政治、军事、社会取得巨大发展和获得成功的基本要素，信息成为现代决策的基础。任何社会组织必须充分利用一切关系网络摄取与组织形象和信誉有关的信息，以做出正确的决策。信息的获得和整理是一个持续不断的过程，掌握需要的最新的信息和资料，对政府部门来说，是需要的，也是必须要做到的。对社会各个方面信息的获得，是政府生存和保持控制力的一个重要的基础。一般来说，政府机构整理信息、积累资料的工作量较大，比较系统，需要有专人负责才能取得较为满意的效果。

二、政府公共关系调查的原则和程序

政府公共关系工作的四个最基本的环节是调查、策划、传播和评估。政府公共关系调查，既是政府公共关系活动的起点，又贯穿于政府公共关系活动的全过程，是政府公共关系活动不可少的重要环节。这一环节必须是科学的、有效的，才能保证整个政府公共关系活动是科学和高效的。所以在进行调查的过程中需要遵守一定的原则和程序。

（一）政府公共关系调查的基本原则

原则是观察事物现象、认识事物本质、分析和解决问题的准则。政府公共关系调查是政府领导者认识社会的一种实践活动，这一实践活动的正确性就必然有与之相应的体现规律要求，并深入揭示规律的科学原则。政府公共关系调查的基本原则是真实性原则、系统性原则、群众路线原则、经济效益原则和讲求时效原则。

1. 真实性原则

真实性原则是指政府公共关系调查获取的材料和数据必须真实、客观、准确地反映政府公共关系状况的实际。因为精确的预测、优秀的策划和科学的决策都需要依据真实的调查资料。调查的真实性要求调查人员认真的工作态度、较强的责任心和一定的技术水平，还需要调查对象有积极合作的态度。由于政府公共关系调查任务往往是奉政府领导之命的，所以在政府公共关系调查中应该特别注意避免长官意志、曲意逢迎。有的领导者喜欢凭主观意志，给调查者划框子、定调子，让调查者照此办理。在这种情况下，调查者不能不顾事实真相，看着领导的眼色行事。当实际情况与领导的意见相悖时，调查者如果以歪曲事实、掩盖事实真相、曲意迎合去换取领导的欢心，就会给政府公共关系调查造成巨大的损失。

2. 系统性原则

根据辩证唯物主义的观点，在客观物质世界的普遍联系中，任何事物本身都是一个系统，且从属于一个更大的系统。系统的观点要求调查时要具有系统头脑和系统眼光，把调查对象放在系统之内，把握子系统间的相互联系和有序结合而成的系统，以获得调查对象的系统认识，才能有效地从整体上优化政府公共关系调查资料，透过现象看到事物的本质，保证政府公共关系调查的科学性。在政府公共关系调查中，调查者要保持深入、扎实的工作作风，不能满足于浅尝辄止、坐井观天。要根据调查目的，全面系统地搜集调查范围内有关政府公共关系信息的资料，从复杂的事物现象中抓住事物的本质，正确处理全局和局部的关系，从各方面、多角度了解和分析事物整体，切忌"盲人摸象，以偏概全"，从而全面系统地反映政府公共关系状况。正如列宁所说的："如果不是从全面综合，不是从联系中掌握事实，而是片断的和随便挑出来的，那么事实就只能是一种儿戏，或者甚至连儿戏也不如。"

3. 群众路线原则

"一切为了群众，一切依靠群众，从群众中来到群众中去"，这是实现党的思想路线、政治路线、组织路线的根本工作方法，也是政府公共关系调查的根本原则。政府公共关系调查要了解客观、全面、真实情况，就必须虚心向群众求教，保证一切调查材料必须从群众中来。脱离群众意见、见解的调查不是真正的调查，不会获得真知灼见。在政府公共关系调查中，尤其要注意的是，调查者应该以了解真实情况为准绳，听取被调查的领导和群众的双方面的意见,切忌自以为是、偏听偏信。古语说,"兼听则明,偏听则暗",只听被调查的领导的意见,而不相信群众,只依靠领导,而不依靠群众的做法是做不好调查的。

4. 经济效益原则

政府公共关系调查虽然是一种纯粹的公益性活动,但是也需要对人力、物力、财力的支出成本进行成本效益分析。经济效益原则要求在调查中选择恰当的调查方法和调查方案,争取用较小的投入获得较大的效果和较多的信息资料。政府公共关系调查特别要注意避免背靴找脚,削足适履,不考虑经济成本,把制定的调查提纲或计划当做根本不能变的死框框硬去套现实,带着框子找例子、装材料,这样不但是经济上的损失和浪费,也使调查失去了其为决策提供参考的意义。

5. 讲求时效原则

社会进入信息时代,政府作为社会大众的特定服务者,需要及时掌握准确的信息并作出反应,这样才能赢得良好的信誉和大众的信任。时效性原则要求调查时增强时间观念,避免时间的浪费和决策良机的丧失,使调查工作顺应瞬息万变的社会环境,及时提供反馈信息,以满足社会组织各方面的需要。

(二) 政府公共关系调查的程序

政府公共关系调查的基本步骤有:

(1) 根据调查内容,明确调查任务。

(2) 根据调查任务,制订调查方案。首先,要做一个详细的调查提纲,把调查任务分成具体的一个个小指标,将所要调查的问题尽可能详尽地列出来。例如,要做一个政府某项政策的调查,必须通过具体的政策要素指标体现出来。其次,在调查方案中还应明确调查的范围、对象和抽样方法。比如,是在全国多个省的若干城市的范围内进行,还是在一个省的数个城市的范围内进行;是在某一行业的公众中进行,还是在某几个行业的公众中进行;是采用随机抽样的方法,还是采用非随机抽样的方法等。最后,应制定具体的调查方法,确定使用哪些具体的方法进行调查。

(3) 根据调查方案,收集调查资料。调查方案实施的过程就是收集调查资料的过程,收集调查资料时必须注意恰当科学地运用技术手段,以保证收集资料的数量、质量以及调查结论的准确。

(4) 根据调查资料,得出调查结果。处理调查结果是政府公共关系调查的最后一项程序。它包括:①整理调查资料。就是对调查所得的资料进行检验、归类、统计,排除虚假的资料,补充缺漏的资料。②形成调查结果。就是将经过统计的数据通过图表、数据和文字分析的形式形成一份完整的调查报告。调查结果中应该有对调查的科学性、准确性和应用性的说明。调查结果和调查报告应及时提供给有关部门的领导,以便据此做出正确的政府公共关系决策。

三、政府公共关系调查的内容

政府公共关系调查的内容比较广泛，政府公共关系组织机构及其工作人员要围绕着自己的内外公众，例如国家工作人员、社区、企业、新闻界、社会名流等基本情况进行调查，包括政府机构内部情况调查和外部公众调查。

（一）政府机构内部情况调查

政府机构内部情况调查包括：政府机构管理的基本情况，政府的工作人员状况，政府公共关系活动的条件，政府的宣传和广告。

1. 政府机构管理的基本情况

政府领导者通过对政府管理基本情况的调查，可以了解本政府管理的变化和发展，及时调整管理行为，有效地适应社会公众的需求。具体包括：

（1）思想和目标。管理的思想和目标集中体现一个政府指导思想的正确性和管理决策的科学性，内容有：

①政府管理的方向性。是否了解党和国家的路线、方针和政策，把党和国家的路线、方针、政策、法规作为管理工作的灵魂。

②政府管理的群众性。是否摸清、摸准公众利益和要求，把为人民服务作为根本宗旨。

③政府管理的先进性。是否坚持了以人为本的现代管理的主体思想，是否用现代的思维方式和观念以及科学理论来指导管理工作，管理目标是否正确，管理标准是否明确，是否具有可操作性和可行性。

（2）管理体制。管理体制调查的内容有：

①政府机构的设置状况。政府机构设置是否合理，是否建立起办事高效、运转协调、行为规范的行政管理体系。

②政府职能部门和领导班子的分工状况。是否有合理明确的分工，职权责是否一致，政府领导班子优化组合、实行结构科学化、发挥整体效能的状况。③政府的各项管理制度设置状况。管理制度是否科学健全。

（3）管理手段。管理手段调查的内容有：

①运用行政手段的状况。是否运用行政手段约束、控制领导干部和公务员的行为，实现政府的目标。

②运用经济手段的状况。是否运用经济手段调节内部公众的利益关系，调动干部、职工积极性。

③运用激励手段的状况。是否运用激励手段，增强感情投资，加强政府内部的沟通，建立密切的干群关系。

（4）管理方法。管理方法调查的内容有：

①管理方法的科学性。是否把系统论、控制论和信息论等现代科学管理方法运用到

政府管理中去。

②管理方法的有效性。管理工作计划安排的实施进度和产生的效果如何，提高干部、职工队伍的素质和培养人才的措施是否有力，树立团队精神、培养职业道德的有效性如何。

2. 政府的工作人员状况

政府的工作人员状况包括政府工作人员的基本结构（如年龄结构、身体状况、政治思想素质、文化程度、专业特长、业务技术能力）和工作人员的基本态度（对自己的岗位工作、对领导方式等）。对政府工作人员队伍状况的调查，有利于加强政府工作人员的政治思想和业务素质的培养和提高，提高政府的管理水平和工作效率。

（1）政府工作人员的基本结构。政府工作人员的基本结构调查的内容有：

①政治思想素质和职业道德风貌。是否有较高的政治思想觉悟和品德、政策水平，是否具有敬业精神和团队意识及全心全意为人民服务的观念和意识。

②文化程度和专业特长。受教育状况和知识结构，法律知识、管理知识和专业知识掌握的程度。

③业务工作能力。是否具有思维能力、决策能力、协调能力、社交能力和应变能力，是否具有自我认识和自我控制的心理素质。

④其他状况。政府工作人员的年龄结构、职工劳动条件、生活条件和健康状况等。

3. 政府公共关系活动条件的调查

政府公共关系活动条件的调查是指政府在开展政府公共关系活动之前，对开展活动的主客观条件进行调查研究，以便使政府公共关系活动得以顺利实施并取得圆满成效。政府公共关系活动条件的调查内容包括：

（1）政府公共关系活动的人力、财力状况调查。政府在开展一项政府公共关系活动之前，必须对参与此项活动的人力和政府所能承担的财力进行调查分析，以便确保政府公共关系活动拥有充足的人力、财力资源。其中，人力调查分析包括参与政府公共关系活动人员的来源，人员的素质、能力、经验和业绩，人员的结构、搭配；财力调查分析包括政府的投入和产出比，资金的使用的合理性等。只有对参与活动的人员和经费的使用进行认真的调查分析，选派符合条件并结构合理的一组人员，投入适宜的经费并妥善管理，才能保证政府公共关系活动的成功。

（2）政府公共关系活动客观环境调查。客观环境调查分宏观调查和微观调查两部分。宏观调查是对社会大环境，包括社会政治、经济形势，社会舆论和人们的社会心理进行的分析研究。宏观调查要求政府拥有完善的信息监测系统。微观调查是对政府开展政府公共关系活动的具体条件进行的调查，包括对开展政府公共关系活动的场地调查（包括对面积、人员交际、食宿的场所和流动的通道的调查），设备调查（包括各类家具的数目、质量及档次和电子设备的配置及使用效果的调查），以及各类规章和规定的调查（包括对交通部门、治安部门、卫生部门等的规章制度的调查）。

4. 政府的宣传和广告

政府的宣传和广告是指对政府形象规划、广告、网站等传播途径及其效果等状况的调查。包括对政府形象 CIS 策划的情况和效果的调查，对政府发布的政府公共关系广告的情况和效果的调查，对政府网站的设立、运行、更新、点击率等情况的调查。

(二) 政府外部公众调查

政府的外部公众调查主要涉及政府形象调查、政府公众动机调查和社会环境调查等三个方面。

1. 政府形象调查

政府本身是一个复杂的、多因素构成的行为综合体，这决定了政府形象内容的多样性和复杂性。就是说，政府的总体形象可以分解为各种不同的形象要素。因此，对政府形象调查可以采用形象要素分析法制作调查表格进行调查。例如，我们尝试将政府部门形象要素列为工作效率、决策管理、服务方向、服务态度、工作人员的素质、廉政建设等六个方面进行调查。

我们知道，对任何一个组织来说，知名度和美誉度都是不可缺少的。所谓知名度是指一个组织被公众了解的程度。所谓美誉度是指一个组织获得公众信任的程度，但二者并不存在必然的统一性，良好的政府形象应该把知名度和美誉度的统一作为追求的目标。所以一般可把政府形象概括为以下两个基本指标：即知名度和美誉度。因此，需要进行政府形象的实际调查，分析政府公共关系的具体现状，比较目标和现状之间的差距，确定或修正政府公共关系工作的方向和重点。

2. 政府公众动机调查

政府的公众动机调查要探明社会公众对政府部门的评价或者印象的主观原因，通过对公众的态度倾向进行统计、测量分析，把握其变化的态势，以数据和具体的模式图形的形式显示公众的整体意见。公众动机的调查对政府部门的工作具有很好的参考价值。

由于公众内部的水平、素质、职业、社会地位等不同，看问题的角度也不同。例如，对当前的改革，人们的看法不完全一致，究其主观因素，和人们的政治意识、民族气质、民族精神、民族心理、政治观念、政治道德、政治情感、价值取向都是相关的。因此，公众动机具有广泛性和变动性的特点。要真切探明公众的动机，需要进行复杂、耐心的调查工作。所以，政府公共关系调查人员应当按照一定的指标体系测量、调查公众动机，用科学尺度描述动机状态，并建立公众动机状态模型图，显示舆论的现状与变化趋势。

(1) 公众动机指标体系

公众动机是一个包含多层次结构的意识群，是由公众的各种意见和态度构成的集合体。根据公众动机各部分分解后所占比重的大小，调查者可以统计出公众动机的倾向。

社会公众对政府机构的工作持何种态度，是支持还是不支持，对政府未来发展的态度会怎样等，可以通过舆论指标体系予以正确表示，使政府工作很容易把握公众动机演变倾向，对政府指导自身工作更具有针对性和适用性。

(2) 公众动机测量模型图

公众动机测量模型图将动机的量度、强度指标有机地展示在一个坐标系的平面上，使舆论状态和动态发展趋势清楚明了。调查者设计公众动机模型图时应注意定期进行公众动机调查，以形成一个连续的公众动机模型图，形象展示公众动机的变化，为政府决策提供重要依据。

3. 社会环境调查

政府部门不是存在真空之中，而是存在于一定的物质环境和文化环境中，在性质和目标上很大程度受社会环境的制约。同时，它也都在特殊的社会环境中改造世界，并求得自身的生存和发展。所以，可以根据政府维护社会的稳定和秩序这一主要的组织管理职能，进行必要的社会环境调查。社会环境调查一般包括四个指数体系。

(1) 痛苦指数体系。是评价政府领导人实绩的重要指数，包括通货膨胀率、收入增长率和失业率三个主要指数。通货膨胀率与收入增长率反映公众实际生活受影响的程度。在计算"痛苦"指数时，通货膨胀率与失业率以百分点评分，收入增长率以负百分点评分。

(2) 不安指数体系。包括政策变动、激进言论、牢骚、谣传、怠工与骚动六个指数。当调查发现不安指数偏高时，政府部门必须为公众的不满情绪提供多种发泄渠道，创造宽松的社会心理环境，及时疏导人们的怒气和不满。

(3) 贫富指数体系。包括绝对收入差距、相对收入比例、贫困线以下人口的比重、富裕者致富方式与消费方式五个指数。

(4) 腐败指数体系。包括受惩干部的人数、职位、渎职方式三个指数。

四、政府公共关系调查的方法

政府公共关系调查的方法包括问卷调查法、文献研究法、访谈调查法、座谈会等多种方法。本书具体介绍其中最基本的三种方法：问卷调查法、文献研究法和访谈调查法。

(一) 问卷调查法

1. 问卷调查法的含义

问卷调查法，也称民意测验法，是政府公共关系调查中最常用的一种现代科学方法。问卷是指为统计和调查所用的、以设问的方式表述问题的表格。问卷调查法就是调查者采用问卷这种控制式测量的形式，运用抽样调查的方法，对所研究的问题进行度量，搜集可靠的资料，直接了解社会公众对某一组织、事物、事件或者某种问题的需要、认识、看法、意见和反应。它能够比较准确客观地反映民意或者舆论的形成和变化，又叫舆论调查。问卷调查法常用于调查人民对选举、政府官员任命、政府的市政方针以及重大事件等范围广泛的问题。

2. 调查对象和范围

与政府有关的公众往往是数量巨大的群体,调查的人口总体也就是为一定的目的和要求所确定的调查对象的全体。根据调查的具体目的,在确定人口总体的同时确定调查数量。由于人力、时间、资金的限制,调查不可能对所有的人进行访问,也不可能对所有的人发调查表。所以在调查之前,必须在人口总体中抽取一部分作为调查范围,因此调查范围是指抽取的样本数量,即确定的具体调查对象。这里需要注意的是,样本应该具有代表性,即抽取的具体调查对象应该代表人口总体各方面的特征。

3. 抽样的方式

在民意测验中,应当根据调查的目的要求和调查对象的特点,选择合适的调查方法,确定调查单位和数量。民意测验一般采用抽样调查。抽样调查是指从调查的人口总体中按照一定的方法抽取一部分作为样本加以调查,并把这部分样本的调查结果推广到总体。样本是指按照一定要求从总体中抽选出来的个体集合。由于抽样时会出现抽样误差,抽样调查的一个主要问题就是怎样保证样本对于总体的代表性。按照是否根据概率原则抽取样本,抽样调查可以分为随机抽样调查和非随机抽样调查。

(1) 随机抽样调查。随机抽样调查是指在总体中按随机抽样原则抽取一定数目的个体进行调查,用所得的样本数据推断总体的状况。由于随机抽样是按照概率原则抽取样本,完全排除调查者的主观意愿。因此,在调查的总体中每一个对象被抽中的机会均等,这样,随机抽样能够较好地控制抽样出现的误差,绝大多数的问卷调查采用随机抽样的方式。随机抽样包括简单随机抽样、间隔随机抽样、分类随机抽样、整群随机抽样、多级随机抽样等方法。

①简单随机抽样。简单随机抽样也称纯随机抽样,是一种最基本的抽样方法。它对总体中所有单位不进行任何分组、排队,完全随机地抽取调查样本。常用的抽取方法有:一是抽签法。把总体各单位编上序号,将号码写在纸条上,混合后从中抽取必需的单位数目;二是随机数表法。先把总体中所有单位进行编号,利用随机数表以任意行或任意列的第一个数字为起点,从左至右或由上至下数,碰上属于总体单位编号范围的数字就作为样本,直到抽够预定的样本数量为止。

②间隔随机抽样。间隔随机抽样就是把总体所有单位按照一定顺序排列起来,用等距法,按相等间隔或距离抽取必要的单位数目。例如,一个部门共有 500 人,需要抽出 50 人作样本,则间隔为 10,当第一个样本随机抽出 6 号位时,以下便是 16 号、26 号、36 号、46 号、…、496 号。这种方法适用于规模不大的人口总体,而且调查内容无需考虑到群体内部的各种差异。

③分类随机抽样。分类随机抽样也称分层抽样,就是把总体按某一标准分成若干个类型或者层次,然后在各部分中按一定的比例进行随机抽样。这个分类可以是按照个人的性别、年龄、居住地、职业、受教育程度等因素分类,也可以按照行政组织的人口密度、不同职能等来分类。实施分类抽样应注意以下几点:一是必须有清楚、科学的分类

界限；二是必须知道各类中的单位数目和比例；三是分类的数目不宜太多。分类抽样尤其适宜于总体情况复杂、各单位之间差距较大的情况。

④整群随机抽样。整群随机抽样也称成组抽样，就是先把总体按一定标准分成若干群，然后按随机原则从这些群中抽取部分作为样本。整群抽样的特点是样本集中，操作比较方便，但样本分布不均，代表性差。

⑤多级随机抽样。多级随机抽样也称多阶段随机抽样，对于数量广大而分布散乱的公众，可以采用这种抽样方法。它把抽样过程分成两个或多个阶段来进行。即先从总体中进行分类抽样或整群抽样，然后再从抽得的层式群中随机抽取若干调查对象组成样本。例如，就住房问题抽样调查全国范围公众的意见，可以这样抽样：

首先，把全国划分为500个地理区域，编上号，按照间隔抽样法从中随机抽出100个地理区域。

第二，按照城市、镇、农村的分类标准采用分类抽样的方法随机抽出10个抽样地区。

第三，在这10个抽样地区随机选出若干个二三十户为一个单位的地段。

第四，在这些地区，采用间隔随机抽样的方法，抽出以家庭为单位的样本。这样，调查者就可以直接上门访问调查对象了。

（2）非随机抽样调查。有时因为某些原因，也会采用非随机抽样的方法进行调查。非随机抽样是指不根据概率原则进行抽样，而是按照调查者的主观意愿，有意识地在总体中选择一些单位作为样本进行调查的方法。因此，在调查的总体中，每一个单位不具有被抽取的均等机会。非随机抽样方法主要有以下几种：

①任意非随机抽样。任意非随机抽样是纯粹以便利为基础的一种抽样方法，其调查样本的选择完全取决于调研人员自己的方便，街头询问是这种抽样最普遍的应用。采用任意非随机抽样的基本假定是被调查总体中任何个体都是同质的，因此，选择任何一个个体做样本都是一样的。例如，一家餐馆的老板常向他见到的行人打听去其餐馆的路，以此了解餐馆的知名度。任意非随机抽样的优点是：简便易行，能及时获取信息，费用低。缺点是：对调查对象缺乏了解，样本的偏差大，代表性差，调查结果不一定可靠。所以，一般用于非正式调查。

②判断非随机抽样。判断非随机抽样是由调研人员根据自己的主观判断选择调查样本的抽样方法。这种方法要求调研人员必须对总体的有关特征相当了解。例如，调研人员想知道一份关于广告的调查问卷设计是否得当，则可以向一些他认为对广告有一定了解的人士进行测试，以便确定此调查问卷的适合性。在利用判断非随机抽样选取样本时，应避免抽取"极端型"的样本，应选择"普通型"和"平均型"的个体作为样本，以增加样本的代表性。

③配额非随机抽样。配额非随机抽样就是把具有一定"控制特征"的样本数量分配给调研人员，由调研人员按照规定的"控制特征"自由选择调查样本。配额抽样与

分层抽样有某些相似之处，都是按照一定的特征对总体进行分层和确定"控制特征"。两者的不同之处在于，分层抽样在各层样本数量确定以后，以随机的方式来抽取样本；而配额抽样在确定"控制特征"和样本数量以后，由调研人员根据"控制特征"的要求自行选取样本。配额抽样可以分为两类：一类是独立控制，另一类是交叉控制。所谓独立控制是指只对具有某种控制特征的样本数量给以规定。所谓交叉控制是指不仅规定各种控制特征的样本数量，而且还具体规定各种控制特征之间的相互交叉关系。

以上讨论的多种抽样方法，各有其优缺点，调研人员应根据具体调研内容，因地制宜，权衡利弊，做出抉择。

4. 问卷设计

问卷是根据调查目的而设计的有具体问题的表式，是进行抽样调查时收集资料的工具。问卷上大多数问题都是按照某些标准规定了选择答案的项目，被访者在固定答案中选择，所以问卷调查具有标准化、指标化、系统化的特点，便于集中收集、整理和分析某方面的情况，适用于大面积调查。问卷设计的完善与否，直接影响调查结果的好坏。问卷设计的程序是：

（1）确定问卷的结构。一份问卷的设计应该首先确定其逻辑顺序。一般来说，在提问顺序上，设计问卷要根据问题的逻辑关系注意排列顺序，要注意按照时间顺序由近及远排列问题，还要注意按照先易后难、先熟悉后生疏的顺序排列问题；在结构安排上，可先提问被调查者的静态资料和他对某一问题所了解的情况等，后提问被调查者的态度、意见和建议。

（2）确定题目的形式。题目的形式一般有三种：第一种是"封闭式"的题目，它是指问题事先列了若干个可能的答案，由被访者根据自己的情况，在其中选择认为恰当的一个答案，不能选择或者填写别的答案。例如："您认为夫妻收入差异对夫妻感情有影响吗？"备选答案为"A. 完全没有影响 B. 有一些影响 C. 有很大影响"。第二种是"开放式"的题目，它是指问题事先不给出任何选择答案，被访者可根据自己的情况自由填写。例如："您认为当前医疗改革的主要问题是什么？"第三种是"半开放式"的题目，它是指问题事先列出了一些选择答案，但是如果被调查者在选择答案中不能找到合适的答案或者认为选择答案不完整，也可以根据自己的情况自由填写。例如："您购买房子的参考因素有：A. 房价 B. 物业管理 C. 周边环境 D. 距离单位远近 E."。这三种题目形式各有长短，可根据具体情况和题目内容选用或者综合运用。

（3）根据调查内容编写题目。编写题目时要注意以下几个问题：①问卷的第一部分要写明调查的目的、对象、范围、意义、保密性、填写方法和注意事项，以引起调查对象的关心、兴趣、信任和支持。②问卷中一般包括以下几种类型的问题：第一类是客观事实类问题，即有关调查对象的社会背景等方面的问题，如年龄、性别、家庭、文化程度、职业、经济状况、政治面貌等问题。第二类是行为类问题，即有关人们想干什么或者正在干什么的问题。第三类是主观态度类问题，即有关人们主观意见，包括态度、想法、观念等问题,如:"您赞成这项政策吗?"第四类是趋向性问题,如:"您对哪个候选人有好感?"第五类是解释性问题,即有关人们存在某种意见的理由或者行为动机的问题,如:"你支持这项房改政策的原因是什么?"③要注意围绕着调查目的设计问卷问题,列入问卷的每一个问题都是调查所必需的,避免提出与调查无关的问题。④设计问卷应使用简单明了的词句,提问准确,内容具体,从实际出发,避免使用多义词和含糊不清的词语,避免提出超越被访者知识、经验和能力的问题,避免提出社会上禁忌和敏感性的问题,避免提出引导性的问题等。

(4) 试查。试查也称预测,它是在问卷拟出后,正式投入调查前,选择少量具有代表性的调查对象进行试答,以便发现问卷中存在的问题,对问卷进行补充修订。试查时最好能同访谈法结合,以直接了解被调查者的意见和建议。

5. 问卷访问

问卷访问是指调查员用事先设计印刷的调查表,按照调查内容的顺序向调查对象提问,然后根据调查对象的回答填写。问卷访问可以分为通讯访问、电话访问和人员访问三种形式。

(1) 通讯访问。它是通过信函等形式进行的访问。调查者将问卷寄给调查对象,让他们填好后寄回。这种方式适合于对居住分散或偏远或者数量众多的调查对象进行调查,使调查对象有充分的考虑时间,费用较低,但问卷回收率低,选择的调查对象不一定有代表性。

(2) 电话访问。电话访问是指调查者通过电话的方式向调查对象进行调查,使用这种方法调查时,注意问题不能太多,以免引起调查对象的反感和不耐烦。这种方式问卷回收率高,但费用也较高,且只适用于有电话的这部分人群。

(3) 人员访问。它是指调查者走访调查对象,将问卷交给他们填写。这种方法时间性比较强,问卷回收率比较高,有些问题可当面解释。但访问成本高,访问面小,不适合于调查对象多的调查项目。

6. 数据整理

调查付诸实施后,可以获得大量的资料、数据,政府公共关系调查人员要对掌握的大量的资料给予归类、整理、登录和统计,以便得出有应用价值的数据资料,作为政府公共关系决策的依据。

(二) 文献研究法

文献是指存贮在物质载体上按照一定逻辑关系组织的有关知识内容的信息记录。记录文献的物质载体可以是报刊、书籍、卡片、微缩胶卷,也可以是录音带、录像带、磁盘和光盘等。政府的文献资料主要包括:图书、期刊、研究报告、会议文献、政府出版物、档案、文集等。文献研究是从现有的文献中收集所需的资料并分析问题的方法。

1. 文献资料的收集

文献资料的收集可以分为内部资料的收集和外部资料的收集。内部资料的收集是指从政府机构内部或者社会公众所在地区收集有关资料。外部资料的收集是指从政府机构和公众外部收集有关资料,包括与组织或者社会公众有关的各种书籍、报刊、档案等。

2. 文献资料的整理和利用

文献资料整理的好坏对后面的研究工作质量有很大的影响,所以要对收集到的资料进行科学加工。文献资料整理是指政府部门的有关工作人员对收集的文献资料进行审查、简录、分类、分析和保存等工作。具体包括:

(1) 资料审查。要对调查收集的原始资料进行审查,检查资料是否有错误或者遗漏,保证资料的准确性。

(2) 资料简录。对收集的有关资料要进行简录,根据资料的重要性和需要,采取逐字记录、摘要记录和拟写大纲等方法把文献资料记录下来,做成资料卡片,以便分类使用。

(3) 资料分类。可通过建立分类检索系统来完成,即按照一定的规则把各种资料归类。

(4) 资料分析。资料分析是对检索后的资料进行全面的分析。在资料分析时,可以纵向分析问题产生的原因,发展的过程,影响因素与问题本身的关系,未来的发展趋势;也可以横向分析同一问题的不同观点、不同意见,其根据的可信度、可靠性。在资料分析的基础上,政府公共关系调查人员综合有关专家意见,形成有实用价值的报告,制定切实可行的政府公共关系活动方案。

(5) 资料保存。资料保存包括剪贴、登记、编目、装订、归档等工序。在现代化办公的政府中采用电脑管理,可以扩大检索范围,提高检索速度。

(三) 访谈调查法

访谈调查法是调查者通过与被调查者进行交谈,就所要调查的问题,向调查对象提问,要求调查对象对提出的问题做出回答,并对被调查者的其他反应做记录。具有直接性、灵活性、准确性的特点。

1. 访谈调查法的类型

(1) 按访谈提纲的方式,可分为结构性访谈和非结构性访谈。

结构性访谈是由调查人员携带事先精心设计好问题的访问调查表进行的访谈。非结构性访谈是调查人员只需根据调查任务的需求拟成访谈提纲,并据此向调查对象提问。在调查过程中,调查人员的提问较为自由。这种访谈适用于调查态度、价值判断等方面的问题。

(2) 按访谈的人数,可分为个别访谈和集体访谈。

个别访谈是由调查者同调查对象逐一进行当面的谈话。这种调查需要调查对象思维清晰、语言表达能力强,调查人员提问时把握合适的时机,该问的问题不能遗漏,要逐一问清楚。集体性访谈是由调查者召集一些人对要调查的问题进行座谈。这种调查要求调查人员必须向调查对象说明座谈的目的和要求,消除人们的疑虑,使人们能畅所欲言。

(3) 按访谈的次数，可分为一次性访谈和跟踪访谈。

一次性访谈是就某一时间内人们的态度、行为等方面的情况进行调查。这种访谈通常是就某个问题或者是以期了解某一事件对人们态度行为的影响而进行的调查。跟踪访谈是通过多次访谈，调查人们在不同的生活时期，随着时间的推移，人们态度及行为的动态的、深度的变化。

2. 访谈调查的实施

访谈调查的实施是调查者和调查对象面对面进行的一种人际互动的交谈过程。在访谈实施过程中，要求调查人员具有较好的语言表达能力、较强的人际交往能力、准确的判断分析能力，并且对调查所涉及的业务知识有一定的了解。一般来说，访谈实施的过程可分为访谈准备、访谈过程、记录整理等阶段。

(1) 访谈准备。首先，访谈的目的一定要明确和正确；其次，要拟好调查提纲；再次，要安排好调查地区和调查人员；最后，要准备好访谈所需的一些工具，如笔、纸张、录音机等。

(2) 访谈过程。"良好开端是成功的一半"，在访谈的开始阶段，先谈论一些友谊交往性的话题，向调查对象说明来意，取得他们的理解和配合，再逐步深入到要调查的核心问题；当调查进入实质性阶段后，调查内容应力求详尽、具体，设法引导调查对象谈出深层次的思想和看法，形成访谈的高潮；当调查的核心问题已经问清楚，调查对象对此问题已无话可说时，调查人员可适时谈论一些友谊的话题，以此结束访谈。

(3) 记录整理。访谈结束后要立即进行记录整理，不清楚之处，可以凭借记忆来补充，如果有些核心问题和数字未记录清楚，最好能找调查对象核实。

五、政府公共关系调查报告的撰写

调查报告，是对某件事情或某个问题进行调查研究后所写出来的报告。它是政府公共关系活动中常用的一种文体。撰写调查报告是政府公共关系调查的最后一环，其任务是交代调查和分析的结果，对前一阶段调查工作进行总结。政府公共关系调查报告是为政府提供决策参考依据的直接书面材料。调查报告的撰写一般由主题的确立、材料的取舍、提纲的拟定、报告的写作等程序组成。

(一) 主题的确立

调查报告的主题是调查报告所表达的中心思想。主题的确立直接关系到调查报告的价值和意义。主题的确立应注意以下两种情况：

(1) 调查报告的主题与调查主题一致的情况。一般来说，调查的主题就是调查报告的主题。写调查报告时确立主题与调查主题取得一致就可以了。

(2) 调查报告的主题与调查主题不完全一致的情况。在这种情况下，需要根据调查和分析结果重新确立主题。当调查的问题多、面较宽，需要缩小原主题的范围时，或者调查只是对一部分情况和问题分析得比较透彻，有相当把握，而对其他问题没有多大把握，有待进一步分析时，或者调查中发现某一问题或者某几个问题非常突出，实际价值大，而其他问题价值不大时，可以从报告使用价值着眼，根据实际调查和分析结果重新确立调查报告的主题。

（二）材料的取舍

调查报告不可能使用调查的所有材料，要注意选取与主题有关的、深刻地说明问题的本质的材料，舍弃与主题无关的和可用可不用的材料，使主题更加集中突出。一份民意测验报告需要以下材料：调查的目的是什么，谁要求进行这次调查，这次调查的主持人是谁，调查中提出了哪些问题，备选答案是什么，回答结果如何，调查总体是什么，调查的方式是什么，是否采用了随机抽样，样本总数是多少，各部分样本（子样本）是多少。如采用随机抽样，全部样本以及部分样本的抽样误差是多少，问卷回收率是多少，对各项问题的回答比率是多少，在现有统计资料中，是否存在可以用来同样本特征相比较的数据，对同一问题所作的其他民意测验结果如何。

（三）提纲的拟定

写作提纲是调查报告的"骨架"，它体现了报告内容各部分之间的关系。拟定提纲时，一般来说，先拟定粗提纲，把调查报告的几大部分定下来，然后再加以充实，形成细提纲。提纲分为条目提纲和观点提纲两类。条目提纲就是从层次上列出调查报告的章、节、目；观点提纲就是在此基础上列出各章节目所要叙述的观点。

（四）调查报告的写作

1. 调查报告的基本结构

调查报告一般是由标题、正文、署名、日期四个部分组成。调查报告的标题是由内容决定的。好的标题既可以概括全文的内容，又可使读者耳目一新。正文是调查报告的重点，一般由导语、主体和结语组成。导语有两种，一是用于机关内部的导语，一般写明调查目的、时间、地点、范围、方法和调查效果等；二是用于公开发表的导语，一般是概括介绍情况，或提出中心议题，或阐明性质意义等，这部分应该简明扼要。主体是调查报告的中心内容，主要写调查得来的重要材料、基本观点和结论意见，应占主要的篇幅。结语是结论和建议，是调查报告的总结，或者提出希望，展望未来，或者把不宜写入正文的重大问题写在结语之中。署名一般在正文后面右下方，有的在标题下面正中间。在署名的下面写上年、月、日。调查报告的基本结构应注意合理安排。

2. 调查报告的材料使用

为了准确详实地报告调查结果，在报告中对资料可以注意点面结合，既有典型事例，又有分类材料，还有反映总体情况的综合文字材料、数字、图表，做到观点和资料的统一。注意用观点统率材料，用材料说明观点。为了突出调查的主要结果，可以把主要结果写成一篇报告，而把如何进行调查以及详细数据作为报告的附加文件。

3. 调查报告的修改

调查报告需要经过反复审查和修改，检查所用概念、观点的明确性；检查引用材料的合理性和正确性；检查报告的思想基调的时代性，保证报告的质量。当出现缺少某项材料时，需要做补充调查，收集少量典型材料或个别材料。

第二节　政府公共关系的策划和实施

一、政府公共关系策划概述

（一）政府公共关系策划的意义

古人云："凡事预则立，不预则废。"预，就是事先做好了充分准备，并进行必要的策划，有了策划，事情就容易成功；反之，则往往造成损失或失败。策划，简单地说，即筹划或谋划，是人类社会中经常进行的一种活动。大至历史上两国交兵，双方统帅为了克敌制胜，必须运筹帷幄；小到人们在日常生活中干好一件事，需要三思而行。所谓策划，就是根据各种情况与信息，判断事物变化的趋势，确定可能实现的目标和预期结果，再由此来设计、选择能产生最佳效果的资源配置与行动方式，进而形成正确决策和工作计划的复杂过程。策划在政府公共关系工作中处于十分重要的地位。通过调查与分析研究，确定政府公共关系的目标后，必须设计或制定达到目标的方案，即进行策划。策划是政府公共关系工作的中心环节，因为通过调查获取信息是为策划行动方案提供依据，传播和评估则是为了实现策划行动方案。

所谓政府公共关系策划，就是政府机构和政府公共关系人员为了实现塑造政府形象这一基本目标，在调查研究的基础上，根据确定的需要解决的政府公共关系问题和宏微观的条件，谋划设计出相应的政府公共关系战略，并制定出最优行动方案的过程。策划在政府公共关系工作中有十分重要的意义。

1. 政府公共关系策划是政府公共关系工作取得成功的保证

《论语·述而》中曰："好谋而成者也。"《孙子兵法》中曰："夫未战而庙算胜者，得算多也；未战而庙算不胜者，得算少也。多算胜，少算不胜，而况乎无算也！"《汉书·高帝纪》中曰："运筹帷幄之中，决胜于千里之外。"古人的这些遗训是指导人们正确地进行实践活动的真理。古今中外、各行各业凡是事业获得成功者，无不凝结着策划的智慧，良好的策划是成功的保证。因此，任何政府公共关系活动在开展之前，都必须进行一番策划。不经过认真策划的、盲目的政府公共关系活动，会因无目标、无方向、无计划、无措施而导致失败。政府在开展每一项工作之前，如果能根据主观和客观条件认真进行策划，制定出切实可行的方案，必然会对政府公共关系工作的成功起到保证作用。

2. 政府公共关系策划有利于加强政府公共关系工作的整体性

通过政府公共关系策划，使政府公共关系目标与组织的性质、目标、任务密切配合起来，使实现政府公共关系目标的活动成为组织管理系统的一个有机组成部分，从而使组织的政策和各部门的活动统一到树立良好组织形象，提高到组织整体效益和社会效益上来，使组织的每项政府公共关系活动都与一定的目标相联系，成为构成良好组织形象这个花环上的一朵绚丽鲜花，从而发挥政府公共关系工作的整体效果。

3. 政府公共关系策划有利于提高政府公共关系工作的可控性

通过政府公共关系策划，形成一种长期与短期结合、创新与维持组织形象相结合的政府公共关系目标体系，并以此为基础，妥善安排好日常工作、定期活动和专门活动的内容和项目，编制恰当的费用预算和时间预算，形成一张既积极主动又稳妥有序的政府公共关系活动进程表，以此作为控制政府公共关系工作、检查评价政府公共关系效果的依据，从而使政府公共关系工作在目标和计划的控制之下稳步开展，取得预期的效果。

4. 政府公共关系策划有利于增强政府公共关系工作的预见性

通过政府公共关系策划，可以使政府公共关系工作建立在充分调查研究的基础上，依据大量的公众和环境资料，预测趋势，分析后果，区分轻重缓急，提出既主动又灵活的适应环境变化的有力措施，以此影响组织的政策，争取政府决策者对政府公共关系工作的支持，影响政府各部门和全体人员的言行，争取政府各部门和全体人员的合作，从而尽量减少危机事件，使政府公共关系工作主动超前。

通过政府公共关系策划，在情境分析的基础上，形成目标、方案和预算，使政府公共关系组织机构和人员有可能以此为依据，分析评价实现政府公共关系目标、执行政府公共关系方案和预算的情况，发现工作中的成绩，找出工作中存在的问题，从而分析原因，吸取工作中的经验教训，以指导今后的工作。总之，政府公共关系策划有利于明确政府公共关系目标，积累工作成果；有利于控制工作过程，评价工作效果；有利于增强工作的预见性，减少危机事件；有利于积累工作经验，提高工作水平，保证政府公共关系活动达到预期目标。

(二) 政府公共关系策划的原则

政府公共关系策划的原则，是指政府行政机构在政府公共关系策划过程中，必须遵循的指导原理和行为准则。它是政府公共关系策划活动客观规律的理性表现，也是政府公共关系策划实践经验的概括和总结。政府公共关系策划原则对政府公共关系策划活动具有明确的导向作用，可保证政府公共关系策划活动沿着策划目标指引的方向前进，能有效约束策划行为，保证策划目标的实现，从而提高政府公共关系策划的科学性，增强政府公共关系策划的艺术性，增进政府公共关系策划的综合效益。政府公共关系策划的一般原则主要有如下几条。

1. 公众导向原则

公众导向原则是指政府公共关系策划要以公众利益为出发点和归宿。在处理组织与公众利益关系时，要以满足公众的利益需求为依据，在维护公众利益的前提下，再考虑兼顾组织的自身利益，使组织与公众协调发展。公众导向原则，是正确处理组织与公众利益关系的原则。一切政府公共关系策划，都必须坚持公众利益优先原则，因此公众导向原则决定和支配着其他的策划原则，是政府公共关系策划的基本原则。

坚持公众导向原则要求做到：一是要树立公众利益至上的观念。要牢固树立一切从公众利益出发，优先满足公众利益需求的思想观念。组织在处理与公众利益关系时，应始终把公众利益放于首位，组织利益服从于公众利益。公众利益包括公众自身的利益和与公众利益密切相关的社会利益。因此，组织必须自觉维护公众和社会的整体利益，并把这种思想观念体现于政策、措施上，落实在具体行动中。二是要努力寻求利益关系的热点。公众导向原则要通过组织行为来体现。而最能体现公众导向原则的是解决那些被公众和整个社会共同关注和急需解决的热点问题。这不仅能给公众、社会带来利益，而且有利于提高组织的知名度和美誉度，树立组织的美好形象。所以政府公共关系策划的着眼点，在于努力寻求和有效解决公众和社会最关心的问题，设计和实施受各界公众欢迎，并为社会提供良好服务的政府公共关系策划方案，使公众和社会的利益需求优先得到满足，而组织在满足公众和社会利益需求过程中，也实现了自身的利益。

2. 与政府目标相一致原则

政府内部公共关系部门或社会上的公共关系机构在为政府领导决策层进行政府公共关系策划时，必须充分了解政府的目标，使政府公共关系策划与政府目标、政府需求相一致。也就是说，首先，政府公共关系策划要符合政府总目标。一个政府的政府公共关系工作只是这个政府全部工作的一个部分，政府公共关系工作要围绕实现政府总目标来进行，任何具体项目的政府公共关系策划，都是从整体上为了实现政府的总目标。同时，政府公共关系策划要符合政府领导层的意愿。策划离不开领导层的指导和参与，策划要顺利进行并有好的结果，符合领导层的意图很重要。政府公共关系策划是设计、提方案的过程，策划方案能否被决策者看中，看中后能否有效实施，这与是否符合决策者的需要、决策者是否满意有直接关系。所以，策划者在策划之前和策划过程中，要彻底摸清决策者的思想和意图，要经常与决策者沟通，征询决策者对策划的要求，以及对已策划出的方案的意见，以便及时修改，直到决策者满意为止。

3. 创新求异原则

创新求异原则是指策划者要敢于大胆创新，求奇求特，以新、奇、特的政府公共关系活动来吸引公众，争取公众的参与和合作，以增强组织的竞争能力和推动政府公共关系事业的发展。创新求异是政府公共关系策划的一大特征。政府公共关系策划是一项影响公众，争取公众理解和合作的工作。要影响公众，就应该使策划的政府公共关系活动符合公众的心理需求。喜新求异是公众的基本心理需求，因此，政府公共关系策划必须有标新立异的创意，以新颖奇特的主题、内容和活动方式，唤起公众的注意，引起公众的兴趣，调动公众参与和合作的热情。创新是事业前进的不竭动力，坚持创新求异原则,既可使组织适应形势的变化,又可树立组织锐意革新的良好形象,赢得公众的喜爱和支持,从而增强组织的市场竞争力。同时,通过创新求异,可以提出有创见性的思想、观点、理论和方法,促进政府公共关系理论水平的提高,推动我国政府公共关系事业的进一步向前发展。

创新求异原则的基本要求:一是新颖。政府公共关系策划要刻意求新,善于策划出有别于以往任何政府公共关系活动的新方案。要求思路新、题材新、内容新、形式新。二是奇异。政府公共关系策划要求策划者敢于打破常规,策划出各种奇谋异计,角度选择要巧妙,时机把握要准确,对形势的运用恰到好处,方式方法奇妙,政府公共关系活动效果出人意料。三是独特。政府公共关系策划要求策划者匠心独运,设计出有明显个性特征的组织理念、行为规范和视觉标识,突出组织的特色,塑造个性鲜明的组织形象。

4. 切实可行原则

切实可行原则是指政府公共关系策划要切合实际,根据组织内部条件和外部环境的实际情况来策划政府公共关系方案。政府公共关系策划是在政府公共关系原理的正确指导下,对未来政府公共关系实践活动的策略的谋划。政府公共关系策划的目标、方案必须具有可行性,这样才能在实践中顺利实施。没有切实可行的政府公共关系策划,不管多么高明,都是没有任何价值和意义可言的。因此,切实可行原则是政府公共关系策划有效性的前提。因此,政府公共关系的策划要做到:首先,符合客观实际。从静态策划来看,政府公共关系策划要与目标公众、社会环境和组织自身状况相一致。一方面,要根据客观情况进行策划;另一方面,所策划的政府公共关系方案要切合客观实际情况。从动态策划来看,在政府公共关系策划方案的实施过程中,要不断进行循环反馈调节,根据出现的问题,及时修订、调整策划方案,使之适应客观形势的变化并得到顺利实施。其次,具有可操作性。即能将政府公共关系策划方案转化为实施活动的现实性。可操作性可从两个方面来衡量:一是策划方案的目标、方法、步骤等要具体明确、实在,对人力、物力、财力和时间的安排要尽可能量化,对工作的布置要明确、清楚。二是要具备实施策划方案的物质、技术手段。策划方案的实施,既要求政府公共关系人员掌握必要的技术手段,又要求具备起码的物质条件。最后,留有一定的余地。政府公共关系策划涉及的因素非常广泛,其中有许多属于不可控因素,常常出现不确定性的变动。因此,策划时在人力、物力、财力和时间的安排上要留有较充分的余地,以便对实施方案进行修正调整,采取补救措施,使策划方案能适应形势的变化。

5. 综合效益原则

综合效益原则是指政府公共关系策划要尽量减少投入,争取最佳的政府公共关系活动成效,提高社会组织的形象效益、经济效益和社会效益等综合效益。政府公共关系活动效益,是指政府公共关系活动取得的成效与人力、物力、财力和时间等投入的比率。但它不是单纯的效益,而是综合效益,主要包括形象效益、经济效益、社会效益、近期效益和长期效益等。政府公共关系追求的综合效益有三个特点：一是以形象效益为中心。形象效益体现了政府公共关系树立良好组织形象的宗旨，它是政府公共关系活动取得的最直接的效益，能间接带来其他效益。二是在处理效益关系上有侧重点。在经济效益与社会效益关系中，着眼于社会效益；在近期效益与长期效益关系中，偏重于长期效益。三是各种效益相互兼顾。在各种效益关系中，虽有中心和侧重点，但彼此相互依存，相互作用，形成一个有机的整体，不能割裂，要统筹兼顾，整体把握。政府公共关系学是一门新兴的软管理学科，同样必须遵循管理学的效益优先原则，以低成本、高成效作为管理目标，追求最佳的政府公共关系活动效益。由于政府公共关系具有多种职能，因而其效益具有多元的综合性。只有提高综合效益，才能充分发挥政府公共关系的各种职能作用，全面体现政府公共关系的社会价值，防止各种违反政府公共关系职业道德行为的发生，维护政府公共关系职业的良好声誉。政府公共关系策划是政府公共关系的核心，是最重要的组成部分，因此必须坚持综合效益原则。政府公共关系策划必须坚持以争取最优成效为宗旨，力争取得最佳的综合效益。同时，要尽量减少投入，要进行效益策划，通过精心创意，巧妙地设计出投入少、收效好的策划方案。要加强对政府公共关系费用的管理，认真做好费用预算，合理安排人力、物力和财力，深挖内部潜力，做到少花钱、多办事、办好事，提高政府公共关系活动的效益。

6. 连续性原则

政府公共关系策划要坚持承上启下的连续性。一个政府树立的某种良好形象，应该是相对稳定的，这是因为一个政府的某种形象，必须长期坚持努力和反复宣传，才能被公众认识和接受。如果今天推出这种形象，明天又推出那种形象，一阵风，虎头蛇尾，只能招致树立形象的失败和公众的失望。因此，政府在策划自己的形象时，必须考虑承上启下的连续性，才能逐步形成有自己特色的、稳定的、公众公认的良好形象。

二、政府公共关系策划的一般程序

政府公共关系策划从目标的确立到策划方案的拟订、实施和实现是一个动态的过程，有其内在的规律性，政府公共关系策划的程序就是这个过程的规律性的表现。按照英国著名政府公共关系专家弗兰克·杰夫金斯提出的策划政府公共关系工作方案的六种模式（评价现状、确立目标、确定公众、选择传播媒介和方法、预算、估价结果），结合卡特利普和森特的"四步工作法"，我们认为政府公共关系策划程序应包括：①发现问题，确定目标；②确定公众；③选择传播媒介；④确定活动模式；⑤编制预算；⑥编制、优化和审定方案。

（一）发现问题，确定目标

政府公共关系策划是从发现问题、提出问题开始的。发现问题是决定政府公共关系策划目标的前提。所谓问题，就是一个政府所期望的政府公共关系现状同实际状况之间存在的差距。发现问题主要有两种方式：一是被动地发现问题，即当问题已充分暴露，甚至已造成损失，才被发现；二是主动地发现问题，即在问题尚未暴露、处于潜在的危机状态，就被及时发现。政府公共关系策划的重心应是主动地发现问题。

发现问题的基本途径是调查研究。通过调查，对收集到的信息进行整理、加工、思考、分析，从中发现和确认存在的问题，并找出存在问题的原因。因为在发现的诸多问题中，有主要问题和次要问题、重要问题和非重要问题、紧迫性问题和非紧迫性问题，所以，还要通过分析、比较，对问题按主次、轻重、缓急的顺序进行排列。问题分清楚了，就容易确认先解决哪些问题，后解决哪些问题，或者综合性地解决哪些问题，尤其要首先解决对政府发展影响最大的问题。

确认问题，还包括分析问题产生的原因，找出问题存在的相关因素，不仅查清主观原因，而且查清直接原因和间接原因、主要原因和次要原因，才能把握问题的全貌和找到问题的症结，准确地确立策划目标，科学地制定策划方案。

政府公共关系策划目标，就是政府通过政府公共关系策划和实施达到所希望的形象状态和标准。政府公共关系策划的目标，是进行整个政府公共关系策划的最根本的依据，是评价策划方案实施效果的基本标准。因此，确立正确的目标是政府公共关系策划的最关键性的环节。政府公共关系策划目标的确定同调查分析中所确认的问题密切相关。一般来说，确认的需要解决的问题也就成了政府公共关系策划的目标。

政府公共关系策划的目标不会是单一的，而是一个完整的目标体系。这个目标体系是由总目标和实现这个总目标的诸多具体目标组成。一般按时间长短分为长期目标和短期目标。长期目标是指涉及政府长远发展和管理战略等重大问题的目标。一般不是短期内能实现的，时间跨度在5年以上。短期目标是指围绕长期目标制定的具体实施目标。其内容具体，有明确的指向性，对政府公共关系工作有实际的指导作用。时间跨度一般在5年以下。常见的是年度工作目标，它依据每年度的日常工作、定期活动、专题活动的内容，确定年度工作目标和步骤，这是实施长期目标的积累过程。

按目标之间的关系，可分为整体目标和分目标。整体目标是在政府战略目标之下制定的政府公共关系活动的总目标。无论是长期目标还是短期目标，它们都是整体目标的一个组成部分。分目标是政府的整体目标之下的子目标。政府公共关系工作人员在制定政府公共关系活动的整体目标与分目标时，一定要注意它们之间相互制约、相互连续、相互协调。因此，确认策划目标时，不仅要特别重视总目标的确认，而且要特别注意各种具体目标的确认。具体目标是为了实现总目标而制定的，只有实现了具体目标才能使总目标落到实处。政府公共关系目标确立后，还应考虑排列顺序，使政府公共关系工作按照各类目标的轻重缓急，分别实施。排列顺序要与政府的整体目标相一致，按其重要程度和实施时间先后排成目标时间表。目标时间表要优先排列立即实施的目标，逐步过渡到近期目标、长期目标。

政府公共关系策划的目标的确定，要注意以下问题：一是选择和确定目标要准确、有效。为了做到这一点，调查研究阶段所获取的各种资料一定要尽可能详尽、准确。二是要强调目标的合理性。目标要为政府和公众的双方利益服务，在符合政府利益和公众利益的同时，还必须符合社会道德和社会行为准则。三是目标要明确、具体。明确是指目标的含义必须十分清楚、单一，不能使人产生多种理解。具体是指所提出的目标是可直接操作的，有明确的内容和任务要求，而不是泛泛的、抽象的口号。四是提出的目标要具有可行性。目标的可行性是指确定的目标经过努力可以达到，既不能太高，也不能太低。五是目标要有一定的弹性。要考虑到突发性因素对实施计划的影响，要留有余地，以使条件变化时能够灵活应变。

确定目标还包括设计政府公共关系活动的主题。政府公共关系目标要通过一系列政府公共关系活动来实现，这一系列活动都围绕一个主导线索，这就是政府公共关系活动的主题。主题是对政府公共关系活动内容的高度概括，它对整个政府公共关系活动起着指导作用，对政府公共关系活动的成效影响很大。主题的表现方式多种多样，可以是一个口号式、一个表白式，或一个陈述式。目标和主题二者既有联系又有区别。二者的联系表现在：主题是由目标决定的，主题的确定必须准确地反映目标。目标是主题的核心内容，而主题是这个核心内容的表现形式。二者的区别表现在：目标是立足于政府的，是政府内部所期望的效果。而主题是面对社会公众，是立足于公众利益的角度来表现政府公共关系活动的中心。

要设计一个理想的政府公共关系活动主题并非易事，必须注意做到以下几点：一是主题必须与目标相一致，并能充分反映目标，一句话点出活动的目的；二是主题要充分表达社会公众的利益，适应公众心理的需要，使人感到奋发激情、贴切朴实、可亲可信；三是主题的信息要独特新颖，具有鲜明的个性，表述上有新意，简单明了，便于记忆，且能打动人心，具有强烈的感召力。

（二）确定公众

确定公众是制定政府公共关系计划的基本任务。政府公共关系活动的目的，是要在公众中树立政府的良好形象。尽管政府公共关系的公众具有广泛性，但是，每一次的政府公共关系活动不可能面对所有的公众，它所面对的往往是与政府当前任务有特定关系的公众。英国政府公共关系专家杰夫金斯认为分不清公众对象，会产生如下严重后果：①力量和资金被不加区别地分散在企图达到的过多的公众中；②发表没有针对性的消息，不顾其对不同人群的适用性；③工作将不会有计划地按时进行，使得人力、时间、物资和设备不能得到最有效的使用；④目标将不会实现；⑤管理部门或委托人将会对缺乏成功而失望。因此，政府公共关系策划必须重视公众的确定。

确定公众的基本任务就是在公众分类的基础上，及时掌握各类公众的需求，了解各类公众对政府组织的态度。因为每一类公众都对组织产生一定的需求。政府公共关系人员必须了解公众对组织的权利要求，分析各类公众对象的权利要求结构。特别是既要注意分析各类公众对象的意图、观念、行动的同一性，概括出各种权利要求的相对共同点，作为制定政府公共关系一般目标和计划的基本内容，又要评价公众对象的特殊权利要求。选定那些与组织的存在和发展休戚相关的权利要求，作为制定政府公共关系特殊目标的基本内容。

政府公共关系工作从某种意义上讲，可以认为是做公众态度的转变工作。就公众而言，社会或组织产生的各种不稳定因素，都会直接影响公众态度的改变。公众对组织的态度变化，可分为两类，即积极态度和消极态度。积极态度包括：同情、接受、兴趣、了解。消极态度包括：敌意、偏见、冷淡、无知。政府公共关系人员的任务就是通过政府公共关系工作，把消极态度转变为积极态度。在编制计划阶段，一定要了解影响公众态度转化的因素，确定工作对象，制定相应的政府公共关系策略。

(三) 选择传播媒介

政府公共关系部门和人员，在运用传播媒介时，应首先把握住各种媒介特点，做到正确地选择使用，才能收到好的效果。合理地选择政府公共关系媒介，一般应考虑传播对象特点、传播信息内容和传播经费三个因素。

1. 根据传播对象的特点选择传播媒介

政府在不同的时期或不同的工作环境中，政府公共关系工作的对象不尽相同，政府公共关系部门和人员必须在明确对象的教育程度、经济状况、职业特点、生活习惯等诸因素的前提下，选择适宜的传播媒介。比如，传播的对象是从事某项专业的人们，就应采取专业性报刊作媒介。如果传播的对象是少年儿童，为了引起儿童的注意和兴趣，制作电视节目效果最好。

2. 根据传播的内容选择传播媒介

所传播的内容是否复杂，是否需要反复思考才能明白，单凭文字能否应付，要不要图解，是否牵涉一个进展的过程，对这些问题，政府公共关系部门和人员都应认真考虑清楚。如果传播的内容要求形象、具体、直观，就应选择电视媒介。如果传播的内容较复杂，需要传播对象反复思考才能接受，则应选择印刷媒介。

3. 根据讲求经济效益的原则选择媒介

在我国，就目前看，政府的经济实力不够雄厚，通常只能用小部分资金去开展政府公共关系工作，因此，应充分利用人际传播媒介进行传播。一般情况下，以选用报纸、广播为宜。电影、电视媒介耗资大，采用时要慎重。政府公共关系人员在选择传播媒介时，一定要坚持节约的原则，精打细算，反对浪费，少花钱办大事，少投入取得最大的效益。

(四) 确定活动模式

在制定政府公共关系策划方案时，一个很重要的问题是考虑选用哪一种政府公共关系活动模式。一般来说，不同的政府公共关系策划方案之间的主要区别，就是政府公共关系活动模式不同。当然，一种政府公共关系策划方案，可以只包含一种政府公共关系活动模式，也可以包含数种政府公共关系活动模式。

所谓政府公共关系活动模式，是指一定的政府公共关系工作方法系统。一种政府公共关系模式，是由一定的政府公共关系目标和任务，以及实现这些目标和任务所必需的数种具体方法和技巧构成的一个有机的系统，从而具备某种特定的政府公共关系功能。按照工作方式的特点，可将政府公共关系划分为以下六种基本模式。

1. 宣传性政府公共关系

这种模式是以利用各种传播媒介向外传播为主。目的是直接向社会公众表白自己，以求最迅速地将政府组织的内部信息传递出去，形成有利的社会舆论。为达此目的，可综合运用各种传播方式，如发新闻稿、广告、召开记者招待会、展览会、交流会，印发宣传品等。也可以根据需要选用若干新闻媒介，如报纸、杂志、电视、广播等。其主要特点是主导性强，时效快，能比较有效地利用新闻媒介沟通与公众的关系，而且能获得比较广泛的沟通面。

2. 交际性政府公共关系

这种模式以人际交往为主，目的是通过人和人的直接接触，为本组织广结良缘，建立广泛的社会关系网络。其方式包括社团交际和个人交际，如各式各样的接待会、座谈会、宴会、联欢等。电话、电报、个人署名的信件来往，亦属于人际交往的范畴。其主要特点是具有直接性、灵活性和人情味，能使人际间的沟通进入"情感"的层次。

3. 服务性政府公共关系

这种模式是以提供各种优质服务为主要手段，目的是以实际行动来获取社会公众的了解和好评，建立自己的良好形象。为社会公众服务是政府的根本宗旨，因此，服务性政府公共关系活动模式是政府公共关系最基本的模式。对一个政府组织来说，宣传固然可以扩大和强化自身的影响，交际也可以密切与公众的关系。然而，政府良好的社会声誉的获得和形象的建立，最终还是取决于政府自身的工作，取决于政府向社会公众所提供的服务水平和质量。因此，实施服务性政府公共关系活动模式的前提是向社会公众提供优质的本职服务，同时采取各种便民利民的措施来强化服务。比如，有的政府部门设置的"市长接待日"、"市长电话"、"热线服务电话"、"热线监督电话"等。

4. 社会性政府公共关系

这种模式以各种有组织的社会性、公益性、赞助性的活动为主。社会性政府公共关系主要有两种：一是以政府组织本身的重要节日为中心，邀请各界嘉宾，渲染喜庆气氛，借庆典活动与各界人士建立关系，打下友谊的基础。二是牵头组织各种有影响的赞助活动、慈善事业、文体活动，建立政府的良好形象。其主要特点在于它的公益性、文化性。但社会性政府公共关系并不是越多越好，应量力而行。举办各种社会活动开展政府公共关系工作要取得成功，主要应注意以下两点：首先，成功的先决条件在于所举办的活动必须有实际意义，能够引起社会的重视和社会公众的强烈反响；其次，成功的关键在于必须选择适当的有利时机，强化政府公共关系活动的效果。

5. 征询性政府公共关系

这种模式以采集信息、舆论调查、民意测验为主，目的是通过掌握信息和舆论情况，为政府组织的管理决策提供参考。其具体形式包括：开办各种咨询业务，建立来信来访制度和相应的接待机构，开展有奖测验活动，制作调查问卷收集用户意见，设立热线电话，接受和处理投诉等。反映民意，是政府公共关系的主要职责之一。如果说，在宣传性政府公共关系中，政府公共关系人员是以政府对外发言人的身份出现的，那么在征询性政府公共关系中，政府公共关系人员则是以民意代表的姿态出现的。政府公共关系人员作为组织与公众之间的中介者，必须成为政府组织的耳目，及时、广泛地收集一切有关政府形象的意见和建议，为组织决策做参谋。征询性政府公共关系的特点在于细水长流，日积月累，持之以恒，它需要耐力和诚意。一旦取得公众的配合，那么组织机构就有了千里眼和顺风耳，能够对民意和舆情的变动及时作出反应，保持组织和社会环境之间的动态平衡。

6. 矫正性政府公共关系

这种模式是在政府形象受损害时，及时采取有效措施，塑造或维护政府形象，挽回声誉。其特点是"及时"。及时发现问题，及时纠正错误，及时改善不良形象。政府形象受损一般有两种情况：一是"自损"，即由于政府自身工作失误造成的形象受损；二是"他损"，即由于政府外部原因而造成的政府形象受损，如某些误解、谣言，甚至人为地破坏，致使政府的形象受到损害。不论哪种情况，政府公共关系部门都应及时、准确地查明原因，迅速制定对策，采取行动，纠正或消除损害政府形象的因素和行为。

政府公共关系的工作方法是多种多样的。在不同的发展阶段，或在同一阶段针对不同公众，使用的方法、形式是不同的。成功的政府公共关系要求对症下药，有的放矢。因此，政府公共关系策划就需要根据组织的特点和发展的特定阶段、社会环境所提供的具体条件以及公众的不同类型，选用适合的政府公共关系模式。

(五) 编制预算

政府公共关系预算是按照目标、实施方案，将所需的费用分成若干项目，并编绘出单项活动及全年活动的成本。政府公共关系预算使计划具有可行性，可以统筹安排人力、物力、财力。从某种意义上讲，它是更严格地要求政府公共关系工作要按预定目标、预定项目、预定时间，以最经济的代价，做好要做的事情。政府公共关系人员在编制预算时，一般都将各项工作计划具体化为一张可以进行成本核算的清单，或称预算表。政府公共关系预算的构成一般分为两大类。

1. 行政开支

(1) 人工报酬。指专业工作者和一般工作人员的薪金或工资，还包括外聘政府公共关系顾问的工时报酬。这是政府公共关系预算项目最大的一项，大约占预算的三分之二。

(2) 设施费用。此项费用由政府公共关系活动运用所决定。一般包括：各种印刷品、纪念品、摄影设备和材料、美术工艺器材、视听器材、展览设施和所需各种实物、用品等。

（3）日常行政费。如房租、水电费、保险费、电话费、办公文具费、通讯费、交通费、照相费、冲印费、旅餐费、交际费（一般不超过2%）等。

2. 项目开支

项目开支包括实施各种政府公共关系活动项目所需费用。

（1）原有项目的开支。政府公共关系许多活动项目属于战略性的，时间上往往跨年度。政府公共关系人员在编制年度预算时，应从政府公共关系目标入手，推算出计划方案中各项活动费用，对那些跨年度的活动项目，要在新一年度考虑适当增减。

（2）新定项目的开支。指实行计划方案过程中新增加的项目开支。政府公共关系人员在编制预算时，就要考虑人员、设备的增加和具体活动所需的各项开支，还要考虑到物价等因素。

（3）突发事件的开支。政府公共关系不仅是一种预测性、计划性工作，而且灵活性也很强，往往一些突然事故、偶然机会都会改变或调整计划，如庆贺、公益一类的活动。政府公共关系人员编制预算时，应事先设置临时应变费用，从资金上保证政府公共关系的应变能力。

在编制政府公共关系预算时应特别注意下列问题：

（1）要以能够实现的目标或计划方案为标准来确定预算。政府公共关系活动的时间、方式、支出都要同组织效益相联系。

（2）政府公共关系人员在编制预算时，必须提出一份实施计划与活动项目的清单，了解各项政府公共关系活动所需的费用。

（3）政府公共关系工作灵活性较强，预算时要考虑在时间分配上有一定的弹性。经费预算的一部分是每月或每季政府公共关系工作项目所需要的花费，可表示为：时间—活动—费用表；另一部分为应付特殊事件和突发事故情况费用表。两部分可在当月或当季预算中协调使用。

（4）要制定正常开支和超支有关规定，以保证经费的效益原则。

（5）要及时检查预算执行情况，并考察政府公共关系工作的绩效。

（六）编制、优化和审定方案

政府公共关系目标、政府公共关系主题一旦确定，就要据此策划拟定完整的具体行动方案。编制计划时应注意：注明计划名称、单位、时间、计划种类；正式计划要写发文编号；计划正文部分的导语要写明根据什么条件制定什么计划，目标是什么；主体部分要交代清楚总任务、达到的指标、措施及步骤；文尾部分要写出制定者、日期、附件，以及上报的领导人姓名、部门，下发的单位；每一项具体的政府公共关系计划都必须见诸文字。

在编制政府公共关系方案时，要充分发挥政府领导者、专家、学者和公众的作用，发扬民主，集思广益，打开思路，以创新精神努力探索新途径、寻找新办法，尽量设计多个备选方案。简单的问题，可较快地设计多个备选方案；复杂的问题，拟订方案复杂而有难度,可分为轮廓设想和精心设计两步去做。为了保证方案的质量,在拟订备选方案时应注意以下两点:一是方案的周全性,即所拟订的方案应包括所有能达到目标的各种可供行动的方案,尽量做到无遗漏;二是方案的排斥性,即各种备选方案应当是各异的、相互排斥的,执行此方案就不能同时执行彼方案。这样才能给方案评估和选优提供可靠的依据。

方案的评估、选优,实际上是对各种备选方案进行比较、鉴别、总体评价、全面权衡利弊,从中选择出或综合出一个最佳方案。这也是政府公共关系策划的关键性一步,它不仅直接关系到策划的成功或失败,而且也是政府公共关系策划科学化的重要标志。

政府公共关系方案必须经过本组织领导的审核和批准,确保政府公共关系计划目标与政府总体工作目标相一致,使政府公共关系活动与政府其他部门的工作互相协调、互相配合。如果计划未经领导审核和批准,那么,在组织决策时就很难通盘考虑政府公共关系工作,这种计划往往与整体工作脱节,在实施中得不到本组织决策层和全体员工的配合和支持,因而,也就无法顺利实现政府公共关系活动的预期目标。

三、政府公共关系计划的实施

(一) 政府公共关系计划实施的意义

实施传播是实现政府公共关系策划的重要步骤,如果只是绘制政府公共关系活动的计划蓝图,却不按照制订的方案具体作业,那么,计划等于一纸空文。实施传播,是把政府公共关系策划方案具体落实的过程。实施计划是整个政府公共关系过程中的一个异常重要的环节,这是因为:

首先,政府公共关系计划的实施是解决问题的中心环节。政府公共关系工作的最终目的不是研究问题,而是解决问题,计划实施的过程是解决问题的过程。实施的作用在于把设想变为现实,没有实施,政府公共关系活动的效果无从谈起。

其次,政府公共关系计划的实施决定了计划能否实现及实现的程度和范围。设计方案是否科学,是否反映了客观事物发展的规律性,还有待于在实施过程中检验。在实施活动中,随着环境的变化,包括面对的公众在不断地发展变化,会出现一些新情况、新问题。政府公共关系人员可以对原定计划方案作必要的调整,使之适应新的环境。因此,成功的实施可以圆满地完成计划中确定的任务,实现计划目标,甚至可以由实施人员创造性的努力来弥补计划的不足。失败的实施不仅不能实现计划目标,有时还可能使计划中想要解决的问题更加恶化。

最后,政府公共关系计划实施的结果是后续方案制订的重要依据。一项政府公共关系计划的实施不论成功与否,都会在社会上造成一定的影响和后果。以前一项政府公共关系计划的实施结果为基础,吸取成功的经验和失败的教训,可以说是政府公共关系计划制定过程中必须遵守的一个原则。

(二) 政府公共关系活动的适时调控

政府公共关系状态是动态的，情况的发展变化势必会与组织设计的公共关系目标出现不一致的状态，所以，应随时根据实际情况调控，以便更加有效地促进目标的实现。政府公共关系活动的适时调控是政府公共关系工作进程第三步实施传播环节的组成部分。政府公共关系计划的实施是一个完整的过程，政府公共关系方案实施的过程要不断反馈，修正方案的内容。

由于客观环境和组织内部的状况是不断发展变化的，不管政府公共关系方案制订时考虑得多么周密慎重，也不可能预料到未来发生的所有事情，也难免会出现方案与实际公共关系实施过程不符的现象。因此，组织要随时解决目标和计划实施过程中出现的新问题，及时纠正所出现的偏差，有时还要根据信息反馈的结果，对原定的计划进行适当调整或修正，也就是实行适时调控。

政府公共关系计划实施过程往往会遇到许多障碍：第一，政府公共关系中的目标障碍，即由于所拟定的政府公共关系目标不正确或不明确、不具体而给实施带来的障碍。第二，政府公共关系方案实施中的沟通障碍，指由于传播沟通工具运用不当、方式方法不妥、渠道不畅等而给实施带来的障碍。第三，政府公共关系方案实施中的突发事件，表现为人为的纠纷危机，如公众投诉、新闻媒介的批评等；或自然的突变危机，如地震、水灾、火灾、空难等。这是政府公共关系计划实施中最大的障碍之一。如果不善于处理突发事件，不但会使整个政府公共关系计划难以实施，甚至会影响到本组织的生死存亡。因此，政府公共关系活动在实施过程中可能会出现以下几种情况：第一，基本上同既定目标和实施计划的方向、途径相一致，只是在局部、个别问题上有偏差，从而对目标的实现产生一定的影响。第二，由于在制定目标和实施计划时没有掌握或没有充分掌握某些重要信息，因而暴露出事物发展的实际情况和实施计划的途径不能完全一致。这时若坚持实施计划，可能造成不良后果。第三，在实施过程中，出现了一些新的因素，特别是出现了主观力量不能控制的重大事件，改变了事物发展的方向，使实施计划不能继续执行。这些不断变化的信息如果不能及时反馈、适时调控，就会给工作带来难以挽回的重大损失。针对以上三种情况，可采取三种不同的调整控制方式：对于第一种情况，采取局部调整的方式；对于第二种情况，采取重大修正的方式；对于第三种情况，则采取重新制订目标和计划的方式。通过适时调控，择用最合适的政府公共关系活动形式，使整个政府公共关系方案的实施受到良好的控制，以便更好地实现政府公共关系目标，创造最佳的政府公共关系状态。

(三) 政府公共关系计划实施的注意事项

公共关系工作是一门艺术，同样的计划方案，不同的人执行会有不同的效果，因此，组织在推行既定计划的过程中，必须注意下述四个问题。一是发挥具体实施人员的主动性和创造性，让所有参加这次活动的有关人员详细了解活动方案的内容，同时应根据这些人员的各自特点合理地分配各人的任务，并明确规定任务的具体要求和完成期限。二是始终坚持所规定的公关目标及实现目标的基本程序，在执行具体计划时，在没发生意外问题的情况下，对时间的安排、地点的选择、对象的确定、程序的控制、采用的形式、准备的情况、内容的构思以及费用开支要特别斟酌。在执行中，要严格控制工作进度，保证计划的按步进行。三是在公共关系工作展开中还要注意从实现整体目标出发，统筹全局，不能因过分拘泥于某一个阶段或局部的工作，而忽略了与整体目标的一致性。要随时体察和防止过分重视局部而轻视了整体的倾向，及时调整，以保证每个局部工作都紧扣整体目标。四是建立必要的检查制度。这样不仅可以督促方案中各项措施的实施，掌握整个活动的进度和趋势，而且有助于及时发现问题和解决问题，及时修正计划的具体内容。五是要选择最佳的活动时机。在政府公共关系活动中，各种项目的执行都要考虑到影响时机的各种因素，从而选择适当的时机，以求取得行动的最佳效果，避免不必要的损失。

第三节　政府公共关系评估

一、政府公共关系评估的意义

政府公共关系评估，就是根据特定的标准，对政府公共关系计划、实施及效果进行衡量、检验、评价和估计，以判断其优劣。它是政府公共关系"四步工作法"中的最后一步，是改进政府公共关系工作的重要环节和开展后续政府公共关系工作的必要前提。同时，它可以使组织的领导人看到开展政府公共关系工作的明显效果，从而更加自觉地重视政府公共关系工作。因此，政府公共关系评估在政府公共关系实践活动中起着不可低估的作用。

（一）政府公共关系评估是改进政府公共关系工作的重要环节和开展后续政府公共关系工作的必要前提

公共关系调查分析活动究竟怎样？公共关系目标计划是否准确适用？实施之后的目标计划是否实现或完成？这些涉及人财物的使用效果问题，绝不能不了了之。但是，如果没有评估这一必要的步骤，就根本不可能得到科学的有说服力的答案，也就不能对资金的使用效果、部门和人员的工作以及物资的消耗做出公正的评价。一个计划、一项工作在进行中总会出现各种各样的问题，公共关系工作的情况也是如此。社会上各种因素变化纷繁复杂，令人难以捉摸。因此，在最后评估阶段，对计划本身、执行情况、公共关系工作人员的表现予以检查，从中发现新问题、新情况，并找出对策，寻找新的公共关系目标，提高政府公共关系人员和政府公共关系活动水平，是十分必要的。因此，政府公共关系评估对一个社会组织的政府公共关系工作具有"效果导向"的作用。

同时，从政府公共关系工作的连续性来看，任何一项新的政府公共关系工作计划的制定与实施都不是孤立存在和凭空产生的，它总是以原来的政府公共关系工作及其效果为背景的。制定新的政府公共关系工作计划,要对前一项政府公共关系工作从计划的制订到实施、从效果到环境变化进行系统评估分析,即使是前后两项政府公共关系工作所要解决的问题各不相同,也应该和必须这样做。美国政府公共关系先驱者埃瓦茨·罗特扎恩早在1920年就曾经说过,当最后一次会议已经召开,最后一批宣传品已经散发,最后一项活动已经成为历史的记录时,就是你在头脑中将自己和自己所采用的方法重新过滤一遍的时刻。这样你就会清理出经验和教训,供下一次借鉴。这位先驱者所说的"清理出经验和教训,供下一次借鉴",恰恰说明了政府公共关系评估对改进政府公共关系工作的重要作用。美国公共关系协会把公共关系项目效果评估作为接收会员的重要标准之一,凡不能提供与项目产出相联系的测量活动效果方案或报告的组织均不能被批准加入这一协会。

(二)政府公共关系评估是鼓舞士气、激励内部公众的重要形式

由于公共关系工作面向社会或一定的范围,工作效果不易被反映出来,因此,在最后阶段,必须从全局上予以控制。一项项具体的工作和一项项具体计划反映成果往往不明显,但站在一定高度,从全局来把握,就容易分析出、反映出公共关系工作的成绩了。同时,政府公共关系工作实施的效果本身往往体现为一个复杂的构成,既涉及公众利益的满足,又涉及公众利益的调整;既涉及组织形象的改善,又涉及组织策略、方针的改进和修正。一般来说,内部公众很难对它有全面深刻的了解和认识。公共关系评估对于工作人员来说,它使每个工作人员都明确在最后阶段还有一次大检查,并对自己的工作成绩作出评估,这无形中就起到一种鞭策作用,促使他们在工作中努力,在执行任务时认真。当一项政府公共关系计划实施之后,由有关人员将该项计划的目标、措施、实施的过程和效果向内部公众解释和说明,可以使每个工作人员认清本组织的利益和实现的途径,自觉将实现本组织的战略目标与自己的本职工作紧密地联系在一起,并变为一种爱岗敬业的行动。对于政府机构的领导人来说,政府公共关系评估的另一重要意义还在于使领导人看到开展政府公共关系工作的明显效果,从而使他们更加自觉地重视政府公共关系工作。

政府公共关系评估是对整个政府公共关系活动全过程的评估,也是对政府公共关系活动的每一阶段、每一项目的考核评价。它可以伴随着政府公共关系工作的进展,根据要求随时评估。它与我们平常所说的总结或反思有些类似,只不过政府公共关系评估不是一般性的总结,而是一种具有特定标准、方法和程序的专门研究活动。

二、政府公共关系评估的内容

美国著名的公共关系专家卡特李普、森特和布鲁特在《有效公共关系》一书中,将公共关系效果评估的内容按公共关系活动顺序,分成了3个阶段14个层次。第一阶段:准备过程评估。①背景材料是否充分;②信息内容是否正确充实;③信息表现形式是否恰当。第二阶段:活动实施过程评估。①发送信息的数量;②发送的信息被传播媒

介所采用的数量;③信息理论接收者的数量;④注意到信息的公众数量。第三阶段:活动影响效果评估。①了解信息内容的公众数量;②改变观点的公众数量;③改变态度的公众数量;④实施期望行为的公众数量;⑤重复期望行为的公众数量;⑥达到的目标与解决的问题;⑦社会与文化的改变。这一理论有一定的科学性,对于我们认识政府公共关系评估有重要借鉴作用。根据我国的实际情况,对政府公共关系评估的内容可以从以下几方面来认识。

（一）政府公共关系工作程序评估

政府公共关系工作程序评估,就是要对政府公共关系工作的各个步骤的合理性作出客观的评价。政府公共关系评估是一个连续不断的活动,一旦进入政府公共关系工作过程,评估活动也就开始了。评估研究内容及要点如下。

1. 调查研究过程评估

调查研究过程是公共关系的准备活动过程,主要是指为确定公共关系目标制定公共关系计划、收集信息、发现问题的活动过程。这一活动过程的特点是:为了对公众产生影响的实质性公共关系活动尚未开始,活动的主要目的在于为实质性公共关系活动做好准备工作,因此,该活动过程评估的主要内容并不是它对公众的影响效果如何（因为直接的影响尚未开始）,而是可以联系公共关系目标计划及其实施效果来开展评估。其主要的评估要点有:政府公共关系调研的设计是否合理?政府公共关系工作信息资料的搜集是否充分、合理?获得信息资料的手段是否科学?政府公共关系调研对象选择是否具有典型性、代表性?政府公共关系调研工作组织实施的合理程度如何?政府公共关系调研的结论分析是否科学?信息的表现形式是否恰当?

例如,在政治活动中,政府公共关系活动的策划者要研究竞选者在电视辩论中的发言以及各种新闻媒介对他的讲话及其本人的评论,并通过选举过程中选民们对这个竞选者的反应看政府公共关系活动是否成功。评估这一活动时要分析:政府公共关系活动中准备的信息资料是否符合问题本身;目标及媒介的沟通活动是否在时间、地点、方式上符合目标公众的要求,有没有对沟通信息和活动产生对抗性行为,有没有制造事件或采取其他行动配合这次政府公共关系活动;相对任务而言,人员与预算资金是否充分等。这种评估分析的结果,可以作为进一步审定或调整计划与战略、改进方案实施过程的重要参考资料。

2. 制订计划和实施活动过程的评估

这一层次的评估主要是指政府公共关系目标及计划的制订和执行活动情况的评价分析。它主要有以下几个方面。

一是政府公共关系目标及计划的制订是否合乎实际、切实可行。目标计划在制定当中和制定之后实施以前,很难评判其优劣,只有通过实施才能比较客观准确地做出结论。例如,随着一次政府公共关系活动的失败,人们才发现,目标本身根本是不可实现的,制订计划太笼统,经费预算不足等。这一方面评估的具体内容常有:目标是否明确具体、符合实际,是否具备了实现条件,目标的广度和深度如何,计划方案是否脱离了目标,计划方案是否缺乏足够的可操作性,经费预算是否太紧了一点或是过多了一点。

二是目标计划执行过程的评估。包括执行过程是否围绕目标按计划方案进行的,有无偏差,有多少偏差,原因何在;执行当中发生了哪些问题,是属于计划不周还是属于突发事件造成的;是否采取了应变措施,若没有采取,为什么,若采取了,效果怎样;执行当中,政府公共关系部门及政府公共关系人员工作情况怎样;其他部门及人员是否配合,如果不够配合,是什么原因造成的,以后应当如何避免;传播沟通的模式选择是否恰当;传播媒介的选择和运用情况怎样;信息内容准确度、信息表现形式及信息发送数量如何;信息被传媒采用的数量和质量如何;接收到信息的目标公众有多少,成分如何,和组织关系有多大;注意到该信息的目标公众数量是多少。

3. 实施效果的评估

前两个层次的评估主要是对活动过程的情况进行经验教训的总结,而本层次的评估则是对活动过程所产生的实际效果进行评估。总的思想是:评估本次政府公共关系目标计划实施完毕后,组织形象的变化情况。可以将调查的数字同政府公共关系活动开展前的有关数据进行分析比较,得出结论。其主要评估要点有:公众受影响的范围有多大,即有多少人次受到本次政府公共关系活动的影响,这一点可采用问卷法进行调查统计;受影响的公众对组织总体情况的了解程度有何变化;受影响的公众对组织良好形象的评价有多大程度的改变;受影响的公众对本组织的态度行为方面的变化情况如何;达到的目标的程度及解决了什么问题;对社会经济与文化发展产生的影响等。

(二)政府公共关系活动评估类型

按政府公共关系活动形式,可把政府公共关系划分为日常政府公共关系活动和专项政府公共关系活动;按政府公共关系计划制定时间的长短,可把政府公共关系划分为年度政府公共关系活动、长期(3~5年)政府公共关系活动。

1. 日常政府公共关系活动效果评估

评估内容要点包括:组织的全员政府公共关系运作;领导者内外部政府公共关系活动的开展情况;全体员工的政府公共关系意识和行为表现;组织的各部门在经营管理各环节上的政府公共关系投入;政府公共关系网络;内部政府公共关系协调状况;日常的组织沟通;人际协调;组织的外部政府公共关系;知名度、美誉度;政府公共关系人员的工作状况;政府公共关系人员与领导工作配合和沟通等。对日常公共关系活动效果进行评估,要根据组织所确定的评估内容和评估标准进行,通过日常工作总结、公共关系人员座谈、职工评议评审并结合社会公众平时的反映等进行。对日常公共关系活动效果进行评估,属于临时性的工作,不要占用太多的时间和人员。一般情况下,在日常公共关系工作中就可随时总结,没有必要进行专门评估。

2. 专项政府公共关系活动效果评估

评估内容要点包括:项目的计划是否合适;其目标与组织总目标、政府公共关系战略目标是否一致；项目的目标是否已经实现；传播沟通策略、信息策略是否有效；政府公共关系协调状况如何；对公众产生哪些影响；组织的形象有何改变；项目预算是否合理；组织管理工作成效如何。对专项公共关系活动效果进行评估，要严格根据具体公共关系活动的内容及特点确定评估内容及评估标准，并由负责专项公共关系活动的公共关系人员组织实施。可采取调查研究的形式，如直接调查专项活动的参加者，或间接调查一些典型的社会公众，以了解通过专项活动，社会舆论的变化对组织产生的影响。对于专项公共关系活动效果，公共关系人员都要在专项活动记录中给予记载，并详细说明，以备查用。

3. 年度政府公共关系效果评估

评估内容要点包括：年度政府公共关系计划目标是否实现；年度政府公共关系计划方案是否合理；实现状况如何；年度内日常政府公共关系工作成效如何；年度内单项政府公共关系活动的类型、数量及成效分析；年度政府公共关系经费预算使用情况及合理化研究；内外部政府公共关系的开展和成效；政府公共关系机构与政府公共关系人员的绩效；组织的政府公共关系应变能力等。对年度公共关系工作效果进行评估，要以年度公共关系计划和预算为依据，将一年来公共关系工作成效与预期目标和计划相比较，对公共关系各层次计划的实现程度和存在的差距，提出有说服力的总结报告。在报告中应注意引用具体可见或可测量的结果、实例，以及引用有影响力的外界评论及专家意见，以增强报告的客观性，供领导层作出判断与评论。

4. 长期政府公共关系活动效果评估

长期政府公共关系活动效果评估包括某一长期政府公共关系项目及政府公共关系长期工作的成效分析，它是一个总结过程，需要将日常工作评估结果、专项活动评估结果、阶段性工作评估结果一并吸收进来，进行系统分析，从而获得一个总的结论。另外，还包括对政府公共关系活动的经历进行客观评估。同时，应将前几种政府公共关系活动效果评估的内容要点加以归纳整理和分析研究。但是，要特别注重政府公共关系战略的得失问题、政府公共关系变动规律问题、政府公共关系与政府管理的关系问题等的评估。

（三）目标效果评估

公共关系目标管理是指公共关系的全部活动过程，主要包括：在一定时期内组织领导提出总目标、制定方针，公共关系部门根据总目标制定公共关系目标，公共关系人员经过上下结合、反复协商来分解目标，制定措施，安排进度，具体实施，严格考核，实现目标的组织内部自我控制公共关系全部活动的过程。目标管理是计划管理的一种形式，也是实现计划的重要手段。而目标效果评估又是公共关系目标管理的重要组成部分。在公共关系目标中应有严格规定的定量和定性分析的各项指标，客观地进行评价。要以公共关系调查所掌握的资料和公共关系计划方案的具体实施结果为评估的依据，以社会公众的满意程度作为指标实现的标准。

公共关系目标效果评估的内容与目标管理程序中的目标内容要一致，有什么样的目标内容，就应该有什么样的目标效果评估内容。根据公共关系目标内容的要求，确定公共关系目标效果评估的内容。

1. 组织形象目标效果评估

组织形象目标效果评估是将公共关系计划方案中所设计的本组织在一定时期内所要实现的目标，与组织通过公共关系工作所达到的实际组织形象目标进行比较，看其实现的程度如何。如果组织形象目标没有全部实现，则应找出差距，提出问题；如果组织形象目标全部得以实现，则应总结经验，实事求是地用目标值加以表示；如果现实的组织形象超越了公共关系计划目标，则应寻求美好的组织形象得以建立和发展的真正原因，分析是否是由组织自身的努力所带来的结果，并表扬公共关系做得好的部门和人员。

2. 领导形象目标效果评估

组织形象目标是组织的公共关系总体目标，它的实现及实现的程度有赖于具体目标。领导形象目标是组织形象目标中的一个具体的分目标。对领导形象目标效果进行评估，主要是根据社会公众对本组织领导评价的结果，分析其领导形象如何。对此，可以采取公众座谈会、民意测验等形式，还可以采取公众投诉方式进行。

3. 职工形象目标效果评估

职工形象目标作为组织形象的又一分目标，表现在职工的精神风貌、工作作风及劳动态度等方面。对职工形象目标效果进行评估，主要依据职工的自身表现，如服务态度、完成工作率、质量、积极参与组织的各项活动以及社会公众对组织职工的多方反映等给予评价。职工形象目标能否实现，是组织自身是否有凝聚力与向心力、职工是否热爱自己的组织以及组织自身的文化环境优劣的一个重要标志，应该对其目标的实现予以高度重视。

4. 环境形象目标效果评估

环境形象的好坏直接影响职工的劳动情绪和其他工作人员的工作情绪，它是保障人们身心健康的一个重要的客观条件。同时，它对组织外部公众对组织印象的形成起着一定的辅助作用。环境形象目标效果评估主要依据目标值的实现及实现的程度，即通过环境建设的目标完成率给予评估。

三、政府公共关系评估的方法

（一）专家意见法

专家意见法又称德尔菲（Delphi）法，是一种综合专家意见，就专门问题进行定性预测的方法。稍作修改即可用于不易量化的政府公共关系效果的评估。其步骤是：

（1）由主持人拟好调查评估项目，并给出评价标准。如公众舆论的变化可分为好转、略好转、原状、略恶化、恶化五个标准。

（2）邀请专家若干名。一定要聘请那些知识丰富、熟悉情况的专家。

（3）请专家们匿名、独立地就拟定的项目发表意见。若意见分散，则将上一轮意见汇集整理，反馈给每一位专家，请他们重新发表意见，直至意见趋于一致。

（4）汇总得出能代表大多数专家意见的结论，作为专家集体对政府公共关系活动的评估。

（二）民意测验法

民意测验法的英文名称为 Public Opinion Poll。这种方法在政府公共关系评估中运用较为普遍。这种方法的基本做法是，按抽查法的要求，在选定的公众群体中，选择一定数量的测验对象，用问卷、表格等方式，征求他们对指定问题的意见、态度、倾向，再作出统计、说明，分析政府公共关系活动的效果。

（三）公众意见征询法

公众意见征询法是政府公共关系人员通过与公众代表的对话，征询广大公众的意见和观点。这种方法又可分为公众代表座谈会和公众询问两种。前者可以制度化，并有效地控制与会者的代表性；后者则是以口头、电话等方式，就固定问题，随机地向被询问者提问，然后将公众意见汇集、整理，形成综合意见。

（四）实验法

实验法的实质是，利用事物、现象间客观存在的相互关系，通过调节某个变量（如政府公共关系活动前后），测定另一些量的增减。实验法可以在经历和未经历政府公共关系活动的两组公众之间展开，将两次测验结果作比较，就很容易得出评估结论。实验法的关键在于，在确保实验对象代表性的同时，尽可能缩小实验范围。

（五）组织活动记录法

组织活动记录法是在组织实施政府公共关系活动前后，坚持在组织的日常活动中，记录有关标志和指标的变化。全面、准确的活动记录是重要的效果评估资料。例如，学校的报考人数、企业的产品销售额、宾馆的投宿人数、机关的出勤率都属组织活动记录范围。评估时，要依据记录的资料，选择一定的标准进行比较，然后得出评估结论。

（六）传播审计法

传播审计法是通过大众传播媒介发布的本组织的统计分析，评估组织政府公共关系信息传播情况。通过以下指标和方法，可以概略地了解政府公共关系信息传播的效果。

1. 定量分析

一是测定政府公共关系沟通有效率。它是指沟通有效数与沟通信息总数之比，可用公式表示为：沟通有效率＝（沟通信息总数－无效数）/沟通信息总数×100％。

二是测定政府公共关系信息传播速度。传播速度指标是单位时间内传播的信息量，或一定的信息量传递所需要的时间。单位时间内传播的信息量越多，或一定信息量传递所需要的时间越短，说明传播速度越快。其公式为：传播速度＝传播信息量/传播时间。传播速度越快，传播效率就越高。传播速度是评估传播效果的一个重要指标。

三是测定政府公共关系信息的视听率。这是通过测定大众传播媒介传播的政府公共关系信息来得到政府公共关系工作效果的方法。视听率就是实际视听人数与某一调查总人数的比例。可用公式表示为：视听率＝实际视听人数/调查总人数×100%。

2. 定性分析

新闻媒介报道迅速，感觉灵敏且有很大的影响力。经常进行新闻分析，可以从中了解关于本组织的报道中评估政府公共关系活动的效果。定性分析的主要内容有：

一是报道的篇幅和时数。篇幅越大，出现频率越高，时数越多，引起注意和兴趣的程度就越高。这是从"量"上判断。

二是报道的内容。报道中，对组织的成就、发展情况报道越多，效果就越好，在公众中树立起组织的良好形象的可能性也越大。这是从"质"上分析。

三是新闻媒介的层次和重要性。层次高、重要的媒介是指那些级别高、发行量大、覆盖面广、具有权威性和影响力强的新闻媒介，这些媒介发表对组织有利的报道，往往比其他媒介更有利于提高组织的知名度和美誉度。

四是新闻资料的新闻价值。对新闻资料是正面报道还是反面报道，是全面报道还是摘要报道，是重点报道还是一般报道，是醒目的版面还是次要的版面，这些差别均会使报道效果不同。

五是报道的时机。报道的时机是否及时、适时，是否能恰好配合组织的实际发展，迟发的新闻报道有时不仅无益，反而有害。

六是记者、编辑的反应。记者、编辑对于所提供的资料是否满意，如资料是否及时，是否容易编发，是否需要较大的改动，是否适合报刊的要求。

四、政府公共关系评估成果的运用

政府公共关系评估的成果由多种形式综合体现，如调查报告、工作报告、各类实务总结报告、公众研究报告、各种信息发布原本、传播审订报告、各种评估记录资料等，都是评估成果的体现，但评估成果的主要表现形式是政府公共关系总结报告。

政府公共关系评估成果对于整个政府公共关系工作有极大的应用价值。它能够承前启后，使政府公共关系工作得以高效合理地开展，使组织步入良好的政府公共关系环境。

政府公共关系总结报告是提供给组织的一种正式文本，它往往被送到最高管理层，作为领导层统筹管理和制定新决策的依据；送达各职能部门，作为各部门改善工作的参考；提供给全体员工，以利于员工了解外界的评价，提高士气，改善行为。政府公共关系评估成果的运用，可以包括以下几方面：第一，用于调整政府公共关系工作计划，使计划更趋于科学合理。第二，对策划新的政府公共关系目标方案有直接的帮助，可以促进新的政府公共关系计划借鉴成功经验，吸取失败的教训，避开误区，有效地开展工作。第三，用于组织决策的改进。对组织为公众所认同与合作方面，有较大的决策参考价值。第四，用于改进组织全面的政府公共关系工作。通过运用评估成果，组织的管理层可调整行为,改善工作,提高绩效;寻找有效的策略和技巧,为下一步政府公共关系工作奠定基础。

【案例 5-1】

北京申奥——中国智慧与管理文化的胜利

一、按国际惯例,请民间智囊策划北京申奥

北京申奥形象战略设计作为最核心的高端战略是一个决策管理过程,它是一个复杂的、开放的系统。它涉及城市的经济学、设计学、文化学、规划学、建筑学、生态环境学、人文社会学、管理学、美学、传播学等既多头又专业的经验、知识和信息。用什么样的方法梳理复杂的信息呢?怎样才能廓清决策的思路?如何在北京城市理念、战略、环境、行为、视觉等方面创造准确、鲜明、良好的城市形象?怎样才能比我们竞争对手的战略、策略更高、更强、更科学,使北京形象和中华民族形象在国际奥委会和国际社会面前大放异彩?这关系到能否有个良好开局和最终成败,北京奥申委做出了一个石破天惊的决策:把北京申奥定乾坤的开篇之作——形象战略交给了我们牵头的海内外民间智囊团担纲完成。

民间智囊团参与国家重大项目咨询策划是国际惯例,美国重大政治、经济、文化决策都有民间智囊团参与;1984年亚特兰大奥运会尤伯罗斯开创了民间机构承办奥运会的先例;但中国民间智囊团参与国家重大项目,特别是参与千载难逢的申奥策划在中国历史上还是第一次,具有划时代的里程碑意义。

这次北京市政府和奥申委出色的决策管理,开创民间智囊团参与国家大型项目策划的成功范例,标志着中国政府的民主作风和行政水平与能力日趋与国际接轨。

二、"大设计观"定乾坤

形象战略既是北京申奥的开局和核心战略,又是北京品牌经营的落脚点。申奥形象战略是一项系统工程,针对竞争对手城市强调各自某一方面的优势,我们把申办奥运作为政治、经济、文化全面竞争的整体系统来把握与运作。

在风云多变、错综复杂的国际竞争格局中,我们制定的对策是东方谋略中"水的管理":以柔克刚,知雄守雌,守正出奇,水滴石穿,以弱胜强。为北京申奥提供了一套行之有效、正确的思想方法,使北京自始至终在各申奥城市中处于领先地位。

我们在制定北京形象战略中所使用的是"文化设计"的工作方法,它为北京申奥工作在千头万绪中找到了突破口。什么是文化设计?文化设计就是整合文化资源,对北京文化的核心价值精心再设计。纵观世界各成功举办奥运会的城市,无一不是把自己国家和城市独特的文化资源经过整合、设计、运作成为一个成功的品牌,展现在世界面前,并得到全世界的认同。

——2000年悉尼奥运会:澳大利亚曾是犯人流放的地方,一般人眼中是个缺乏文化的地方,处在世界文化的边缘圈。通过2000年奥运会的申办,悉尼把自己最核心的文化价值经过精心设计，提出了"绿色奥运"和"环保奥运"的理念；其标志突出其多元文化的内涵，这些正好符合21世纪人类的时代潮流，成为世界主流文化。因此，悉尼奥运会不仅成为全体澳大利亚人民的盛大节日，而且也成为历史上最成功的奥运会之一。——1988年汉城奥运会：卢泰愚总统上台后提出"开创一个平凡人的伟大时代"的口号，激发全体韩国人的爱国激情和斗志，他们以1988年汉城奥运会为契机，跨入新兴的工业化国家的行列，超越了农耕文化的水平，向世界展示了一个自强不息的新的民族文化形象。

北京申奥如何进行文化设计？

第一步是清点北京申奥的优势：中国有五千年历史，中华文明博大精深，北京是历史文化名城；中国有12亿人口，占世界人口总数的1/5；中国是世界体育强国；中国的经济实力和综合国力蒸蒸日上，即将加入WTO，成为世界经济的主导力量之一；此外，中国从来没有举办过奥运会，近年来亚洲也没有举办过奥运会。这些都可以算是北京申办奥运会的优势。

第二步是清点北京申奥的不利因素：首先，中国在西方主流媒体上是一个被"妖魔化"的形象，在西方主流媒体上基本上看不到关于中国的正面报道；其次，国内外反华势力相互勾结，以"人权"为借口阻挠北京申办奥运；其三，北京的环境问题依然有待改善；其四，国际奥委会改变了申办和竞选的规则，这种改变对北京非常不利。因为国际奥委会规定，全体委员不得到申办城市访问，而这一次国际奥委会的委员中有一半以上的人没有来过中国。另外，这一届的国际奥委会还增补了35名体育运动员委员，这些委员也许更多地从运动员立场出发，这些都是北京申奥可能遇到的阻碍。

第三步是总结北京上次申奥失败的教训。当时，虽然有很多政治上的干扰因素，但是从某种程度上说，也是跨文化的沟通发生滞障的结果。1993北京的申奥理念是："10亿人民盼奥运"，"给中国一次机会，还世界一个奇迹"，别的国家的人就很难理解，北京办奥运跟他们有什么关系？而且1993年北京的申奥标志很像是北京市旅游标志的翻版，它要传达什么信息？其他国家的人也很难明白。

通过分析，专家们发现，"文化"既是北京申奥的瓶颈，又是突破口。当前，国际社会基本上是西方的标准占主导地位，奥运会同样是西方文化占主流。由于中国与西方国家在历史文化背景、政治制度、价值观、种族、经济发展水平方面存在差异，所以中国虽然有五千年的历史，是文化大国，但不是文化强国；北京是历史文化名城，但世界对她并不了解。这样，如何进行跨文化的沟通与传播成为北京申奥成败关键所在。解开这一"死结"，申奥的思路就清晰了。

正是吸取了1993年的教训，在着手制定北京申办2008年奥运会的理念时，最先被专家们确立为原则的东西就是：要强调与世界接轨，让北京成为全新的世界品牌。北京提出的申奥理念，要能得到全世界人民认可。总之，要给世界一个选择北京的理由。有了这样的方向，专家们就开始从自己的角度提出申奥理念。这个过程被形象地称为

"加减法"。加法是指放开思维，畅所欲言，仁者见仁，智者见智；减法是指在形成一定数量的候选方案后，把发散型的思维收回来，用排除法对已有的方案进行筛选。在筛选的过程中，又有一些标准逐渐成为共识，比如北京的申奥理念不能是"自我本位"的理念，就像1993年申奥的理念那样，也不能是"强势理念"，比如以泱泱大国自夸，也不能是"弱势理念"，比如过分谦虚和低调；北京的申奥理念要反映北京的文化精髓，又要能跨文化传播，要从视觉与听觉上都符合国际惯例。"新北京，新奥运"的口号就是这么被提出来的。

为了与国际接轨，制定申奥理念采用的是先定英文再定中文的办法。当国际奥委会执委何振梁先生看到"New Beijing, New Olympic"这个表述时，建议改成："New Beijing, Great Olympic"，因为"New Olympic"这个英文表述，容易让外国人产生误解。

理念是一面旗帜，为了体现"新北京，新奥运"的"新"字，这个理念又被分解为3个层面：绿色奥运、科技奥运、人文奥运。前两个理念在上届奥运会上已经被提出来了，而"人文奥运"是北京的原创，它表达了这样的含义：北京举办这次奥运会要体现全人类的精神，对于国际社会关注的中国人权问题，北京也要给世界一个回答。

有了申奥的理念，就开始了标徽的设计和视觉系统的开发。大师韩美林也加入了作者队伍，当他看到一份陈绍华没有拿出来的草图时，一下子被某种东西触动了，这个"人形"方案就是后来被选中的方案的雏形。于是，陈绍华、韩美林等在深圳干了几个通宵，对原方案进行修改。原先的人形是在电脑里做出来的，经韩美林用中国画的笔墨功夫一改，整个图形就有了神韵。这个方案在最后一刻被送到有关领导和专家的面前。包装刚一打开，所有人都觉得眼前一亮：五环的五种颜色，中国结，中国太极拳的招式，怎么想象都可以，整个图案有动感、有韵律、很国际化。一个永远载入世界历史的北京奥运标志就这样诞生了。

申奥理念的提出，申奥标志的确立，仅仅是北京申奥的开篇，但是由此确定的思想方法和工作方法在以后的申奥工作中被传承了下来：对北京申奥进行文化设计，在心理上、做事方法上与国际接轨，与世界沟通，让专家唱戏。于是就有了张艺谋令人叫绝的申奥片，就有了2001年7月13日晚上北京代表团臻于完美的陈述。

今天，当北京申奥成功，古老的中华文明像一轮喷薄欲出的红日在世界升起的时候，我们心潮澎湃，今生能为千载难逢的北京成功举办奥运会做出一点贡献，作为中国人，我感到自豪！

（资料来源：http://www.asiaci.com [/url]）

【本章小结】

开展政府公共关系工作一般要经过调查、策划、实施、评估四个程序。本章论述了政府公共关系调查的意义、原则、程序、内容和方法，阐明了政府公共关系策划的意义、原则、程序和编制方案的方法，说明了政府公共关系实施的意义和实施过程中应注意的问题，提出了政府公共关系评估的意义、原则、程序、内容和方法。

课堂讨论题：

结合案例，谈谈创新思维在公共关系策划中的意义。

复习思考题：

1. 简述开展政府公共关系工作的基本程序。
2. 简述开展政府公共关系调查的意义、原则和内容。
3. 试比较各种公共关系调查方法的优缺点。
4. 简述政府公共关系策划的意义、原则和基本程序。
5. 应如何确定政府公共关系的活动主题？试就某一主题策划一个政府公共关系的活动方案。
6. 政府公共关系实施过程中应注意哪些问题？
7. 简述政府公共关系评估的意义、原则和基本程序。
8. 政府公共关系评估有哪些基本内容和方法？
9. 政府公共关系活动有哪些基本模式？

第六章 政府内部公共关系的管理

学习目标

- 了解和认识政府内部公共关系工作的必要性和重要性
- 掌握和领会内部公共关系的一般运作机制
- 掌握政府内部公共关系沟通的基本方法和操作思路

第一节 政府内部公共关系

一、政府内部公共关系的界定

我国的各级政府是各级权力机关，即各级人民代表大会及其常务委员会的执行机关。政府系统是一个专门从事社会公共事务管理的公共权力系统。政府主要有两大职能：一是针对各种社会问题制定相应的公共政策，表明政府的态度；二是推行和实现公共政策，将表明出来的态度加以落实。对前者，政府需要有决策行为及相应的决策机构和程序；对后者，需要设立一种特殊的政府组织——行政组织系统。由于政府意志的推行必须有秩序地进行，各个国家一般按地区划分设立行政组织系统，将政府意志的推行交由区域管理，这样就使政府的社会管理有效地实施到国家的每一个公民。为了有效地进行管理，必须合理划分各级政府的权限，下级政府的权限总是小于上级政府。在社会公共事务中，有些难以按区域来管理，例如邮电、交通、铁路等，国家因此就设立一些专门的机构来管理；也有一些事务比较专门化，需要进行专门的管理，例如教育、卫生等，国家设立一些部门来管理，并在地方设立相应的机构，这些机构行使政府管理某方面事务的权力，称之为职能部门。因此，一般国家都采取区域管理和专门化管理相结合的行政管理办法，也就是我们通常所说的条条与块块。这些条条与块块形成了错综复杂的关系，构成了行政系统复杂的组织体系。

政府围绕行使国家的行政权力，履行国家的行政职能，形成复杂的社会联系，形成权力与责任的种种关系，这就是所谓行政关系。行政关系可分为外部的与内部的两种。外部的行政关系包括政府与企业事业单位之间的行政关系、政府与社会团体之间的行政关系、政府与公民个人之间的行政关系等。内部的行政关系包括政府机构与政府公职人员之间的关系、政府上下级关系、同级部门之间的关系等。

从外延上看,我们把围绕政府内部行政关系而形成的公共关系,称为政府内部公共关系。政府组织为实施对社会公共事务的管理,要开展各种业务活动,这就是行政行为。这些行政行为,有的是针对全社会的,也有的是政府系统内部的活动。行政行为的特点,就是具有法定的执行力。下级机关对上级机关请示问题、报告工作,或同级机关之间商量事项,如上级或同级机关不予答复,亦是表明了上级或同级机关的态度。这也表明了行政行为的法定执行力。公共关系活动从本质上说是非强制性的,是一种沟通、传播和协调,显然这不是一种行政行为,但是开展公共关系,在许多情况下亦可达到与行政行为相同的目的。现代许多国家的各级政府一般都不采取用强制的行政行为迫使下级干某一件事,而是事先采取沟通、宣传解释等办法,使要干的事上下达成共识,这是一种公关手段,用这种手段,有时效果还高于行政手段。把公共关系作为一种有效的管理方法加以应用,也是由于现代科技发展创造了条件。在古代,因为传播手段的落后和时空的限制,政府的行政管理难以建立在互相沟通的基础上。因此,政府内部公共关系,从内涵上看,是政府为达到特定的目标,充分运用现代传播手段所进行的,重视与行政行为对象在思想、感情等方面达到理解和交流,从而更有效地提高行政效率的管理方法。

二、政府内部公共关系的构成

(一)政府机构与公职人员的关系

政府公职人员是政府机构的组织基础,是构成政府公共关系的内部公众。政府公共关系的首要对象就是政府的公职人员。他们作为政府机关的成员,不仅与政府的利益、目标息息相关,而且是政府运行发展的基础力量,是政府机构与外部公众联系的触角,因而他们是政府内部公共关系的首要对象。协调政府机构与内部公职人员关系的目的,是培养公职人员对政府的认同感和归属感,形成向心力和凝聚力,充分调动他们的积极性、主动性和创造性,圆满完成各项任务。其意义可归纳为以下两方面:

第一,政府需要通过公职人员的认可和支持来增强内聚力。政府存在的价值和整体形象在取得社会认可之前,首先要得到自己成员的认可;政府工作目标和任务在赢得社会支持之前,首先要得到自己成员的配合和支持。否则,政府的价值和目标将会落空,将无法作为一个整体面对外部社会公众。每一个政府公职人员都是政府组织的细胞,他们对政府组织的价值认同和依附,是政府这个组织具有生机活力的基础。因此,政府组织的内部公共关系工作首先要增强内聚力,使政府公职人员能够形成一个团结有力的战斗集体,与政府组织凝聚在一起。

第二,政府需要通过全员公共关系来增强政府的外张力。政府开展公共关系对外树立组织形象、扩大社会影响的工作,有赖于政府全体公职人员的努力和配合。由于政府工作的特殊性，需要时刻与外部公众接触，而政府形象则要通过对外公共关系第一线的政府公职人员的实际行动体现出来。电话总机的接线员、服务台、询问处、接待室，政府公职人员的一言一行都是政府形象的浓缩。可见，政府公职人员在对外交往中是非常重要的公共关系主体，这种主体性能否充分调动和发挥，就看他们对政府组织有多大程度的认同感和归属感，有多强的向心力和凝聚力。

协调政府机构和公职人员之间的关系，调动他们的积极性、主动性、创造性，培养他们对政府组织的认同感和归属感需要把握以下原则。

1. 教育公职人员树立共同的目标和价值观，自觉建立和维护政府形象

政府机构要使其特定的行政目标、理想原则、精神信念和价值观念变为现实，就必须使公职人员的思想观念与其保持高度的认同感和归属感，并使之贯彻到公职人员的日常管理和工作行为中去。要教育公职人员摆正人民公仆的位置，牢记全心全意为人民服务的宗旨，树立科学、民主、法制、廉洁、高效的行政思想和价值观念，规范思想和行为使其不脱离政府的目标；要教育公职人员树立高尚的行政职业道德，使其在职业义务、职业责任和职业行为上把社会利益和公众利益放在第一位，用高质量的办事效率为公众多办实事；要教育公职人员学习掌握公共关系理论和技巧，使其一言一行自觉地重视、维护和塑造政府形象，真正做到不利于政府形象的话不说，不利于政府形象的事不做，并主动向外部公众传播、介绍所在政府机构的服务项目、服务方式、服务特点和工作成就，并通过与外部公众的交往，搜集有关对政府评价的信息，主动地向政府领导层提供如何改善政府形象的建议，使公职人员把塑造政府良好形象作为自己应尽的责任。

2. 加强政府机构内部的双向信息交流，保证公职人员共享足够的组织信息

政府工作要争取公职人员的理解和支持，就需要将政府公职人员视作传播沟通的首要对象。政府机构内部的双向信息交流，是发扬民主作风，达成组织与公职人员之间相互了解、理解与合作的重要一环。使公职人员共享组织信息，这不仅是尊重、信任的重要体现，而且也是让其体谅组织和领导困难的重要途径，这本身也是做好政府工作的需要。如果公职人员对自己所在政府组织的信息应该知道的却一知半解甚至不知道，就易产生不信任感，甚至会产生疑虑、烦恼、怨恨、对抗的心理和行为，势必影响内部关系的和谐。因此，在政府机构内部必须建立信息沟通网络，及时搞好上情下达和下情上传的信息传递工作。一方面，可通过黑板报、内部刊物、闭路电视、有线广播、热线电话、会议、展览会、信息发布会等方式，及时向公职人员通报政府机构内部的各种信息；另一方面，又要通过直接对话、座谈、走访、联谊会等方式，把公职人员的意见反馈给有关部门或领导层。通过以上双向信息交流，实现组织内部的信息共享，使公职人员能充分了解政府机构的情况，并有他们充分表达意见的机会，他们才能积极参与政府的活动，全力支持政府的工作。

3. 创造良好的人际关系环境，使公职人员在公平竞争的群体气氛中愉快工作

政府机构内的人际关系环境，是公职人员对工作环境、组织结构、领导作风和团结

协作程度等因素的体验感受、思想情绪、行为反应和关系状态的总和。人们都愿意在信任、友谊、团结、合作、安全的人际关系中工作，而不希望处在猜疑甚至充满敌意的氛围之中。公共关系部门要协助政府领导者培养和造就和谐、互助、公正和公平竞争的人际关系环境，促使公职人员产生积极的思想感情和行为方式，从而增强对政府的向心力，提高政府的内聚力和工作效率。

4. 协调好团体价值和个体价值之间的矛盾，满足公职人员的正当需求

从政府公共关系工作的目标来说，它追求的首先是团体价值，塑造政府良好的组织形象，提高政府组织的知名度和美誉度，更好地实现全心全意为人民服务的根本宗旨。现代行政管理的理论和实践证明，政府公职人员是多元性需求的复杂的社会人，政府机构只有满足他们各种合理的、正当的需求，才能不断调动其积极性和创造性。因此，政府公共关系部门应及时了解公职人员的工作和思想状况以及各种需求，协助领导层改善工作环境，做出具体的工作布置，如怎样进行宣传沟通，能够向领导层提出哪些切实可行的建议，协助领导层如何解决什么问题。及时敦请领导层重视满足公职人员的物质利益要求，力求在条件允许的情况下合理公正地解决福利待遇问题，如不能满足这些需求，公共关系机构可代表政府领导层如实地向公职人员说明情况，以求得谅解与合作，使其需求的期望值能保持在现实条件的水平上。还应注意公职人员的精神需求，如名誉、地位、劳动价值的认可等，引导他们在工作中寻求生活的意义和乐趣，通过在工作中获得尊重、信任，来满足他们的精神需求，保持心理平衡。

5. 发扬民主，坚持走群众路线

"从群众中来，到群众中去"是我们党和政府开展工作的一贯方针和路线。行政管理的实践证明，要使公职人员对政府形成向心力，充分发挥创造才能，为实现政府的目标而团结奋斗，最有效的方法就是坚持走群众路线，即在政府各项管理工作中坚持"从群众中来，到群众中去"。在工作指导上，坚持领导骨干与广大群众相结合，一般号召与个别指导相结合，充分发挥民主，建立和完善公职人员合理化建议制度。这样，既有利于充分开发利用公职人员的创造力和潜能，提高行政效益，又能够满足公职人员参与管理的欲望，使他们的人生价值在实现组织目标的过程中得以实现，更重要的是会促进政府机构内部的科学、民主、团结、务实、创新等良好政风的形成。

（二）政府上下级关系

现代管理学认为，上下级之间的关系既是领导与被领导的关系，又是合作、互助、平等的关系。认识处理好上下级关系的重要性，遵循科学的原则与方法，建立健康、密切的上下级关系，是政府公共关系部门和公共关系人员要协助领导层认真做好的一项重要工作。美国管理学家德鲁克称协调与上级的关系为"管理自己的上司"。对上司进行管理，虽提法新颖，但这种"管理"确实存在。作为下级，协调好与上级的关系，对于工作任务的完成、个人的成长和身心健康都具有重要意义。在政府组织中，如何处理好上下级的关系是一门高深的学问和艺术，需要把握一定的原则和技巧。

1. 党性原则

党性原则，即党和人民的利益高于一切的原则。刘少奇同志在《论共产党员的修养》中对党性原则的基本内容作了精辟的论述。他说："一个共产党员，在任何时候、任何问题上，都应当首先想到党的整体利益，都要把党的利益摆在前面，把个人问题、个人利益摆在服从的地位。"党性原则是处理与上级的关系的最基本原则。我们的各级领导是人民群众根本利益的忠实代表，根本宗旨就是为人民服务，这就决定了在处理与上级的关系过程中，必须始终坚持党性原则。

在处理上下级的关系时，如何坚持党性原则呢？首先，要明确处理上下级关系的目的性。维护党和人民的根本利益，全心全意为人民服务，一切为了工作和事业，这才是处理上下级关系的出发点和归宿。不端正这一思想，要正确处理上下级的关系是不可能的。其次，要认清坚持党性原则的必要性。在处理上下级关系的问题上，虽然绝大多数人坚持了党性原则，但也存在着腐败现象和不正之风。例如，有些人把上下级的关系变成了人身依附关系、宗法等级关系、商品交换关系、相互利用关系、结派营私关系等。因此，不论作为上级还是下级都必须保持清醒的头脑，坚决反对这种腐败现象和不正之风，充分认识坚持党性原则的必要性。再次，要有敢于坚持党性原则的勇气。上级手中握有权力，往往在一定程度上左右着下级的命运。因此，下级同腐败现象和不正之风作斗争，抵制上级违背党性原则的行为，往往需要勇气和胆量。反过来，上级对于下级应加强监督，对于下级的违法乱纪、腐败行为，要秉公办事，不徇私情，不拿原则做交易，发扬大无畏的精神，不怕承担风险。

2. 诚实、勤奋的原则

诚实守信是做人的基本道德要求，是上下级相互尊重和信赖的前提。和谐的上下级关系首先建立在诚实互信基础之上。此外，上下级双方在工作上还应都是一个勤奋的主体。下级负责的工作是上级领导的全面工作的组成部分，上级总是希望下级把分管的工作做好。下级把分管的工作做好了，就是对上级最大的支持。因此，下级要和上级处好关系，还要有强烈的事业心和责任感，工作勤奋务实，能开拓工作的新局面，政绩显著。这一方面会得到群众的好评，在群众中树立起威信；另一方面也会得到上级的认可、信任和重用。作为上级，工作中更应当以身作则，身先士卒，发挥领导干部的模范带头作用。只有这样的上级才会得到下级的尊重和敬佩，受到群众的拥戴和支持。

（三）政府同级部门之间的关系

同级职能部门之间是一种没有行政隶属关系的平行关系。这种平行关系既相互协作、相互制约，又在管理业务上各自独立地发挥其职能作用。它们在具体的管理活动中可能经常发生某种矛盾或不协调现象。处理好各平行职能部门之间的关系，是政府内部公共关系的一项重要任务，最关键的要做到三点。

1. 要有强烈的集体观念

各职能部门具有强烈的集体观念，是协调好同级部门关系的前提条件。这种集体观念主要表现在三个方面：首先，要有共同的使命感。各职能部门必须认识到自己所肩负的工作是完成集体共同目标不可缺少的组成部分，各职能部门都能完成自己的工作任务，才能保证集体目标的实现。其次，要有集体荣誉感。每个职能部门只有具有集体荣誉感，才能使自己的管理行为自觉服从集体目标的实际，把自己置于集体行为的制约之下，把自己与所在集体的命运联系在一起，才能增强对集体的责任感和义务感，自觉地同其他职能部门团结协作，为整个集体增添光彩。再次，要有相互的认同感。各职能部门必须在集体的一些重大问题和原则问题上保持共同的认识或评价。有了思想认识上的相互认同，才能有工作上的步调一致。这种认同感是建立在相互之间尊重信任和以诚相待基础之上的。惟我独尊，夜郎自大，部门之间思想上的认同难以实现，要协调好关系也难以办到。

2. 要加强彼此间的沟通

沟通是传递信息、增进了解的基本途径。同级各职能部门之间平时多利用正式场合和非正式场合加强沟通、交往，密切关系，建立感情，保持良好的正常交往关系，有利于政府组织的正常运转和总体工作目标的实现。同级职能部门之间的沟通，主要包括两个方面：一是工作目标上的沟通。各职能部门是在群体目标的指导下制定自己部门的具体工作目标。各职能部门之间，在目标的确立上，要相互关注和理解；在目标的实施上，要相互支持和促进；在目标的冲突上，要相互调整和适应；在目标的成功上，要相互庆贺和鼓励。各职能部门目标明确，互识、互助，才能协调动作，共同为实现群体目标而努力奋斗。二是思想感情上的沟通。建立融洽的感情关系，对协调各职能部门的关系至关重要。协调关系说到底是个感情关系，就是说最终是以感情为纽带把人们联结在一起。很难设想，没有任何感情上的交流，各部门之间能够做到在工作上以积极的态度相互支持与合作。因此，各部门领导之间、工作人员之间要提倡相互交友，增进友谊，加强感情投资，共同创造和谐共事的环境。

3. 要处理好小家与大家、部分与整体的关系

同级各职能部门除了共同的整体利益以外，还有各自的部门利益。因此，处理好小家与大家的利益关系，直接关系到同级职能部门良好关系的实现。一般来说，由于大家的总体目标一致，因此同级各职能部门的利益也是一致的。但是，由于部门利益具有相对独立性，这就会发生部门之间的利益冲突。在部门利益发生冲突时，我们提倡各职能部门应在保障整体利益的前提下，进行"换位"思考来协调矛盾，尽量实现"双赢"，切忌"损人利己"的功利主义思想。

三、政府内部公共关系的特征

要进一步理解政府内部公共关系，还必须了解它的本质特征，只有这样，才能更好地认识开展政府内部公共关系的必要性，更有效地组织开展政府内部公共关系。政府内部公共关系有以下特征：

（1）从行政组织系统特点来看，政府内部公共关系既有一般内部公共关系的特征，又有某些外部公共关系的特征。

政府组织系统是一个庞大的系统，对整个社会而言，政府系统本身是一个单位，是一个利益一致、目标相同的单位，由于政府系统十分庞大，为了对全社会进行有效管理，必须划分为条条和块块，这些条条和块块又形成一个个独立的单位，它们之间由于管辖的地方不同，管理的对象不同，又形成一个个互不相干的单位。面对整个社会，政府系统的利益是一致的，而政府的各个具体单位之间，则常常会发生各种各样的利益冲突。例如，地方政府之间对各自管辖地域边界的争执、部门之间为某项职权的争执等，这类似于政府与外部单位的关系，因此在这些政府机构之间开展公共关系，也总是带有某些外部公共关系的特点，需要互惠互利的沟通原则等。

在我国，还有更为特殊的情况。本来，政府与企业的公共关系属外部公共关系，世界上大多数国家的政府机构对企业行使行政管理，但不拥有这些企业。在我国，许多政府部门不仅是企业的管理者，还是企业的所有者，我国的国家所有，往往表现为部门所有。因此，政府一方面管理企业，另一方面也组织企业的生产和经营，这种状况，在目前的改革中正在逐步改变，但彻底改变尚需时日。政府各单位之间的内部一致性更不易达到，这不仅给行政管理增加了难度，也使得政府内部公共关系更具有一般公共关系的色彩。这是在开展政府内部公共关系时所必须掌握的。

（2）从行政手段和公共关系手段的关系来看，一方面，任何行政手段都显示出公共关系的特征；另一方面，公共关系手段越来越成为行政管理的重要手段之一，它们相互影响，相互作用。

（3）从政府内部公共关系的组织与公众来看，公共关系学意义上的组织和公众的界限不明显，组织既是公共关系主体，又是公共关系客体，是公众。同时，政府内部公共关系具有全员公共关系的性质。

政府系统每一个组织之间，公共关系活动是相互的。不仅上级对下级要开展公共关系，下级对上级也要开展公共关系；部门与部门之间，不同级别的政府之间也要开展公共关系。这一点，不像企业公共关系，外界永远是公众，即使是企业内部，一般都是企业管理者向职工开展公共关系。也不像政府的外部公共关系，主体永远是政府机关自身。

政府内部公共关系还表现出全员性质。政府系统内部的公共关系活动往往与行政业务活动紧密相连，每个执行公务的公务员都或多或少地要进行公共关系活动。这一点与企业的一些职工不同，企业一些岗位职工只要做好自己的事就行了，许多工作上的事不涉及他人，也不必与他人打交道。行政活动的开展往往涉及许多人和单位，即使是一个具体岗位，也很少是只涉及一个人的，每个公务员要把自己的工作搞好，必须注意与他人合作，这就需要具备一定的公共关系知识和能力，需要树立自己各方面的形象，这样才能更好地完成自己的工作任务。

四、开展政府内部公共关系的必要性

公共关系在我国还是一项新的事业,目前主要在企业中发展较快,在政府系统,虽然实际工作中有应用,但还处于自发阶段。开展政府外部公共关系,以求得政府行为与社会环境的一致,其必要性尚能为人们所理解,对政府内部公共关系,则有许多人不以为然。政府系统内部的事,完全可以运用行政手段来处理解决,似乎没有必要借助于公共关系,这种看法是片面的。开展政府内部公共关系,对于更好地实现政府意志,提高政府工作效率,树立政府在公众中的良好形象,都有积极的意义。

(1) 有助于更好地实现政府意志。目前,我国正处于改革开放时期,许多旧的、与形势不相适应的体制正在被打破,新的机制有的已经建立,有的正在建立,有的还需要逐步完善。无论是搞经济建设还是搞改革开放,总会涉及利益的调整,由于行政手段从本质上说是刚性的、强制性的,对一些涉及面大的措施,一下子实施就可能出现副作用。一项重大行政措施的推行,行政系统自身首先必须理解、认识和行动一致。因此,围绕一些重大措施的出台,开展内部公共关系,使政府系统之间上下沟通、协调一致,是十分必要的。例如1991—1993年,国家对粮食从统销价格的调整到整个放开,在此过程中,都事先对各级政府和有关部门进行了宣传解释,待国家行政机关等部门思想统一了,再向社会公布,使得这项工作有条不紊地进行,这可以说是运用内部公共关系十分成功的例子。

(2) 有助于提高行政工作效率。政府系统的工作效率如何,很大程度上取决于政府内部的协调一致以及政府工作人员对每一项工作的理解和支持程度。目前,由于种种原因,我国一些政府机构之间互相扯皮的现象还比较严重,有些事长期议而不决,决而不行。这除了要在转变作风上下工夫外,在行政管理上,也应当采取多种办法。积极开展内部公共关系,及时进行沟通和协调,可以使政府系统的上下级之间、部门之间关系融洽,人与人之间团结互助,从而提高工作效率。此外,工作效率与人的积极性关系极大,通过开展公共关系,增强每个政府工作人员对工作的支持程度,将有利于发挥每个人的主观能动性,加快工作节奏,减少消极因素和摩擦,最终使工作效率得到提高。

(3) 有助于树立政府机关威信。政府行政行为是严肃的、具有法定效力的行为。采取行政行为,应当建立在符合实际、可操作性的基础上。在决策时,除了要做深入细致的调查研究、充分发扬民主外,还需要切实了解下级机关和其他机关的情况,他们对某项行政行为的态度,执行中有何难处,以及应当为下级或其他执行机关创造什么条件等。开展政府内部公共关系,不仅可以减少决策的失误,而且有助于随时解决执行中出现的问题,确保某项行政行为的落实。这对于维护决策的严肃性、树立政府的权威是大有帮助的。

第二节 政府内部公共关系的沟通

政府组织的内部沟通，是内部公共关系活动的重要内容。所谓政府内部沟通，就是在政府体系中通过传递信息而影响他人的思想和行为发生变化的过程。知识经济的到来，使得信息在社会交往中的地位得到空前提高。而信息的传输、获取都离不开沟通。在当代，政府效能的高低很大程度上取决于其有效信息的处理能力。因此，加强政府内部的协调沟通，是政府公共关系工作的重要一环。

一、政府内部公共关系的沟通目标

1. 造就政府公务人员的价值观念

现代组织行为学理论认为，组织成功应具备七个基本要素，即"7S"：组织结构（structure）、经营战略（strategy）、组织系统（system）、组织班子（staff）、组织作风（style）、实务技能（skills）与成员共有的价值观念（sharedvalue）。其中，成员共有的价值观念是"7S"中的核心要素，它是组织成功的法宝，也是内部公共关系工作的一个主要目标。在组织内部开展公共关系活动时，一个首要任务是造就和培养一个共同的成员价值观念，以达到团结广大内部成员，使内部公众协调一致的目的。

在政府内部公共关系工作中，培养公务人员的价值观念对于政府组织形象的塑造和政府工作具有重要作用。首先，它赋予内部公众的日常工作以崇高的意义。人们总是希望在自己的业务岗位上建立个人与社会组织的认同关系，获得归属感和荣誉感，并且希望在特定的工作环境中以自己的才干实绩赢得他人和社会的承认与尊重。因此，在政府公共关系活动中正确地揭示每个员工的工作价值，把他们的日常工作与高层次的价值目标联系起来，能够使广大公务人员超脱低层次的狭隘眼界，获得精神动力，团结一致为共同的目标和任务而精诚合作。价值观念为广大公务人员提供了日常行动的指南。随着人类文明的进步，人们对政府要求也日益提高，这就要求政府各级公务人员都要有一个积极进取、团结协作的价值观念，并以此作为自己日常言行的准则和规范，使政府部门从上到下都围绕着共同的价值准绳作"向心运动"，将政府全体内部公众在目标一致、利益一致的基础上紧密地结合为一个有机整体，自觉地调节局部利益和整体利益、眼前利益和长远利益之间的关系，保持政府公务人员思想言行的正确方向和组织运行发展的健康协调。

2. 协调和改善政府内部的人群关系

从内部公共关系的角度来看，政府内部是否运转正常，关键在于政府与个人目标是否一致，政府内部各类人群关系是否紧密融洽。如果政府能从实际出发，满足内部公众的各个层次的不同需要，那么，这个政府内部的人群关系必然是良好的。这样必定有助于政府提高工作效率，有助于政府实现既定的目标和任务。政府的公共关系部门有责任通过内部公共关系活动，使广大公务人员形成和获得方向感、信任感、成就感、温暖感、舒适感，从而不断改善政府内部的人群关系。

3. 培养政府内部的家庭式氛围

政府内部的公共关系工作，除了完成既定的各项目标和任务外，还要对政府内部公务人员给予积极关心与照顾，使他们感到置身于政府组织之中犹如置身于自己的家庭之中。每个公务人员都有经济的、心理的、精神的不同层次的需求，只有公务人员的各种需求在政府内部得到基本满足，才能促使他们努力工作，更好地服务人民。每位政府公务人员不仅希望自己从事的工作富有价值和意义，而且希望自己能生活在一个充满人情味和温馨感的"大家庭"里，只有在融洽的家庭式氛围中，公务人员在日常工作中碰到的焦虑和压力才能得到缓解、消除，同时这种家庭式的感情需求的满足，必然促使广大公务人员形成强大的工作动力和为事业献身的奋斗精神，为社会做出更大的贡献。

二、政府内部公共关系的沟通形式

政府内部公共关系的沟通工作，包括有关组织运行情况的信息沟通，以及有关组织内部员工状况的信息沟通。目的在于协调各类内部公众关系，增加政府组织的内聚力和外引力。政府内部公共关系的沟通形式多种多样，主要有以下几种。

（一）正式沟通与非正式沟通

正式沟通是指在政府系统内，依据一定的组织层次所进行的信息传递与交流活动，它是按照政府明文规定的渠道进行的信息沟通。组织内部规定的汇报制度，定期或不定期的会议制度，上级的指示命令按政府系统逐级向下传达，下级的情况逐级向上级领导反映等，都属于正式的沟通方式。

正式沟通的优点是：沟通效果比较好，比较严肃，约束力强，易于保密，可以使内部公共关系工作保持权威性。重要的信息和文件的传达、政府的决策一般都采用正式的沟通渠道。其缺点是：各层次层层传递，显得刻板而缺乏灵活性，沟通的速度比较慢。

非正式沟通是在正式沟通渠道以外进行的信息传递和交流，它不受政府监督，自由选择沟通渠道。例如，政府职员私下交换意见，朋友聚会议论某人某事以及传播小道消息等，都属于非正式沟通。内部公共关系必须重视研究非正式的沟通活动，因为政府内部公务人员的真实思想和动机往往是在非正式的沟通中表露出来的。同正式沟通相比，非正式沟通往往能灵活迅速地适应政府组织内部信息传播，省略许多繁琐的程序，并且能提供大量的通过正式沟通渠道难以获得的信息，更全面更准确更真实地反映职员的思想、态度和动机，为政府管理和公共关系决策提供可靠的依据。

非正式沟通的优点是：沟通方便，直接明了，信息沟通速度快，容易及时了解到一些来自内部公众的"内幕新闻"。其缺点是：非正式沟通渠道难以控制，传递的信息内容容易扭曲失真，传播一些小道消息和流言飞语，可能导致小集团、小圈子，形成"小帮派"，影响政府内部人心的稳定和政府的凝聚力。

(二)单向沟通和双向沟通

单向沟通指的是信息发送者以命令方式面向受众,一方只发送信息,另一方只接受信息,双方无论在语言上还是在情感上都不需要信息反馈。如发指示、下命令、作报告等都属于单向的信息沟通。双向沟通指的是信息的发送者以协商和讨论的姿态面对公众。信息发送后还需要及时听取反馈意见,必要时发送者与接受者还要进行多次重复商议交流,直到双方共同明确和基本满意为止。比如,与群众谈心、召开座谈会、听取情况汇报、协议双方谈判等都属于双向沟通。单向沟通与双向沟通各有利弊,具体表现在:

第一,单向沟通主要是上级发指令、下级执行,因此,在解决一般问题或处理紧急情况时,它比双向沟通快捷、迅速。因为双向沟通要听取反馈意见,有时可能接受公众质询和挑剔,因此传递信息的速度较慢。

第二,单向沟通在传播信息时,发送者和接受者之间没有讨论的余地,上级下达指示命令,下级无论理解还是不理解都必须执行。所以,单向沟通得到的信息往往不那么准确,把握性不大;而双向沟通在接受者和发送者之间有反馈机会,可以重复讨论、多次商议,易于准确把握信息。

第三,单向沟通比较严肃呆板,往往是一个人或少数人说了算,因此,当接受者不愿意听取意见时,易于产生抗拒对立情绪;而双向沟通则比较灵活自由,接受者有表达自己观点、建议的机会,产生平等感和参与感,增强自信心和责任心,而且有利于双方互相理解,形成融洽的人际交往关系。

第四,对信息的传递者来说,双向沟通的压力比单向沟通要大,这是因为双向沟通不仅要在发送信息前做好多方面的准备工作,而且要解答受众提出的各种问题。

在政府内部的公共关系活动中,究竟采取何种沟通方式为好,应当因人因事因时因场合而异。为了使工作快速和维持组织正常的秩序,宜用单向沟通;例行公事的指示命令的传达,可用单向沟通。如果要求工作踏实有效,重视组织成员的人际关系,宜用双向沟通;处理重大的、复杂的或陌生的问题,宜用双向沟通。总的说来,内部公共关系工作要十分重视双向的信息传递和沟通。实践证明,要达成双向沟通并不是一件容易的事情。一方面要缩小内部公众之间的心理上的差距,特别是内部组织上下级之间的交往,往往会出现心理差距,下级不敢畅所欲言;另一方面,对不同意见的容忍程度也是影响双向沟通效果的一个因素。

(三)横向沟通与纵向沟通

在政府内部公共关系活动中,横向沟通又叫平行沟通,它指的是在政府系统中层次相当的个人或团体之间所进行的信息传递和交流。政府机构内部的横向沟通可分为三种形式:一是政府决策层或者高层管理人员之间的信息沟通;二是政府组织内中层各部门、各团体之间的信息沟通;三是一般公务人员在工作上思想上的相互沟通。横向沟通具有很多优点,它可以使政府内各部门、各团体之间互相了解,克服本位主义倾向,培养政府公务人员的整体观念和团结协作精神；其缺点是沟通头绪过多，易于造成信息散乱和疏漏，有时公务人员个体之间的横向沟通也可能成为发牢骚、讲怪话的途径，造成涣散士气的消极影响。

政府组织内部的纵向信息沟通可分为下行沟通和上行沟通。下行沟通是指管理者对政府工作人员所进行的自上而下的信息沟通。如将政府工作目标、计划方案、政策措施传达给基层群众，发布组织新闻消息，对组织面临的一些具体问题提出处理意见等。下行沟通的优点是：可以使下级部门和集体成员及时了解政府组织工作目标和领导意图，增强政府工作人员的向心力和归属感，它可以协调政府组织内部各个层次的活动，加强组织纪律。下行沟通的缺点是：如果管理决策层使用下行渠道过多，会在下属中造成高高在上、脱离群众、独裁专横的形象，使下属产生消极对抗情绪。此外，由于来自组织最高决策层的信息需要经过层层传递，容易被延误时间。

上行沟通主要是指政府组织集体成员和基层公众通过一定的渠道与管理决策层所进行的自下而上的信息交流。它有两种表现形式：一是层层传递，即依据一定的组织原则和组织程序逐级向上级反映，如政府部门的一般工作汇报；二是越级反映，它指的是减少中间层次，让最高决策者和领导者与一般工作人员直接对话，如中央领导人到某县进行工作调研。上行沟通的优点是：领导者便于全面及时了解政府组织近况和广大工作人员的思想动态，基层工作人员可以直接向上级反映意见，提出建议，从而使上下级之间密切彼此的关系，提高政府组织的凝聚力和美誉度。上行沟通的缺点是：因级别不同造成双方沟通上的隔阂感和心理上的距离感，还有的人因害怕"穿小鞋"、"遭报复"而不愿意如实反映情况，某些信息在自下而上的层层过滤中也可能会出现失真现象。

三、政府内部公共关系障碍及消除对策

政府内部公共关系活动，实质上是政府组织内部的信息沟通过程。进行卓有成效的信息沟通并非易事，要受到许多因素的阻碍和干扰。主要表现在以下几方面。

（一）政府内部公共关系的沟通中的主观障碍

（1）公众个性因素所引起的障碍。在组织内部的信息沟通中，政府公众个人的性格、气质、态度、情绪、兴趣等的差别，都可能引起信息沟通障碍。

（2）知识经验水平的差距导致的障碍。以信息沟通中最常见的口头语言和书面语言为例，由于公众的语言修养不同，表达能力有差别，对同一思想、事物，有的表达清楚，有的表达模糊，有的人听了马上理解了，有的人听来听去还是理解不了，有的听了做这样的解释，有人听了却做那样的解释，因而产生语义上的障碍。

（3）知觉选择偏差所造成的障碍。公众在接收或转述一个信息时，符合自己需要的又与自己切身利益有关的内容很容易听进去，而对自己不利的可能损害自己利益的则不容易听进去等。

（4）公众个体的记忆因素造成的障碍。有关研究表明，记忆不佳所造成的损失十

分严重。在进行口头沟通时，每传递一次大概要损失 30%。对信息的接受者来说，员工只能记住他所接收信息的 50%，领导者只能记住他所接收信息的 60%。

（二）政府内部公共关系沟通中的客观障碍

（1）距离感所造成的障碍。距离感对信息沟通传递及其效果有很大影响。一般来说，信息的发送者和接收者进行面对面的交流有利于把复杂问题搞清楚，提高工作效率。如果沟通双方距离太远，接触机会较少，只能借助于通讯设施和书面媒介来传递信息，那就有可能造成沟通障碍。此外，由于沟通双方社会背景等的差异而形成的距离感也会影响政府组织内部的信息沟通和传递。

（2）政府组织机构所造成的障碍。合理的政府组织机构有利于信息沟通。如果组织机构过于庞大，中间层次太多太杂，那么不仅容易使信息传递漏损失真，而且还会浪费时间，影响信息传递的及时性和公共关系的效率。

（3）外界环境因素的影响所造成的障碍。外界的干扰过多过大，超过了信息沟通的信号强度，如噪音等干扰过强，就会使信息沟通难以进行。

（三）政府内部公共关系沟通方式的障碍

（1）语言沟通方式所造成的障碍。语言是政府内部公共关系沟通的一种基本工具，但是语言使用不当会带来沟通上的障碍，措辞不当，丢字少句，空话连篇，词汇贫乏，句子结构别扭，使用方言土语等都会造成信息沟通的障碍。

（2）沟通渠道选择不当造成的障碍。政府内部公共关系的种种沟通渠道，都有各自的优缺点，不顾本政府部门的实际情况和公共关系工作的具体要求，随意选择沟通方式和网络，势必造成信息沟通的障碍。

（3）信息沟通中冗量过大造成的障碍。在与内部公众进行信息交流时，无休止的套话和空话是引起信息冗量过大的直接原因。

总之，在政府内部公共关系工作中存在信息沟通，也就必然存在沟通障碍。政府公共关系人员的任务在于正视这些障碍，找出其形成的根源，并且采取相应的措施来清除这些沟通障碍，创建政府组织内部良好的公共关系。

首先，创造最佳的政府组织沟通气氛。在政府内部公共关系活动中，组织领导者要作风民主，平易近人，善于倾听不同意见，鼓励下级成员大胆提出批评和建议，这样可以消除沟通双方的紧张和拘束，形成轻松、愉快、和谐的沟通环境氛围。创造良好的沟通氛围是改善政府组织内部沟通、有效开展政府内部公共关系活动的重要一环。

其次，做出主动沟通的姿态。政府公共关系人员在工作中应主动地创造交往沟通机会，乐于同各部门和基层成员进行多方接触，增加内部公众对自己的信任。

再次，遵循内部公共关系"沟通十戒"。欧美公共关系界总结实践经验，提出了改善组织沟通的十项建议，其主要内容是：①沟通前做好准备，预备可能发生的事件及其应变措施；②认真考虑本次沟通的真正目的，选择适当的沟通语言和沟通方式；③全面省察沟通的环境和氛围因素；④沟通的信息内容准确客观；⑤善于利用最有利的沟通时间；⑥重视沟通中的体态语言；⑦信息沟通发送者的言行一致，讲究信用；⑧克服不良的聆听习惯，学会做一个好听众；⑨重视沟通中信息接收者的反馈；⑩在正确运用语言文字时，酌情使用图表、数据和实物资料以说服对方。

最后，在政府内部公共关系的沟通协调过程中，做到信息收集制度化、信息表述标准化、信息传递规范化、信息内容系统化、信息储存档案化。在政府内部公共关系工作中，建立科学化、规范化的信息管理系统，是有效清除政府组织内部信息沟通障碍的制度保证和根本对策。

第三节　政府行政文化

行政文化是当代"行政管理之魂"，是社会主义先进文化建设的有机组成部分。行政文化对规范行政组织，教育、引导广大行政人员树立正确的世界观和价值观起着重要的作用，它深刻影响和制约着政府行政管理和政府工作人员的日常行为。政府行政文化建设是政府公共关系工作的重要内容，政府行政文化是塑造政府形象的重要组成部分。

一、行政文化的界定

文化是人类活动的方式，是随着人类的产生而形成的，即通过人类的活动对自然界进行开发和利用所取得的意识成果。文化是一种现象、一种存在、一组学科。对于文化的理解，不同的国家、民族有着不同的理解和界定。

英国的一种经典定义是：文化是一个复杂的总体，包括知识、信仰、艺术、法律、道德、风俗，以及人类所获得的才能和习惯。

美国的一种定义是：文化是群体的行为模式和生活方式，是一切人群可观察的特色。

印度的一种定义是：文化是决定社会成员的价值观、满意感、信仰、期望的环境影响的总和。

日本的一种定义是：文化是文明开化，泛指人类生活的一切内容。

中国近代的一些定义认为：文化乃是"人类生活的样法"（梁漱溟语。他把人类生活的样法分为精神生活、物质生活和社会生活三大类）；文化是人生发展的状况（蔡元培语）。

学科不同，角度不同，对文化的理解、把握、透视便不同，但是有一点基本上是一致的，那就是文化渗透于社会的方方面面，几乎包罗万象，文化囊括了人类的全部财富和创造力。文化，作为各种层次的文化共同体的共同信仰、共同追求、共同创造、共同规范，具有强大的心理激发力、精神感召力、情感平衡力、能量诱放力……所有这一切汇成了巨大的精神魅力，维系、主导、激励着所有层次的文化共同体，成为他们的引力中心、凝聚体系和动力源泉，成为它们的旗帜和指南。在政治领域中，社会文化表现为行政文化。

所谓行政文化，是指在一定的政治、经济、文化环境中形成的，关于行政活动的行政意识观、行政价值观和行政心理倾向的总和。可以从三个方面来理解行政文化。

第一，行政文化是社会文化在政府行政活动中表现出来的一种特殊的文化形式，它与政府行政活动有着直接关系。和社会文化一样，行政文化也是一种复合的整体，其中包括人们对行政体系的态度、感情、信仰、价值观以及人们所遵循的行政习惯和传统习性等。具体讲，这个复合的整体包括行政意识、行政观念、行政理想、行政思想、行政道德、行政心理、行政原则、行政传统、行政习惯等。

第二，行政文化是在社会文化基础上、在行政人员的具体行政活动中形成的。因此，行政文化受到社会文化和行政活动这两方面的影响和制约。人是行政活动的主体，也是社会生活的主体。社会成员一旦进入行政活动领域后，不可避免地带进了社会文化中各种各样积极的和消极的因素，并在具体的行政活动中，在一定的行政活动范围内，形成特定的行政文化。因此，行政文化作为社会文化的一种表现形式，是通过行政主体之间的相互行为和相互关系表现出来的。一般来说，不同的社会文化培育出不同的行政体系，在不同的行政体系的活动中，形成不同的行政文化。封建社会的社会文化带有很浓厚的封建专制色彩，在这样的文化环境中建立起来的行政体系就不免带有这个文化的烙印，集权就成了这一体系的特征。这种集权体系下形成的行政文化与西方社会那种分权体系下所形成的行政文化便有了明显的差别。行政文化虽然受到行政体系和行政活动的很大影响和制约，但行政文化也有反作用的力量，它往往在很大程度上全方位、全过程地影响行政活动。这种反作用既可能有积极的推动作用，也可能有消极的阻碍作用。

第三，良好的社会文化环境是形成良好行政文化的条件。要形成一个良好的行政文化，除了必须重视科学的行政活动原理和规则，重视和利用先进的行政活动手段外，还要有一个良好的社会文化环境。因为社会文化环境是培养社会成员的重要因素，它对社会成员的素质起着直接的决定作用；而社会成员素质的好坏也直接影响整个社会行政活动的优劣。因此，社会文化环境每时每刻都通过进入行政活动领域的行政人员，对行政的各方面产生制约和影响。所以说，良好的社会文化环境是形成良好的行政文化的条件。而由于人们的观念、观点和概念，即人们的意识，随着人们的生活条件、人们的社会关系、人们的社会存在的改变而改变……所以，建立良好的社会文化环境，并从中培育出良好的行政文化，关键在于社会生产力的发展，在于社会的物质文明与精神文明的全面提高。

二、行政文化的内容

行政文化包括行政信念、行政价值、行政道德、行政意识、行政理想、行政传统、行政原则等内容。

行政信念是指人们对行政系统中的行政组织和行政活动的信念，这种信念对确立行政行为的原则和标准起着重要作用，也即是行政机构主体所达到的预期目的与期望；行政信念是一个行政组织进行有效行政、完成行政任务的巨大内在动力。

行政价值是指人们对行政事务、行政现象的评价和看法。行政主体对行政事务的看法和评价，决定了行政行为的心理基础，会影响行政主体的具体行为，从而影响整个行政组织的行政行为，进而会影响行政行为的有效性。

行政道德是行政人员在行政活动中应遵循的调节管理主体与客体，以及管理主体之间的关系的道德准则和规范。行政道德主体在行政主体的修养和具体行为中，体现在行政人员在行政活动中对一些基本道德范畴，如义务、荣誉、责任、职业等的认识、态度和观念中。通过个人信念、社会舆论和职业道德等形式对行政人员的行政行为产生影响，在不同社会、政治体系内部行政道德的内容和形式有所不同。

行政意识是行政主体对行政体系、行政活动、行政关系在主观上的反映。它包括感觉、知觉、表象等感性认识和概念，判断推理等理性的反映形式；从行政活动过程来讲，行政意识体现在行政主体的认知取向、情感取向、评价取向三个方面。

行政理想是指行政人员对行政组织的发展和行政活动所要达到的较高期望的理想，是一个行政组织的根本性的长远的期望。行政理想与行政目标不同。行政目标是比较具体的，带有特殊性的。行政理想相对来说比较抽象，并具有长远性和普遍性。例如，要实现领导干部队伍的革命化、年轻化、知识化、专业化，就是一种行政理想。再如，实现政府决策的民主化和科学化，也是一个行政理想。

行政传统是行政活动中历史沿袭下来的道德观念、习惯、制度、规则等，它是特定行政体系在行政活动中积累而成的稳定的规范因素，体现在行政人员的思维方式、行为方式等方面。行政传统一旦形成，就成为行政活动的支柱，具有一定的权威性和独立性，在不同时代、不同的政治体系中发挥着不同的作用。

行政原则是指人们在行政活动中所要遵循的方法和准则，它是人们在行政活动中总结出的行之有效的普遍性规律。

三、行政文化的类型

一般认为，自国家产生以后，国家的行政职能包括：阶级统治、社会管理、社会服务等部分。但每个组成部分是相互联系的，在行政职能中的地位处于一种不断变化的过程之中。根据不同部分在行政职能中所处的主要作用不同，可以将行政职能分为以阶级统治为主、以社会管理为主、以社会服务为主三个阶段。相应的，行政文化从产生到现在，表现为三种类型：一是统治型行政文化；二是管理型行政文化；三是服务型行政文化。在资本主义社会以前的国家，统治型行政文化占主导地位；在社会主义国家行政文化的主要功能是为管理社会、服务社会提供理论依据。

统治型行政文化的主要特点：行政范围涉及整个社会的政治、经济、文化，包括私人的和公共的领域，统治者可以随心所欲地支配管辖范围内的一切，被统治者没有任何自主权利。在传统国家中,皇帝是国家的最高长官,各级首长是所属地区的长官。在层级制的行政序列中,自上而下拥有绝对的权力而无相应的义务,自下而上只有绝对的义务而无相应的权利。各级官员都具有双重人格,对下要求绝对服从,对上则绝对遵从和依附,其导致的后果是全社会普遍的明君清官期盼。统治型行政文化存在的基础主要为:一是自给自足小农经济;二是国家与社会的关系为社会从属于国家;三是政府与臣民的关系为臣民直接或间接从属于政府。各种因素相互影响,相互依存。

管理型行政文化的主要特点是对社会生活的管理。第一,行政权力表现为两种形式,一是强制性的权力。这是行政系统运行的基础和保证,但受到社会的制约。二是非强制性的权力。即通过说服、引导使之服从的能力。出于这种权力更容易被社会成员所接受,其作用亦日益受到重视,起作用的范围不断扩大。第二,行政范围虽然也包括整个社会,积极干预社会生活,实现社会的公平与效率,但其经济职能主要局限于公共领域,即干预和调节经济运行过程,以实现既定的社会经济活动目标,保障社会公共产品的供给。第三,行政的主要目的为:维持社会生活的基本秩序,保证人类社会的生存与发展;根据社会发展需要调整社会基本秩序,以克服社会内部的一般矛盾与冲突;推动和引导原有的生活秩序向一定的方向演变。总之,行政的根本目的是推动社会发展,提高人们生活质量;但出于受各种因素的影响,其实际结果不一定如此理想,有时甚至走向了反面。管理型行政文化之所以存在,主要是因为:计划经济离不开政府经济的干预,公民社会发育尚不成熟,社会生活也离不开政府的调节,权力高度集中的行政管理体系使政府对社会的无限制管理缺乏制约;政府与人民呈现人民支持政府,政府管理人民;传统行政文化思想影响深厚。

服务型行政文化是政府对经济和社会的直接干预受到限制,行政职能开始从管理向服务转变。服务型行政文化的主要标志是:行政主要是为满足社会需要,便利公众生活,促进社会健康发展而存在的一支力量。它以公共利益代表者的面貌出现,积极服务于社会、服务于公众。它的运行方式、作用范围必须取得社会公众的认同,否则就将失去其存在的理由。行政所要维护或造就的秩序或结构并非由外部所强加,而是由相互发生作用的各种社会力量或社会公众经协商而达成的最可能的一致。服务型行政文化之所以存在主要是:生产力水平高度发达,市场经济充分完善,市场配置资源的基础作用充分发挥,可供分配的社会资源总量大幅增加;国家与社会、政府与公民的关系逐步发育成熟,国家从直接的经济和社会生活领域中退出,人民有能力进行自我管理,自我发展。

四、行政文化的功能

行政文化作为社会文化在政府行政活动实践领域的反映,同样具有一般文化的功能,行政文化具有导向、规范、凝聚、激励四大功能。

1. 导向功能

行政文化作为广大政府工作人员共同的价值观,必然对广大成员具有强烈的感召力。这种感召力能把政府工作人员引导到政府目标上来。同样，行政文化作为一种稳定的行政意识、行政价值、行政心理和行为道德规范，对机构设置的原则、职权划分的依据和规章制度的完善具有决定性的影响。

2. 规范功能

行政文化是无形的、非正式的、非强制性和不成文的行为准则，对政府工作人员有规范和约束作用，在一个特定的文化氛围中，人们由于合乎特定准则的行为受到承认和赞扬而获得心理上的平衡与满足。反之，则会产生失落感和挫折感。因此，作为政府组织的一员往往会自觉地服从那些根据集体成员根本利益而确定的行为准则，产生从众行为。这就是行政文化的规范（约束）功能。

3. 凝聚功能

美国学者凯兹·卡恩认为，在社会系统中，将个体凝聚起来的主要是一种心理力量，而非生物的力量。行政文化通过共同价值取向的倡导，可以有效地增加行政人员之间的共同语言，有效地沟通思想，交流感情，融洽关系，形成强大的聚合力量，同舟共济，使政府系统发挥巨大的整体优势。行政文化有助于政府系统产生强烈的归属感，增加政府系统的吸引力、影响力，从而使行政人员紧密团结在一起，为实现共同的目标、追求共同的理想而同心协力，开拓前进。行政文化还有助于政府领导的行政原则、观念同行政人员的行政原则、观念趋于一致，而当政府领导与行政人员的行政原则、观念基本一致时，政府系统的凝聚力也会相应增加。

4. 激励功能

所谓激励，是指通过外部刺激，使个体产生一种情绪高昂、发奋进取的效应。研究激励理论的学者发现，最主要的激励因素是被激励对象要觉得自己确实干得不错，至于用绝对标准去衡量他们是否真的干得不错，那倒无关紧要。在一个"人人受到重视、个个受到尊重"价值观指导下的文化氛围中，每个成员所做出的贡献，都会受到青睐，得到领导的赞赏和集体的褒奖。结果是，在这种环境中，任何一个心理健康的成员都会感到满意、受到鼓舞，同时为了进一步发挥个人的才能而瞄准下一个目标，并以旺盛的斗志开始新的行动，更好地服务社会。

五、行政文化的塑造

当前我国社会正处于转型时期，不同性质的行政文化并存，一方面行政文化是积极进行变革与调整，以适应社会发展的要求，呈现出与社会变革发展的适应性；另一方面旧的行政文化顽固存在，严重阻碍着行政体制的变革，又呈现出无序性和干扰性的特征。我国生产力水平低下，地区差别明显，以及渐进改革的特征等也在一定程度上导致了不同性质的行政文化的多元并存。其主要表现在守旧思想与创新精神并存，传统思想与现代精神并存，本土思想与外来精神并存；行政信念上存在全能政府观念，行政意识上存在行政人格化特征，行政传统上存在官僚主义和浮夸作风，行政习惯上存在形式主义风气。行政文化深深地影响和制约着政府行政体系及国家公务员行为的方方面面，是公共行政之魂。重视加强行政文化的塑造，不断提高公务员队伍的综合素质，树立政府的良好形象，才能使政府更好地履行公共行政管理的职能。

当代中国行政文化建设，必须借鉴古今中外行政文化的优秀成果，对当代行政实践中涌现出来的行政思想观念进行理性分析、筛选、整合，形成一套符合我国国情的、促进行政事业健康发展的先进行政文化。行政文化是一种历史积淀，不是一朝一夕之功，社会上发生的每一事件、政府的每一项举措都会在行政文化的发展过程中留下一点轨迹；行政文化是一个系统，是一个整体，自身有一套完整的结构，每种理论、每种观点都会从不同侧面给行政文化带来一定的影响。文化在本质上是"人化"，行政文化建设要坚持邓小平理论、"三个代表"重要思想，运用科学发展观，坚持以人为本观点，把新型行政理念、行政精神完整地向每个行政人员灌输，使所有行政人员都能理解到新型行政文化的精髓，并内化为自己的品质。

（一）树立科学的行政意识

科学的行政意识，就是要求公务员树立起强烈的服务意识，即全心全意为人民服务。这是由我国社会主义制度和政府的性质决定的。全心全意为人民服务，是社会主义国家公务员的根本宗旨，它是我国公务员与人民群众血肉联系的集中体现，它表明公务员来源于人民，授权于人民，又服务于人民，做人民的公仆，为人民谋利益。其基本要求是：

（1）充分认识人民是国家的主人，自己是人民公仆。自己手中的权力是人民给的，只能用来为人民服务，而不能利用职权谋取私利。

（2）把人民的利益放在首位，坚持以人为本，一切从人民群众的根本利益出发谋发展、促发展，不断满足人民群众日益增长的物质文化需要，切实保障人民群众的经济、政治和文化权益，让发展的成果惠及全体人民。要时时处处以人民的利益为重，个人的利益服从人民的利益。以对人民高度负责的精神，按照人民的意愿行事，为人民多办好事实事，"为官一任，造福一方"。

（3）党的路线、方针、政策、法规是人民根本利益的集中体现，公务员要在思想上、政治上与党中央高度保持一致，深刻理解和认真彻底地执行党的路线、方针、政策、法规，把对党中央和人民政府负责同对人民负责紧密结合起来。

（4）旗帜鲜明地同一切破坏社会稳定、危害人民利益的坏人坏事作坚决斗争。在临危关头敢于见义勇为、挺身而出，为保护人民群众的财产和生命安全、维护人民群众的利益而献身。

（二）发扬务实的行政精神

1997年12月22日江泽民同志在全国组织工作会议上的讲话中提倡领导干部"说实话，办实事，鼓实劲，讲实效，踏踏实实地工作，认认真真地做好每一件事情"。务实精神是一个政府和公务员最基本、最重要的行政精神，因为它是实事求是思想路线的集中体现,它贯穿于一切政务活动过程的始终。政府要发挥管理职能,公务员要做好行政管理工作,就必须发挥务实的行政精神。不论做什么工作,都要实事求是、脚踏实地,艰苦创业,奋力拼搏,开拓进取,深入实际,密切联系群众。认识、决定和解决问题,都要从实际出发,鼓实劲,干实事,抓落实,求实效。不讲大话、空话、假话,不搞急功近利的短期行为,不搞主观主义、官僚主义和形式主义。认真发扬务实精神,一心一意为了人民群众真抓实干,创出业绩,给人民群众实实在在的利益和幸福。只有这样,才会得到人民群众的信任和拥护。

天津市人民政府发挥"工作扎实、不事声张"的精神,多年来坚持每年为城乡人民做20件实事,年初布置,狠抓落实,年终总结,一步一个脚印地向前迈进,加快了城乡物质文明和精神文明的建设,提高了城乡居民的生活水平,得到了全市人民的赞赏和信赖。又如,江苏省张家港市政府带领全市人民发扬了"团结拼搏、负重奋进、自加压力、敢于争先"的"张家港精神",走出了一条"两个文明同步发展"的道路。1994年,张家港市国民生产总值达152.8亿元,比1991年翻了两番;人均国民生产总值18600元;财政收入10.3亿元;26个镇中利税超亿元的镇有10个;中国500个最大的乡镇中,该市有47个;稻、棉、油单产列苏州市第一;全市外资累计到账13.5亿美元;外贸产品供货值150.3亿元。在经济发展突飞猛进的同时,精神文明建设也走在了全国的前列。张家港市先后获得全国体育先进、全国科技工作先进、全国特殊教育先进、全国民政工作先进、全国群众文化先进、全国计划生育工作先进、全国少先队工作先进、全国社会治安综合治理先进和全国城市环境综合整治优秀城市、国家卫生城市等十几项全国先进荣誉。这样令人鼓舞的成就,充分体现了市政府的务实精神,赢得了人民群众的赞誉,在人民群众中树立了美好的形象。

(三) 确立现代的行政价值观

新时期、新形势、新任务,必然要求公务员树立现代行政价值观。现代行政价值观是以为人民服务为宗旨,由诸多价值观念构成的价值体系,它贯穿于行政管理活动的各个方面和各个环节。从我国实际国情出发,从改革开放、发展社会主义市场经济和实现社会主义现代化大背景来考虑,公务员尤其是政府领导者应树立以下基本的行政价值观。

1. 生产力标准观

所谓生产力标准,就是把是否有利于生产力的发展作为判断社会生产关系、上层建筑是否先进,理论、路线、方针、政策是否正确的根本标准。一切有利于生产力发展的东西,都是符合人民利益的,因而是社会主义所要求和允许的。一切不利于生产力发展的东西,都是与人民利益相违背的,因而是社会主义不能允许的。公务员在思想认识上必须十分明确:社会主义的根本任务就是发展社会生产力,要把是否有利于发展社会生产力,是否有利于增强综合国力,是否有利于提高人民的生活水平,作为判断公务员行为是与非的根本标准,才能做好公共行政管理与服务工作。

2. 科学发展观

科学发展观既是重大的理论问题，又是重大的实践问题。它的深刻内涵和基本要求体现在：一是以人为本，即以实现人的全面发展为根本目的，从人民群众的根本利益出发谋发展、促发展，不断满足人民群众日益增长的物质文化需要，切实保障人民群众的经济、政治和文化权益，让发展的成果惠及全体人民。二是全面发展，即以经济建设为中心，全面推进经济、政治、文化和社会建设，实现经济发展和社会全面进步。三是协调发展，即要统筹城乡发展、统筹区域发展、统筹经济社会发展、统筹人与自然和谐发展、统筹国内发展和对外开放，推进生产力和生产关系、经济基础和上层建筑相协调，推进经济、政治、文化和社会建设的各个环节、各个方面相协调。四是可持续发展，即要促进人与自然的和谐，实现经济发展和人口、资源、环境相协调，走生产发展、生活富裕、生态良好的文明发展道路，保证一代一代永续发展。概括地讲，科学发展观的第一要义是发展，核心是以人为本，基本要求是全面协调可持续发展。构建社会主义和谐社会，是用全面思考问题的理念，把社会主义建设拓展到政治、经济、社会、文化等各个方面，运用法律、经济、行政、政策等多种手段，统筹各种社会资源，综合解决社会协调发展问题。

3. 改革与开放观

改革是我国全面、深刻的社会变革，是社会主义生产关系和上层建筑的自我完善。改革的主题是解放生产力，改变束缚生产力发展的政治体制和经济体制，转变政府职能，建立充满生机和活力的社会主义市场经济体制。其内容大体包括经济体制改革、政治体制改革和文化体制改革三个方面。对外开放是我国社会主义现代化建设的一项长期的基本国策。政府公务员尤其是领导者必须树立开放的价值观念，加强国内交往和国际交往，学会开拓国内和国外两个市场，充分利用国内外资源，发展外向型经济，掌握组织国内经济建设和发展对外经济、技术、文化交流的本领。

4. 市场经济观

发展社会主义市场经济是深化改革、进一步解放生产力的客观需要，也是我国经济与国际经济接轨的客观要求。我国经济要走向世界，融入世界经济大家庭，就必须接受和采用市场经济方式，使国内经济与国际经济相通。我国几千年封闭的农业自然经济，使人们形成一种根深蒂固的"重农轻商"观念。新中国成立后，照搬苏联的计划经济模式，把市场经济同资本主义等同起来，同社会主义对立起来，使计划经济观念得到了强化。国家公务员计划经济的价值观念不转变，市场经济的价值观念不牢固树立，就不能自觉带领人民群众大力发展社会主义市场经济。

5. 知识人才观

面临着知识经济时代的挑战和现代科学技术激烈竞争的局面，我国要顺利进行社会主义现代化的伟大事业，就必须培养和造就一大批掌握现代科学知识的各种类型的人才。因此，邓小平同志多次强调要"尊重知识，尊重人才"。国家公务员要真正从思想上解决好尊重知识、尊重人才问题，切实树立起知识人才价值观念。努力学习，更新知识，提高政治理论水平，精通专业知识和管理知识，使自己成为适应时代要求的一专多能知识结构的领导和管理人才。同时，通过自己的努力工作，创造一种人才辈出、人尽其才的良好环境。精心培养人才，正确选拔人才，合理使用人才，做到知人善任。

6. 民主法制观

人民民主是社会主义的生命。发展社会主义民主政治是我们党始终不渝的奋斗目标。改革开放以来，我们积极稳妥推进政治体制改革，我国社会主义民主政治展现出更加旺盛的生命力。深化政治体制改革，必须坚持正确政治方向，以保证人民当家做主为根本，以增强党和国家活力、调动人民积极性为目标，扩大社会主义民主，建设社会主义法治国家，发展社会主义政治文明。要坚持党总揽全局、协调各方的领导核心作用，提高党科学执政、民主执政、依法执政水平，保证党领导人民有效治理国家；坚持国家一切权力属于人民，从各个层次、各个领域扩大公民有序政治参与，最广泛地动员和组织人民依法管理国家事务和社会事务、管理经济和文化事业；坚持依法治国基本方略，树立社会主义法治理念，实现国家各项工作法治化，保障公民合法权益；坚持社会主义政治制度的特点和优势，推进社会主义民主政治制度化、规范化、程序化，为党和国家长治久安提供政治和法律制度保障。因此，政府领导者要强化民主意识，自觉清除封建专制的残余思想和影响，真正维护人民当家做主的权利，认真推行"政务公开，民主管理"的制度，依法实行民主选举、民主决策、民主管理、民主监督，保障人民的知情权、参与权、表达权、监督权。国家公务员必须牢固树立法制观念，做到依法行政，正确处理权与法的关系，不搞以权代法，做到有法可依，有法必依，执法必严，违法必究，自觉接受人民群众的监督。

7. 学习创新观

当今世界，科技进步日新月异，知识创新空前加快。国际社会的竞争越来越成为综合国力的竞争，特别是越来越表现为科技进步、知识创新和宏观驾驭能力的竞争。在新的形势下，建设学习型社会已成为时代发展的必然要求。国家公务员要充分认识学习的重要性和迫切性，提高学习的自觉性，牢固树立学习观念。发扬理论联系实际的学风，紧密结合行政管理的实践，坚持不懈地学习马克思主义、毛泽东思想，特别是邓小平理论；坚持不懈地学习经济、政治、法律、历史、文学等知识；坚持不懈地学习公共行政管理知识；坚持不懈地学习人类文明所创造的一切先进成果。创新是一个民族进步的灵魂，是一个国家兴旺发达的不竭动力。这就要求国家公务员特别是领导者树立创新观念，增强创新意识，提高创新能力，优化创新环境，努力做到知识创新、观念创新、思路创新、体制创新、工作创新，不断创造新的业绩，开创行政工作的新局面。

8. 平等竞争观

由于我国传统的绝对平均观念影响，在行政领域不平等竞争观念仍有市场。干好干坏一个样，功绩大小一个样，社会公论的优劣一个样，严重挫伤了行政人员的积极性、主动性和创造性。因而在深化行政体制改革和人事制度改革，促进行政文化现代化过程中，必须重视国家公务员平等竞争观的建立。从而，在行政管理中，把人们的政绩同物质利益挂起钩来。人才的培养、选拔和使用，职务的晋升、调动和降任，都应以素质、能力、功绩、社会公论为依据。坚持平等竞争，反对长官意志和特权行为。只有建立合理的平等竞争机制，创造良好的平等竞争环境，才能保证政府行政管理的高效率。

（四）自觉遵守行政道德

行政道德，即行政职业道德。它是国家公务员进行行政管理活动必须遵循的各种道德规范的总和。它调整着政府与公务员之间、领导职务公务员与非领导职务公务员之间、公务员与社会公众之间的关系。但这种关系的调整不是靠政治法律的强制来起作用，而是依靠社会舆论、内心信念和传统习惯来起作用。因此，行政道德规范要靠公务员的自觉遵守。公务员行政职业道德的主要规范如下。

1. 忠于职守，一心为公

忠于职守、一心为公既是公务员与国家和政府关系的本质体现，也是公务员工作态度方面的道德要求；既是公务员应尽的社会义务，也是公务员做好本职工作的基本条件。它对公务员的要求是：①要有坚定正确的政治方向，忠于祖国，衷心拥护政府，维护国家尊严；②忠于职守，坚守岗位，认真工作，勤奋务实；③敢担风险，敢负责任，开拓进取，勇于创新；④努力学习，更新知识，钻研业务。

2. 实事求是，秉公执政

实事求是、秉公执政是国家公务员在行使国家权力、执行国家公务时必须遵循的基本准则。其基本要求是：①深入实际，调查研究，尊重客观事实；②做老实人，说老实话，办老实事，言行一致；③执政为民，用权为公，正确用权，不徇私情；④坚持真理，修正错误。

3. 艰苦奋斗，廉洁奉公

艰苦奋斗是社会主义现代化建设的需要，是公务员应有的优良品质，也是我们党的光荣传统。廉洁奉公是国家公务员的天职和道德的重要体现。其基本要求是：①艰苦朴素，勤俭节约；②吃苦在先，享受在后；③清正廉洁，不以权谋私；④艰苦创业。

4. 关心群众，平等待人

关心群众、平等待人是全心全意为人民服务宗旨的具体体现。其具体要求是：①热爱人民，尊重人民，相信人民；②密切联系群众，关心人民疾苦，为人民办实事；③保障人民的民主权利，接受人民的监督，反对官僚主义；④以事业为重，顾全大局，团结共事，宽厚容人。

5. 以身作则，遵纪守法

国家公务员担负着依法行政的重任，这就要求他们必须以身作则、遵纪守法。其基本要求是：①严于律己，为人表率；②生活检点，自尊自爱；③遵守政纪国法，严格按法纪办事；④敢于同违法乱纪的行为作斗争。

（五）培养健康的行政心理

人的心理，是人的感觉、知觉、记忆、思维、情感、性格等的总称，是客观现实在人脑中心理状态的反映。人的心理健康标志主要是：智力正常、情绪稳定、行为协调、反应适度。公务员心理健康的基本特征有：正确地了解自己，认识自己；适度的自信和自尊；具有弹性、完整与和谐的性格；具有与他人建立友好关系的兴趣和能力；具有适度的团结协作和独立自主的能力；对挫折或失败具有一定的承受能力。所谓公务员的心理调适，是指为了适应外部环境的变化，为维护和保障心理健康状态，而进行的自我心理调节和平衡。保持健康的心理状态，是公务员能否正常愉快地进行工作、学习、生活的重要前提条件之一。其作用是：有利于身心健康，有利于激发创造性，有利于建立良好的人际关系，有利于提高工作效率。

1. 树立正确的世界观和人生观

马克思主义世界观是公务员认识世界、改造世界的锐利思想武器。有了正确的世界观，能够客观地认识事物，为心理健康提供了坚实的思想基础。在正确世界观指导下，才能树立正确的人生观，端正人生的态度，实现有益于社会和人民的人生价值。世界观和人生观不仅影响着人的认识、情感、意志、需要、动机、兴趣等心理活动，而且决定着人们的行为方向。公务员树立了正确的世界观和人生观，就能正确对待各种境遇，保持理智的头脑和坚定的信心，对工作、学习、生活做出适度的反应，保障个人心理健康的发展。

2. 培养乐观情绪

常言道："笑一笑，十年少；愁啊愁，白了头。"现代医学证明，人的情绪与心理健康有着十分密切的联系。乐观向上的情绪能够增进心理健康，消极的情绪会影响心理健康。因此，公务员应加强修养，陶冶情操，努力培养积极乐观的情绪，使自己保持健康的心理状态。

3. 对自己有合理的定位

"人贵有自知之明。""贵"指出了"自知"的重要；"自知"是指人要正确认识自己、估价自己。人无完人，既有长处，又有不足。这就要求每个公务员既不要过分自信，只看到自己的长处，看不到自己的不足，从而导致自满心理；也不能低估自己，只看到自己的不足，看不到自己的长处，从而导致自卑心理。概括地说，就是对自己要有适度的定位。所谓适度，就是要根据自己的实际情况和客观条件来确定自己的理想和目标，既不能过高也不要过低。不切合实际的过高目标，会因无法实现，给自己造成挫折心理；目标过低，则会因无所作为，形成懒惰心理。因此，公务员必须要有自知之明，正确认识和估价自己，才能使自己保持良好的心态。

4. 加强意志磨练

公务员要具备坚强的意志品质。公务员行为意志的特征主要包括：一是具有明确的目的性；二是具有克服一切困难的毅力；三是能够支配调节人的行为，即发动合乎目的的行动，制止和消除不合乎目的的行动，使人沿着正确健康的轨道发展。公务员必须加强心理意志的训练：①相信自己，消除羞涩的心理障碍；②树立信心，增强克服困难的勇气；③增强毅力，排除来自各方的干扰。总之，只有具有坚强的意志，才能防范各种不良心理的侵蚀，以顽强的毅力经受住前进道路上的挫折和压力。古语讲的"困辱汝成"就是这个道理。

5. 克服心理障碍

公务员在工作、学习、生活中出现不良心理现象是难免的，问题在于针对某种不良心理采取有效对策，尽快排除心理障碍。不良心理是多种多样的，但较普遍出现的有以下三种：一是情绪型不良心理；二是压力型不良心理；三是挫折型不良心理。公务员要采取正确的对策，增强心理调适能力，克服不良心理，保持心理健康。

6. 营造良好群体心理环境

社会的大环境、政府机关的中环境、家庭和人际交往圈的小环境都会直接影响每个公务员的心理状态。所谓群体心理环境，是指政府机关的中环境。如果一个政府机关机构设置合理、领导班子团结、战斗力强、领导者思想品德高尚、廉洁奉公、作风正派、办事公正、勤奋敬业、工作务实、严于律己、宽厚容人、关心下属、知人善任等，如果领导者与领导者之间及同事之间，能做到在人格上相互尊重、心理上相互信任、工作上相互支持、精神上相互鼓舞、生活上相互照顾、困难上相互帮助、缺点上相互提醒、分歧上相互自制、失误上相互担责、成绩上相互谦让等，那么，这样的政府机关，领导威信高，工作有活力，向心力、凝聚力强，每个公务员在心理上就会产生责任感、信任感、成就感、自豪感、安全感……从而团结合作、心情舒畅地去努力完成工作任务。因此，良好的群体心理环境，是促进每个公务员心理健康的重要保证。

7. 增强体质

人的生理与心理是相互依存、相互制约、相互促进的。强健的体魄是心理健康的前提和基础条件，而健康的心理则是身体健康的保证。经常适度的体育锻炼不仅能增强体质，而且能促进心理健康，能够陶冶情操，增强人们的集体观念和协作精神。公务员应当采取灵活多样的形式，积极参加体育活动，锻炼自己的体魄，促进身心健康。

【案例 6-1】

大连市西岗区深化服务型政府建设的意见

为全面落实市委、市政府关于建设服务型政府的要求，努力建设规范、统一、效能、透明、全面与国际接轨，让企业和居民满意的服务型政府，在深入调查研究、广泛征求意见的基础上，结合西岗实际情况，特制定本意见。

一、进一步深化服务型政府建设势在必行

进一步深化服务型政府建设是适应WTO运行规则，转变政府职能，建设现代化先行区的需要，也是开展新一轮思想大解放的突破口，具有重要意义。

进一步深化服务型政府建设,首先要树立服务型政府建设崭新的现代理念。政府工作要以人为本,与时俱进,适应WTO规则,全心全意为人民服务,进一步转变政府职能,改进工作作风和方式,服务手段现代化,服务窗口集中,高效率依法行政,积极推进西岗投资高地、信息高地、居住高地的尽快形成。

政府职能的转变,是服务型政府的重要标志。政府工作人员必须做到职权不越位,把不该管、管不了也管不好的事务从政府工作中剥离出来;必须做到工作不缺位,该由政府做好的行政管理事务要高效率办结;必须做到职责不错位,找准各自的位置,立足本职,有所为,有所不为,办事公开、公正、透明,由社会各界共同监督。树立正确的权利观,处理好权与利的关系,是建设服务型政府的关键所在。每位政府工作人员,都要一切从人民的根本利益出发,把自己当做服务员,从群众最满意的事做起,从群众不满意的事改起,真心实意服务于企业,真心实意服务于居民。

二、实现服务型政府建设的新突破

要抓住当前服务型政府建设的核心和本质问题,建设思路适度超前。今年服务型政府建设,要以"两个中心"和电子政府服务平台建设为重要载体,以全面推行"四制"服务为手段,初步搭建起适应WTO规则和企业发展的服务型政府的基本框架,并重点在以下方面取得新突破。

1. 加快建设两个中心

把政府经济调节、市场监管、社会管理和公共服务四项基本职能中的社会管理和公共服务职能,提供和划转到"两个中心"的,由"两个中心"行使政府社会管理和公共服务的职能,使"两个中心"成为西岗区政府直接向企业和居民提供服务的窗口。根据这一总的职能要求,区机关11个工作部门将社会管理和公共服务的60项职责范围以及政府部门所属的4个事业单位的30项职责范围、市属在我区6个局的14项职责范围,共计104项职责范围划转到"两个中心"。"两个中心"坚持不求最大、但求最好的原则,硬件设施和设备配备在全市达到一流水平,五年不落后,服务水平和质量达到全市最高水平。

2. 建立电子政府服务平台

集中力量编制西岗区电子政府建设五年规划,制定2002年西岗区电子政府建设实施计划,并进入操作阶段。进一步加大软、硬件建设力度,充分利用政府现有网络基础,进而完善服务型政府信息平台,形成新建、整合、升级西岗区重点项目招商网、再就业服务网、政府采购公示网、旅游资源开发网、民政服务网、城区建设网、远程教育网、计划生育网、社区图书网、中国城区信息港西岗网等10个专业性网络建设方案,并尽快启动实施。开通企业和市民网上投诉信箱,政府基本实现无纸化办公。

3. 实行"六制"服务新机制

要按照政务公开,程序简化,责任明确,强化监督,充分运用现代办公设备原则,以改革行政审批制度为突破口,全面实行直接办理服务制、窗口服务制、社会服务承诺制、企业注册登记并联审批服务制，试行告知与承诺审批服务制，探索网络审批服务制。

（1）实行直接办理服务制。政府机关和履行行政管理职能的事业单位，自觉削减不必要的权力，精简重复、繁琐的审批环节，简化办事手续，提高工作效率，直接办理各种社会事务。

（2）实行窗口服务制。凡是与社会接触面广、业务量大的部门或单位，在承办必须经过一定程序和环节办理的业务时，改分散办公为集中办理，变单个作业为流水作业，使"暗箱"操作为公开办公，一个窗口对外服务，内部实行一条龙流转服务。

（3）实行社会服务承诺制。凡是承担社会服务职能的行业或单位，按照自身行业的特点和要求，变被动服务为主动服务，把服务内容、服务标准、服务程序、服务时限、服务责任等，公开向社会做出阶段性或长期性承诺，接受社会监督，承担违诺责任，实行规范和约束性的契约化服务。

（4）实行企业注册登记并联审批服务制。根据有关法律、法规，采取"工商受理、抄告相关、并联审批、限时完成"的方式，横向协调配合，上下同时联动。开辟企业注册登记办理"绿色通道"，快速办照。

（5）试行告知与承诺审批服务制。凡具有审批职能的行政机关，以书面形式向办理企业表述应达到的条件标准、要求等内容，并进入试营业状态。

（6）探索网络审批服务制。要充分利用现代信息网络手段，开发网上行政审批软件系统。

三、全面落实建设服务型政府的保障措施

为确保服务型政府建设按计划有步骤地进行，采取以下保障措施：

1. 加强领导，建立服务型政府的组织体系

区政府组成专门领导小组。设立中心工作联席协调会机构，由一名政府分管领导负责，成员包括政府办、人事局、经贸局、民政局、机关事务中心的负责人及"两个中心"主任。协调会的主要职能是定期研究中心工作、计划指导、沟通情况、协调关系、解决问题。各部门之间要互通情况、主动沟通。

2. 制定政策，进一步完善管理和服务机制

主要是制定出台企业服务中心和居民服务中心的管理权限规定，各类事项审批暂行办法，办理事项管理办法，重大事项并联审批暂行办法，窗口服务考核办法，投诉监督管理办法，行政过错追究制度，工作人员行为规范准则，公开办事制度及程序等。用制度规范行为，用制度保证服务目标的实现。

3. 加大力度，建立科学的财政投入机制

要坚持区政府、街道、部门、社会共同筹集资金的原则，由区政府统筹制定资金投入计划与方式，适时建立居民服务中心专项资金、企业服务中心专项资金和电子政府建设专项资金，并抓住重点、难点，分期投入，逐步到位。在资金投入上，要坚持少花

钱、多办事，高投入、高效益的原则，按照现代资金投入方式来运作，在社会效益和促进相关产业发展上下工夫。

4. 强化培训，切实提高公务员队伍综合素质

采取得力措施，分期分批对公务员进行素质培训，特别要适应改革开放和现代化先行区建设的要求，组织学习现代公共管理知识和电子计算机、信息网络基本知识，切实增强现代服务意识，熟练掌握现代公共管理技能。同时，还要强化公务员的业务培训和上岗培训，使每个公务员都能熟悉和掌握各种办事制度和办事程序，切实提高服务水平。

5. 加强监督，建立新的竞争激励机制

区政府分期从社会各界聘请服务型政府建设工作特约监督员，从不同侧面对政府工作进行监督。区政府聘请常年法律顾问，保证政府依法行政。深入开展企业和居民评价政府工作的"双评"活动，使政府工作始终在社会各界监督之下。同时，在企业服务中心和居民服务中心引进竞争激励机制，试行末位轮岗、末位待岗和末位培训办法，切实强化目标考核管理，进而保证公务人员做到高效优质服务。

（资料来源：http://www.xigang.gov.cn/fwxzf/1.htm）

【本章小结】

本章分别论述了政府内部公共关系的含义、构成要素、基本特征及加强政府内部公共关系的必要性；政府内部公共关系的沟通目标、沟通形式及影响政府公共关系的主要障碍；政府行政文化对建立良好内部公共关系的重要作用等问题。

课堂讨论题：

结合本章案例，运用公共关系知识，谈谈你对政府自身内部建设的看法。

复习思考题：

1. 政府内部公共关系及其主要特征是什么？
2. 简述影响政府内部公共关系的主要障碍。
3. 行政文化的定义及其功能是什么？

第七章 政府外部公共关系的管理

学习目标

- 了解和认识政府外部公共关系与政府形象的关系
- 掌握社会舆论是政府外部公共关系的重要影响因素

第一节 政府外部公共关系

政府组织为实施对社会公共事务的管理,要开展各种公共关系活动,要与各种外部公众发生关系。政府公共关系活动的外部公共关系极其广泛,包括政府与党、政府与人大、政府与政协、政府与企事业单位、政府与社会团体等。

一、政府与党的关系

政府和党都是上层建筑的重要组成部分,但是它们处于不同的地位,承担不同的任务,执行不同的职能。政府是国家行政机关,是国家权力的执行者和实现者。它根据国家法律、法令具体组织管理社会主义物质文明建设、精神文明建设和政治文明建设。党则是国家政治生活的领导力量,通过制定路线、方针、政策来保证国家的发展方向。党对政府的领导主要是政治领导、思想领导和组织领导。党对政府的领导,是通过国家权力机关把自己的正确主张和行动变成国家意志,是靠广大党员的先锋模范作用来实现。正如毛泽东同志曾经指出的:"(一)政权系统(参议会和政府)是权力机关,他们的结合带有强制性质。党的机关及党员应该成为执行参议会及政府结合的模范。(二)党对政权系统的领导,应该是原则的、政策的、大政方针的领导,而不是事事干预,包办代替。(三)党对参议会及政府的领导,只能通过自己的党员和党团,党委及党的机关无权直接命令参议会及政府机关。"毛泽东同志提出的这一基本原则,对我们今天正确认识党与政府的关系,深入进行政治体制改革,仍然具有重大的指导意义。

政治体制改革的核心问题是党政分开,解决权力过分集中的问题。在我国政治结构中,所谓权力过分集中,主要表现为权力过分集中于党委,党的领导变成了党委包揽一切、干预一切。长期以来,官僚主义现象之所以得不到有效地克服,党内民主和集体领导之所以难于制度化，政府的行政首长负责制之所以难于健全，党组织的自身之所以得不到加强，都同这种状况有关。因此，解决党与政权组织特别是政府的关系，就成为政治体制改革的关键。理顺了党政关系，也为理顺其他社会组织关系创造了条件和前提。

在改革过程中，正确处理政府与党的关系，是一个十分复杂的问题。对于政府来说，应在以下几个方面下工夫。

首先，在接受国家权力机关领导和监督的同时，主动接受党委的政治领导，坚决贯彻党的路线及各项方针、政策，及时向党委通报执行情况和存在的问题，自觉地接受党委的监督。

其次，建立政府强有力的工作系统，管好政府职权范围内的工作。"今后凡属政府职权范围内的工作，都由国务院和地方各级政府讨论、决定和发布文件，不再由党中央和地方各级党委发指示，作决定。"这样，有利于解决党政不分、以党代政的问题，有利于党委集中精力管党，管路线、方针、政策。

再次，发扬社会主义协作精神，积极支持党委的工作。加强联系，互相帮助，主动配合，推动社会主义现代化事业和改革开放的发展。反对本位主义、山头主义和各霸一方、互相拆台、互相扯皮的错误思想和行为。

最后，正确处理政府和党委之间发生的矛盾和问题，互相理解，求同存异，宽宏大量，维护大局。不回避矛盾，采取积极态度解决矛盾，在解决矛盾中加强团结，求得统一，推动工作。

二、政府与人大的关系

我国是社会主义国家，实行"议行合一"的政治体制，政府与人大都是人民民主专政的国家机关的组成部分。人大是直接体现人民当家做主的国家权力机关，在国家机关中居于首要地位。政府则从属于人大，是国家权力机关的执行机关。按照我国宪法和法律规定，我国国家机关实行民主集中制原则，相互协调地执行国家职能。

全国人民代表大会是我国最高国家权力机关，它和它的常务委员会，行使国家立法权，讨论和决定全国性重大问题。地方各级人大是地方国家权力机关，讨论和决定本行政区划内的重大问题。依照我国宪法规定，国家权力机关由人民民主选举产生，对人民负责，受人民监督。各级政府是各级国家权力机关的执行机关。各级政府的任务，是根据国家宪法和法律的规定，对国家事务进行领导、组织、管理和监督。各级人大有权决定同级政府组成的人选。

从政府对人大的从属关系中可以看出：第一，政府是由国家权力机关产生的，它的一切权力都是代表人民意志的国家权力机关授予的，政府必须向人大负责并报告工作；第二，人大是用立法的形式决定国家的大政方针，而政府的作用在于对这些大政方针的执行；第三，人大主要是根据国家政治、经济、文化发展的要求，从法律制定和基本准则上规定政府的机构设置、职权范围、人员编制和活动方式，政府则运用这些制度和规定,在国家管理的实际过程中发挥作用;第四,政府的整个活动过程,受国家权力机关的监督和控制。这说明,政府机构必须与人大保持良好的关系,否则将遭到抵制。政府与人大的密切配合,是巩固社会主义政治制度的必要条件,是实现国家管理的基本途径,也是实现政府行政的可靠保证。

处理政府与人大的关系,要遵循下列原则:

(1) 按照宪法和法律的规定,尊重人大及其常设机构,自觉主动地接受人大的领导,决不能把人大当成"举手的工具"。

(2) 政府机构要如实地向人大报告工作,虚心接受人民代表的监督和质询,认真处理人民代表的提案,努力改进政府工作。

(3) 积极宣传政府在依法行政的过程中所采取的重大措施,求得人大的理解和支持。

(4) 正确处理政府与人大之间的矛盾,密切和人大机关、人大代表的联系,及时为人大代表提供良好的工作条件,共同实现国家管理的职能。

三、政府与政协的关系

人民政协是中国共产党领导的有各民主党派、各人民团体和社会各方面代表参加的爱国统一战线组织。在社会主义初级阶段,以公有制为主体的多种经济成分并存,以按劳分配为主体的多种经济成分并存,社会经济利益必然出现多元化趋势。这就需要我们在爱国主义的旗帜下,充分发挥人民政协所具有的团结、沟通、协调和自我教育等功能,联合那些愿意为社会主义现代化建设献计献策的各方面人士,包括党内和党外人士、马克思主义者和非马克思主义者、无神论者和宗教信仰者,寻求政治上、道义上、精神上的团结一致,为实现共同理想而努力奋斗。

人民政协作为爱国统一战线组织,是发展社会生产力的重要力量。人民政协聚集着各行各业、各方面的专家、学者,具有独特的智力优势。而且,政协委员中有很多人和海外有着广泛的联系,他们信息灵通,是一个潜力很大的信息源,在对外开放中可以发挥重要作用。人民政协还是我国政治生活中发扬民主的一种重要形式。在现阶段,我国民主政治建设还不完善,国家政治生活、社会生活和现代化建设中还存在许多问题,需要改革和克服。人民政协对国家大政方针进行协商讨论,对经济、政治、教育、文化、科技等方面进行调查研究,提出批评和建议,这对于加强和改善党的领导,改进政府工作,提高工作效率,促进各项事业的发展,巩固安定团结局面,都具有重要的作用。人民政协在实现祖国统一的大业中更具有重要的作用,人民政协可以成为中国共产党、人民政府、民主党派、无党派人士以及有关人民团体同港、澳、台各种政治力量进行对话、谈判、斡旋、协商的场所。这是任何组织所不能代替的。

与人民政协建立和保持良好的关系,是政府机构公共关系的重要方面。不重视政府机构和人民政协的关系,是一种缺乏政治远见和现代思维的表现。

处理政府与政协之间的关系，必须注意以下几个问题：

（1）在重大问题上征求人民政协的意见，把政协纳入决策程序。政协成员绝大多数是各民主党派的负责人、高级知识分子或各行各业、各个阶层的代表人物，知名度高，影响广泛。国家的大政方针、地方的重要事务、人民生活中的重大问题，都应在人民政协中进行磋商，广泛征求意见，从中获得大量的有用信息，保证政府的决策更加科学、更加正确。

（2）主动接受人民政协的监督。一般来说，政协委员的看法极少受到政府机构的影响，容易获得社会公众的信赖和尊重。因此，各级政府都应及时向人民政协提供信息，主动征求政协委员的意见，虚心接受他们的批评和监督，努力改进政府的工作。

（3）注意发挥人民政协在社会生活各方面的作用。例如，政协委员中有大量的高级知识分子，政府可以通过他们加强与知识界的联系，扩大政府在知识分子中的影响。

四、政府与企事业单位的关系

政府与企业是两种性质截然不同的组织，其行为准则、活动方式和价值取向都有很大的差别。政府是国家机关，要按照经济活动的内在规律和要求，运用经济杠杆、法律手段和必要的行政手段综合治理经济，从宏观上管理好社会经济秩序。企业则在国家统一政策、统一计划指导下成为相对独立的经济实体，成为自主经营、自负盈亏的社会主义商品生产者和经营者，具有自我改造和自我发展的能力，成为具有一定权利和义务的法人。政府与企业的关系是：政府不干预企业的正当经营，也不包企业的亏损；企业逐步做到依法经营、照章纳税、履行合同。经过机构改革，省一级政府一般不再直接管理企业，也不搞企业行政隶属关系的简单转移，真正把经营管理权放给企业。城市政府要改变传统的管理体制和管理方法，通过承包制、租赁制、股份制等不同形式，明确产权关系，实现所有权和经营权分离，搞活大中型国有企业。与此同时，要按照社会主义市场经济新秩序的需要，调整政府职能机构，加强宏观控制，搞好经济监督、技术监督、政纪监督，积极组织、完善和管理市场，逐步建立起"政府调节市场、市场引导企业"的经济运行新格局，真正做到政企分开。

政府和事业单位也要分开。事业单位是指那些从事各种不同性质的非生产性活动的非经济部门，包括科研、教育、文化、体育、卫生等社会组织。它们虽然不直接从事物质产品生产，但却间接地参与社会经济活动，是国家社会生活中的重要组成部分。过去政府对事业单位"包得过多、统得过死"的做法，不利于事业单位的发展，必须改变。政府应当鼓励有条件的科研、文艺、出版、新闻等事业单位向企业化管理过渡，逐步做到经费自理，扩大其自主经营权。对于那些和政府关系密切，并行使一部分行政职能的事业单位，如向政府提供决策咨询和信息的事业单位，实行政事分开。一方面要有利于保障这些事业单位开展工作的相对独立性，提供信息的客观性及研究成果的科学性；另一方面要使这些单位不再行使行政职能，避免以事代政。

处理政府与企事业单位的关系要注意以下几个方面。

首先，应加强信息沟通。一方面，政府应及时地把政府的方针、政策、法令提供给有关企事业单位，使企事业单位的一切活动都保持在政策法令允许的范围内，并随时按政策法令的变动来调整企事业单位的政策和活动，对企事业单位实行政策监督；另一方面，政府应熟悉企事业单位工作，与企事业单位领导人和公共关系人员保持良好关系，及时准确地掌握企事业单位的生产和工作状况，纠正政府政策的偏差和失误。

其次，协助企事业单位处理企事业单位利益与国家利益的关系，既不能以维护国家利益为借口损害企事业单位利益，更不能损害国家利益而照顾企事业单位利益。

再次，自觉地为企事业单位服务。转变作风，多干实事，少搞形式主义，克服官僚主义，减少人为造成的公文旅行或"踢皮球"现象，提高办事效率。

最后，要抓好廉政建设，杜绝作威作福、吃喝贪占等不正之风，加大反腐败的力度。

五、政府与社会团体的关系

社会团体，是指在宪法和法律允许的范围内，具有某种特定利益、目标和观点的人们组成的社会群体。我国的社会团体又叫人民团体或群众团体，是指由社会各界群众代表组成的社会群体。从社会功能的角度，我国的社会团体可划分为政治性社会团体和非政治性社会团体两大类。政治性社会团体是指工会、共青团、妇联、工商联等组织，是党领导的工人阶级、先进青年、各族各界妇女、工商界人士的群众组织，是党和政府联系群众的桥梁和纽带。工、青、妇组织都有自己健全的组织系统，在社会生活中影响较大，列入国家行政编制。非政治性社会团体是指属于学术性、行业性、福利性、公益性、娱乐性、联谊性的群众组织，主要是指各种学会、研究会、基金会、联谊会等，它们有的直接依靠或隶属政府机构，有的相对独立，工作人员一般不列入国家编制。社会团体是国家民主政治体制的重要组成部分，也是群众进行自我教育、自我服务和自我管理的组织形式，党和政府要充分发挥它们联系群众的桥梁和纽带作用。

政府机构和社会团体建立良好的公共关系，有重大意义。从消极方面说，可以减少推行行政命令的阻力；从积极方面说，可以推进政令的实施。例如，政治性团体可以进行思想政治工作，支持公益性组织可以改善政府形象，学术性团体可以为政府提供决策咨询。社会团体是做好政府工作不可忽视的力量。处理政府与社会团体的关系要注意以下几个方面：

首先，要尊重社会团体的相对独立性。1942年，党中央在关于民主团体的决议中指出："政府应尊重群众团体的独立性。"刘少奇同志也曾经指出："我们要求群众接受党的政治主张，同时我们要尊重群众团体在组织上的独立性，尊重群众的民主权利和意见。"使他们能代表本组织成员的正当权益，根据本组织成员的要求，独立负责地开展工作。

其次，政府对社会团体的领导，主要靠深入细致的思想政治工作，靠说服力、吸引力和感染力。周恩来同志曾说过："领导党和领导群众的方式是不同的，领导群众的方式和态度是要使他们不感觉我们是在领导。""领导群众的基本方法是说服，而不是命令。"命令的办法不适合对社会团体的领导。

再次，经常保持同社会团体的联系，注意沟通信息，听取他们的意见，帮助他们解决困难。吸引社会团体参与政府决策，充分发挥他们的作用。

第二节 社会舆论与政府公共关系

一、社会舆论的基本内涵

所谓舆论，简要地说是指众人对某人、某事、某物的议论或看法。我国古文中的"舆论"一词，可追溯到魏晋时代。《晋书·王沉传》中道："自古圣贤，乐闻诽谤之言，吸舆人之论。"这里的"舆"指"众人"之意，舆论就是"众人之论"。中国第一个用"舆论"表达公共意见、公众态度等倾向的是康有为。他在评价自己1895年8月17日参与创办的政治媒介《中外公报》时说："陈次亮谓办事有先后，当以报先通其耳目而后可举会。报开两月，舆论渐明，初则骇之，继亦渐知新法之益。"从而把中国传统的舆论概念与现代政治社团和现代传播工具联系起来，赋予了它全新的思想内涵。西方人把舆论称作公众表达的观点或公众意见，英文里表述为"public opinion"，直译为公共的、公众的、民众的、人民的、大众的、公开的、公有的意见、观点和态度。西方第一次突出并详细论述舆论是英国的霍布斯。他在《利维坦》一书说，"公众意见就是辩论所得的决议和一切审议的目的"。对于劝说者而言，"他们在说话时更注意人们的公众情绪与舆论"。西方舆论概念的大量使用始于18世纪末法国大革命时代。

众所周知，当人们对某些事物或问题产生了兴趣或者表现出关切后，他们就会根据自己对这些事物和问题的了解与认识，从自己的价值观和所在角度出发，对它们形成自己的态度、看法和意见。这些态度、看法和意见虽然不可能完全一样，但经过交流、争论后，大多数人往往会表现出比较一致的态度、看法和意见，这就是我们所说的舆论。由于舆论来自社会、来自公众，因而本身具有社会的属性，所以，我们经常把舆论称作"公众舆论"或"社会舆论"。

二、社会舆论的特点

社会舆论具有如下几方面的特点。

1. 社会舆论的主体是社会公众

舆论反映的是大多数公众的看法、意见和态度。它虽然不能代表所有公众成员，但毕竟体现着多数人的意愿和要求。所以，它成为我们了解、认识公众的一个重要途径。

这就是政府公共关系为什么要注重收集公众信息，并在收集公众信息时特别重视对公众舆论加以了解的原因。了解了公众舆论，也就在很大程度上了解了政府所面对的主要环境。

2. 社会舆论的对象是公众所关注的事物或问题

当社会中或者某个组织发生了一些事件、出现了一些情况时，并不一定都引起公众的关注；而只有那些比较重大的、带有一定社会意义的事件或问题经过传播后，才能在更大范围内引起公众的关注，进一步引起人们对它形成各种不同的态度、看法和意见。

3. 社会舆论具有多样化和一致性

任何公众舆论中都会包含多种多样的态度、看法和意见，它们可能是不太一致的，也可能大相径庭。这就是社会舆论的多样化。但是，各种态度、看法和意见经过相互交流、碰撞后往往会逐步形成一种比较一致并能被多数人所接受和认同的意见，真正成为公众舆论。这就是社会舆论的一致性。

4. 社会舆论具有公开性和评价性

所谓公开性，是指社会舆论必须公开表达出来。如果仅仅是公众的想法和情绪，没有表达出来，不能为社会所知，就不能称其为社会舆论。所谓评价性，是指公众所公开表达出来的意见，具有评价性质，即对社会生活中的事件和问题，必须给予拥护或反对、赞扬或谴责式的评价意见。社会舆论的公开性和评价性是互相补充的，只有公开，评价的范围才会广泛，评价才显得格外有力；只有对舆论加以评价，公开性才有意义。如果没有评价，公众不知所云，它就没有什么意义。

5. 舆论存在着性质方面的差别

从某个政府的角度来看，既会出现有利于它的舆论并造成有利的舆论环境，也会出现不利于它的舆论并造成不利的舆论环境；既会出现公正舆论，也会出现舆论偏见；既会出现有事实根据的舆论，也会出现毫无事实根据或缺乏事实根据的舆论。那些缺乏事实根据的、对政府不利的和不公正的舆论将会对政府形成极大威胁，造成极大的危害。政府公共关系就是要使舆论建立在可靠的事实基础之上，要引发和运用公正的舆论，使政府处于有利的环境之中，而对那些对政府不利和不公正的舆论要加以纠正和改变。

6. 社会舆论具有"软"约束力作用

社会舆论较之法律的制约力富有弹性而不那么严厉，而且这种制约力往往是借助于道德、宗教、习俗等力量，通过社会压力实现的。正因为如此，加上社会舆论传递快，传播范围广，能抓住人们的心理，引起人们的普遍关注，所以见效快，能够很快对某种行为起到制约作用。

三、社会舆论的分类

可以从不同角度对社会舆论进行分类。

从范围上看，可以分为公共舆论、阶级舆论、群体舆论。公共舆论，是指社会上不同阶级、不同集团、不同社会利益群体对某些社会问题所表现出来的舆论。虽然不同的群体之间存在着阶级、阶层,甚至根本利益上的差异,但一个社会中的人们总会在思想观念等方面存在着一些共同的或者相近的东西。比如,当今社会中人们在环保、犯罪等社会问题上,都有比较一致的立场和态度,并能够形成一致的看法和意见。阶级舆论,是带有阶级倾向的舆论。虽然有些阶级舆论之间带有强烈的对立和对抗性(例如无产阶级舆论和资产阶级舆论之间),但有些阶级舆论之间却并非如此(例如工人阶级的某些舆论与农民阶级的某些舆论之间)。群体舆论,是指社会群体所表现出来的舆论,它对全体社会成员形成共同意识、约束成员的行为和产生群体内部的凝聚力起着重要的作用。因而成为政府外部公共关系工作必须运用的一种工具和手段。另外,它在向群体外部表明自身的独立性的同时,也对外部公众产生着影响作用,在一定程度上同化或成为判断公众或判断政府自身正确与否的标准。当出现了有利舆论或不利舆论后,既不可沾沾自喜,也不必忧心忡忡,而是要首先对舆论的性质进行判断和分析。只有有利舆论是公正舆论时,才能说明本政府与其相应公众之间的关系是积极的;否则就必然埋下隐患。如果不利舆论是舆论偏见,则不能说明本政府的公共关系方针、政策和行为就是错误的,它只说明公众那里还存在着认识和意识等方面的问题,需要我们去了解和解决。

从性质上看,可以分为公正舆论和舆论偏见。公正舆论,是在了解和尊重事实的基础上所产生的舆论。它着重体现为公众中的大多数成员对某一事物或问题的正确的判断和公正的评价。这正是政府公共关系工作者和领导者所期待的。无论是一个政府或它的领导者在做出成绩的时候,还是当他们出现了失误或者犯了错误的时候,他们都希望能够得到公众的正确判断和公正评价。能够得到公众的正确判断和公正评价是政府公共关系工作的基本着眼点。舆论偏见,是指由于各种不同的原因造成的公众的不正确的判断和有失公允的评价。这对任何政府及其领导者都是不利的。政府公共关系工作的任务之一就是纠正公众的舆论偏见。在这方面,唯一的办法就是通过有效的传播沟通来澄清事实,对公众进行正确的教育引导工作。其中特别值得注意的是,必须向公众及时地传递全面、客观和真实可信的信息。

从对政府的影响上看,可以划分为有利舆论和不利舆论。无论是有利舆论还是不利舆论,都可能是公正舆论或者舆论偏见。划分有利舆论和不利舆论的目的在于使政府认清自身所处的舆论环境,而不是以此做公共关系工作,更不是对公众对象进行教育、引导、改造性的公共关系工作。

从内容上看,可以分为政治舆论、经济舆论、文化舆论等。

以上对舆论的分类,都对政府公共关系工作具有很强的实践意义。以舆论的内容为标准所进行的分类,可以使领导者和公共关系人员对本政府所处的不同领域中的环境加以了解和认识,并根据本政府的需要来确定舆论对自身的影响作用。以舆论的范围为标准所进行的分类,可以使政府了解和认识到舆论影响的范围程度,从而确定公共关系工作对象的基本范围。以舆论的性质或者以舆论对政府的影响为标准所进行的分类,可以使政府了解和认识到自身舆论环境的性质以及舆论对本政府将会产生什么样的影响,并根据它们来确定公共关系工作本身的性质——即确定本政府应当进行自我改善、自我纠正的外部公众的意识和意见等。

四、公众舆论的基本功能

(一) 预警社会状况

社会是一个矛盾的组合体,是在解决矛盾过程中前进的。矛盾和问题总是以社会弊端和阴暗面的形式表现出来。公众则是社会运行状况的直接感受者,能充分感受到其他监督主体难以达到的盲区。公众舆论就是敏感的社会反应机制,能及时捕捉、讨论和扩散各种信息,尤其是反面信息,从而及时解决相关问题,以引起相关方面的警惕,实现及时对社会相关方面加以调整。特别是民意测验对公众舆论的形成和表达提升到了一种十分精确的程度,从而使社会运行中出现的问题得以放大。

(二) 制约权力行使

用马克思的话说,公众舆论是一种"普遍的、隐蔽的和强制的力量"。当公众舆论形成后,人们就会处处感受到它的威力,正常人难以摆脱它那面广量大的影响和刺激。而且公众舆论是一种群体行为和群体力量,背离公众舆论意味着遭到了整个社会的抛弃,就是古代专制君主也不得不设法争取民心。当今的民主社会,公众舆论成了一切政治权力合法性的来源,议会则成了公众舆论的汇集和表达的权威机制,通过选举和表决所表达的公众舆论决定着公众权力行使者的去留。

(三) 维护社会稳定

社会发展就是一个不断产生矛盾、不断解决矛盾的过程。社会发展过程中产生的各种矛盾与不满向社会提出各种协调和解决要求。由于问题反映和解决的滞后性,必须有一个发泄不满情绪、表达诉求的经常化、制度化通道来缓冲矛盾与解决矛盾之间的差距。公众舆论就是公众寻求相互倾诉、相互同情、相互声援、相互支持的精神家园。

(四) 促进人民参政议政

公众舆论是公众广泛参与并表达意见、态度、情感等主观倾向的形式。公众舆论通过其传播特性放大社会问题,有利于公众了解事件的来龙去脉,了解社会运行,尤其是政治运行中一般不为人知的部分,有助于促进公众对参政议政所需知识和技能的掌握和提升。同时,公众舆论把政治运行与个人状况空前联系起来,大大调动了公众参政议政的积极性。

五、社会舆论在政府公共关系活动中的作用

自古以来,国内外一切行政管理活动中,都很重视社会舆论的作用。如在社会管理中,不论是统治阶级还是有志之士无不意识到这一点。早在西周末年,周厉王暴虐专横,召公警告他"防民之口,甚于防川"。即不让百姓说话,迟早要川塞而溃,自取灭

亡。古罗马时期就有了"人民的声音是上帝的声音"的观念。18世纪，法国著名的启蒙思想家卢梭则明确提出"公共意见是一种法律"，并把舆论比喻为"国家的真正宪法"。美国总统林肯也曾说过："舆情就是一切。得到舆情的支持，任何事情都不会失败；得不到它的支持，任何事情都不能成功。"

每个社会组织都处在一定的社会环境中，而且与环境之间构成了组织-环境系统。在这个系统里，组织与环境发生着相互的影响作用。每个组织都不能不重视、不认真对待环境对它的影响，其中一个很重要的方面就是舆论环境。

从政府工作看，当政府实施一些重大举措时，需要引发对这一举措的积极舆论，以赢得社会广大公众的多种支持和合作。例如，"三峡工程"就是如此。虽然全国人民代表大会通过了有关的议案，但由于社会对这一工程有着不同的看法和见解，特别是某些专家、学者持有反面意见，而这些看法、意见等又会四处扩散，产生影响，一旦条件成熟，它们就可能变成不利舆论，这将对工程的顺利进行带来一定的不利影响。因此，政府需要及时地进行控制、引导，并在社会范围内形成对工程建设的有利舆论。

事实上，任何一个政府，都会在一些重大问题上和重要关头面临着舆论问题。这也就是政府重要的公共关系问题。因此，从某种意义上说，政府公共关系工作的绝大部分工作就是舆论工作。舆论工作之所以在政府公共关系工作中占有如此重要的地位，完全是由舆论自身的作用决定的。那么，舆论在政府公共关系工作中的主要作用有哪些呢？

（一）改变态度与行为

在政府的公共关系工作中，许多时候需要公共关系人员去改变一些人的认识、看法和意见等。当持不同意见的人数很少时，也许一般性的说服就能奏效，即使对其中的某些人没有多大效果，也不会出现太大的问题。但如果持不同意见的人数相当多，或者虽然人数不多但处在相当重要的地位上，仅仅靠一般性的说服又不能奏效的话，就应当考虑运用舆论手段了。

由于舆论反映着社会上多数人的观点和意见，而一般人又具有使自己的观点、意见与多数人保持一致的心理倾向，所以通过引发和形成舆论就能够在一定程度上起到改变持不同意见者的认识和态度的作用，从而实现政府公共关系工作的目的。从相反的角度说，当某个政府的政策和行为对公众利益有害时，公众也常常是借助舆论来形成对这个政府的强大压力，迫使该政府对自己的政策和行为进行调整和改变。

舆论之所以能够起到改变人们态度的作用，就是因为舆论在其形成过程中必然要经过一个各种意见、各种观点相互交换、碰撞、斗争的过程，而在这个过程中，一些人对于某些事物和问题的看法和认识也会发生相应的变化，从而使自己的认识与看法向其一致的认识和看法靠拢，最终形成大多数人比较一致的意见。而当舆论形成之后，它将对所有的人形成一种强大的压力。这种压力主要是心理上的。每个人的心理承受能力虽然不同，但都会在这种压力下使自己的态度发生一些变化：或者迫使自己放弃原有的认识与态度；或者并没有放弃却在一定程度上承认其他的认识和观点也有正确的因素、合理的内容；或者不仅不放弃原有的认识与态度反而对其他的认识抱有更严重的对立，从而走向极端化。大部分人面对强大的舆论压力通常会出现前两种情况，因此，政府公共关系工作就要借助舆论手段来实现其具体目的。当我们了解到公众的态度与我们所期望的不一致时，就运用舆论手段改变其态度；而当我们了解到公众的态度对我们有利时，我们则通过舆论手段来激发其行为。

人们的态度与行为之间会存在两种情况：一种是两者一致，这时候人们的行为是受其态度的支配而产生的。这反映出态度与行为的一致性。另一种是两者不一致，即其行为与其态度截然不同。这又反映出态度与行为的不一致性。但在舆论形成之后，后一种情况将会有所改变：强大的舆论将对那些在态度-行为上不一致的人们形成心理压力，并使其行为在一定程度上受到限制、约束，并使其行为发生一些变化。政府公共关系工作正是利用这一点来达到预期的目的。

（二）实施相互监督

公开化的观念意识要求政府及其领导者实施自我开放，以提高自身的透明度。但仅仅有这样的观念意识，仅仅采取了自我开放的公开化措施，而没有相应的监督机制，公开化就很可能流于形式而成为徒有虚名的招牌。为了使公开化成为名副其实的民主内容，就需要借助舆论手段的作用。由于在民主的"空气"中，政府实现了自我开放和自我公开，它的基本情况都处在全透明的状态中，而且又允许人们自由地发表各自的意见、观点和看法，使各种意见、观点和看法在交换、碰撞后形成比较统一的态度，并进而产生出舆论。这就使政府与公众之间的相互监督变成现实。

监督，说到底并不仅仅是在双方之间做到相互了解，而更主要的是能够使双方相互有所制约。舆论不仅仅是使各自的情况被双方所了解，而且要能够被社会的大多数人所了解。这就使舆论的形成有了必不可少的一个基本条件。当政府的政策与行为出现问题后，社会就会以舆论这种形式对其作出公正的判断和评价，从而真正实现监督。

无论是在政府与外部社会之间，还是在政府内部之间，都需要进行必要的监督。从政府对外的关系角度说，接受社会公众监督已经成为现代社会中人们的一种责任，任何不受监督的政府（包括政府的政策和行为——特别是那些重大的政策和行为）都不可能获得社会公众的信赖。从政府内部的角度说，领导者接受广大成员的监督，特别是自觉地接受，则是树立领导者威信和形象所不可缺少的重要基础。自觉地接受监督本身就意味着对广大成员的信任和尊重，也体现出领导者的自信和民主意识。在接受监督的情况下，舆论将发挥其巨大的作用：社会公众要对政府制定的政策和领导者的行为进行判断和评价，并促使其政策和行为同广大社会公众、政府成员的意愿保持协调一致。从积极的意义上说，这有利于协调关系，造成民主氛围，实现民主；也有利于防止某些人滥用权力、腐化和腐败。实践证明，任何不受监督的权力，任何掌握着权力而又不能被人们真正监督的人，都难以防止腐败现象的出现。因此可以说，不受监督的权力必然导致权力持有者的腐败。

实施监督存在两个方面的重要问题：一个是监督的深度，另一个是监督的广度。专门的监督机构常常是在第一个方面发挥作用，而难以在第二个方面充分发挥作用。其原因就在于它们在监督对象上有所侧重，它们的视野主要放在某些方面，而难以顾及多方面的对象。例如，党内的纪检部门，政府的监察部门都属于这种情况。舆论监督不同于这些专门部门的监督。它首先是动员全社会的力量对整个社会实施监督，其视野远远大于专门的监督机构，从而弥补了专门监督机构视野较窄的不足。其次，它是以舆论的形式对监督对象形成强大的压力，并能够帮助和督促专门机构发挥作用。在对待那些既不违纪又不违法却是不道德不规范的行为上，舆论监督所起的作用则是那些专门机构难以起到或无法起到的。在政府公共关系问题上，也同样存在类似的情况。因为公共关系工作在通常的情况下往往本着沟通、教育、诱导、调节、同化的原则和精神，本着净化社会的目的，所以也就更需要运用舆论工具来发挥其监督作用。此外，它还具有调节和调整功能，无论是政府与公众之间的关系，还是领导者与一般群众之间的关系，都需要不断地调节、调整。正是通过这种调节和调整，才能够使双方实现相互适应，同步前进。在进行调节和调整的过程中，舆论起到了重要的作用。它通过评价、监督、咨询等形式，对社会生活中小到个人行为、大到国家行政都能起到一定的调节作用。特别是对于国家行政的调节，是社会民主的一个重要形式。越是先进的社会形态，舆论的调节功能就越明显。在社会中，各种舆论方式往往相互呼应、成龙配套，形成统一的舆论力量，从而产生强有力的舆论声势和压力，它督促着国家行政部门一方面运用舆论的力量来推动各项工作的进行；另一方面倾听公众的呼声、要求和愿望，顺应民意，加强政府政策的决策和实施。为使社会舆论充分发挥其调节作用，还应当加强舆论的透明度和公开化程度，这也是当今世界舆论竞争的重要方面。

　　对于政府与公众之间的关系，主要是调整的问题。由于在许多情况下公众不仅人数众多、范围广大，而且非常分散。当他们与一个政府之间出现了公共关系问题之后，政府难以把他们集中起来进行相应的公共关系工作，这时候就需要运用舆论手段来开展公共关系工作，以改变公众的认识、看法和态度等，从而实现调整关系的目的。另外，对一些人数并不太多，范围并不太广，也并不分散的公众对象，有时候也需要靠舆论达到改变其态度和行为的目的。

　　除了协调政府与公众的关系之外，舆论对调节人际关系同样有着积极的作用。社会中的人们在许许多多的方面（例如思想方法、个人性格、爱好、志趣）有着很大的差异，但他们毕竟生活在同一个社会中，他们在诸如价值观念、社会志向、社会兴趣、社会活动的目标等方面也存在某些趋于一致的东西。这使人们不仅必须而且能够相互承认并尊重对方的存在和地位，承认并尊重对方某些与自己不同的东西；否则，人们也就不能相容和相融了。这种相容和相融体现在人们相互交往和交流的过程中，彼此对异己的观点、看法和态度等能够抱着一种宽容的态度，并通过交流来达到较高程度的共识。人们也正是在这样的基础上建立起一定的社会规范、道德准则等。当人际关系出现了偏离社会规范和道德准则的情况时，如果关系中的某一方或者双方不能按照社会规范和道德准则的要求来对待和处理，政府组织就将以舆论——首先是小范围内的舆论的形式加以干涉，迫使关系双方对关系现状进行必要的调整或调节。

舆论虽然是在法律、法规之外来调整和调节人际关系的一种手段，并对法律、法规起到一种补充和辅助性的作用，但必须看到它的作用也受到一定的限制。它在对人际关系的微观调节上所起的作用，远远不如宏观调整和调节方面那么显著，而且许多人际关系方面的失调也并不一定能够引起舆论的干涉。

六、社会舆论在政府公共关系活动中的实践

社会舆论特别是有积极作用的社会舆论，是完成政府公共关系管理任务的工具，是达到公共关系管理目的的手段。我们已经知道，政府公共关系的目的是在以公众利益为出发点，在与公众建立真诚合作关系的基本原则的基础上，求得个人、团体及社会之间的沟通、协调、理解，以期使政府更有效地开展工作，为大众利益服务，实现政府的目标。也就是说，政府公共关系要负责将本政府介绍宣传给公众，以求得公众的理解、信任和信赖，进而获得他们的支持与合作。而舆论恰恰具备了完成这项工作的能力。

另外，社会舆论对政府公共关系管理的决策有重要作用。这是因为，社会舆论既是公众对某一共同关注的社会问题所表达的意见和态度，又是各种社会信息的载体。通过舆论可以寻觅到人们所关注的某一问题的现状或未来的信息，因此，社会舆论本身具有了较好的现实判断力和较为正确的预测能力。

那么，如何使舆论在政府公共关系活动中发挥作用呢？这就要在舆论界和政府内部的管理决策机构之间建立起反馈通道，通过这条通道，把公众对政府所推行的各项政策的态度和反应，以及社会中各种或隐或现的和即将出现的矛盾的征兆等，统统反馈回来。政府决策机构就可以及时采取对应措施，从容对待，消除隐患。公共关系部门的任务是通过不同形式、多种渠道，如定期举行舆论调查，了解社会各阶层、团体及广大公众的不同层次的利益和要求，作出判断，从而作出科学的决策。政府公共关系部门应充分利用舆论这一强有力的工具，了解公众的意愿，倾听他们的呼声。只有做出符合公众利益的事情，才能获得他们的支持和信赖，才能使政府本身得到进一步的完善和发展。

第三节 行政组织形象与领导者形象的塑造

一、行政组织形象及其构成要素

关于行政组织形象这一概念的界定，目前理论界还没有一个统一的认识，但大致说来，所谓行政组织形象，是公众在对政府加以综合认识的基础上形成的关于政府的整体印象和基本评价，是政府行为在公众心目中的客观反映。概括地讲，行政组织形象可由

三个层面组成：一是反映政府言行与效果的外观形象，如说实话，办实事，求实效；公正廉洁，惩贪治吏，整肃腐败等。二是联系政府活动与运转的结构功能，如机构的设置，人员的安排，机制的运行，行政管理的体制等。三是决定政府结构与形象的思想观念，如勤政为民意识，改革开放意识，民主法制意识等。在这三个层面中，形象是表层，观念是深层，而结构则是连接二者并使之构成一体的中介层。形象通过结构反映观念，观念也通过结构支配形象。三者之间的关系是辩证统一的，它们由表及里共同反映政府的本质内容和活动方向。

行政组织形象体现的是政府与社会公众之间的辩证关系，它包括三个要素：第一要素是公众。在政府管理活动中，公众一般作为政府活动的受动方，但在行政组织形象问题上，公众却是认识的主动方，他们关注着政府的一举一动，是认识行政组织形象的主体。第二要素是政府。在行政组织形象问题上，政府只是充当公众的认识客体，是公众心目中的反映对象。第三要素是公众对行政组织形象的感觉、印象、评价和信念。行政组织形象沉淀于公众的心理状态之中，这种心理状态通过感觉、印象、评价和信息逐步形成和表现出来，并最终决定着行政组织形象的被判断及其政策言行的被接收和被拥护程度。就政府的角度而言，行政组织形象可分为自我形象设计和政府实际形象。如在1997年新一届政府记者招待会上，朱镕基总理所提出的要求实际上就是新一届政府的自我形象设计，但政府的实际形象能否达到这一设计要求，则有待于政府全体成员的共同努力。就公众的角度而言，行政组织形象可以分为公众期待形象和公众感受形象。这两者在现实中由于各种原因往往存在一定的差距。政府以自己的内在精神和外观面貌来树立良好形象，并通过各种各样的方式和途径沟通相互之间的信息，使彼此之间的形象对流，最终达到政府和公众都能随时调整各自的形象目标和形象感受，从而缩小公众对行政组织形象认识差距的目的。

二、行政组织形象的特点

政府组织有别于一般的社会组织，其价值取向的公益性、合法的垄断性、"产品"的特殊性、手段的强制性等特征都必然导致行政组织形象的特殊性。因此在塑造行政组织形象时，若能以行政组织形象本身的特点为依托，有针对性地采取不同的公共关系措施，就能做到以最小的投入取得最大化的效果，有效地树立起政府的良好形象。行政组织形象具有以下特点。

1. 主观性

行政组织形象具有主观性，不同的人对行政组织形象的感知不同。同一个政府行为，可能有些人认为政府做得好，另一些人则反对；有些人从中受益，有些人从中受损，而公众总是根据自身利益的得失来决定他们对政府的态度。针对这一特点，政府在做出抽象行政行为（往往是涉及面广、影响大的政策、规章等）时一定要强调调查研究，以充分了解民意；要加强经常性的双向沟通，增大政府工作的透明度；政策实施前让公众进行广泛讨论，加强实施前的解释和告知活动。这样，一方面政策制定之前充分发挥了民主，制定出的政策必然是照顾大多数人实际利益的政策，这样的政策必然会得到大多数人的拥护，政府的良好形象自然就树立起来了。另一方面，对那些利益可能受损的少部分人（因为任何政策必然会造成这一现象）则通过政务公开化、实现公众的知情权等措施，使之对政府的意图、政府决策过程有比较真切的了解，这样他们对问题的困难及其解决办法也就有了比较充分的理解和必要的思想准备。他们的思想承受力提高了，不满情绪自然就减弱了。因此，对于抽象行政行为，由于其影响大，容易对行政组织形象产生巨大影响，在制定过程中一定要科学民主，充分了解民意并体现民意，让公众理解政府的政策，这样才能逐渐树立起良好的行政组织形象，否则就很容易出现"一招错而全盘皆输"的被动局面。

2. 客观性

行政组织形象具有客观性。公众、舆论对政府形成的印象皆是由于与政府有关的客观存在的人、事、物、文化等因素产生并积累而成的。而公众感知行政组织形象最直接、最频繁的途径便是通过国家工作人员的具体行政行为。市场经济的发展，"行政合同"、"行政指导"等新名词的出现，表明国家日益要转变自己的身份、形象，要以平等的身份介入经济生活，以服务者、协调者、监督者的身份参与社会生活。国家公务员作为政府活动最主要的载体，无疑应更新观念，强化"公仆"意识，注意自身的形象以减少工作中的阻力与不便。因而在具体行政行为的施行过程中，一定要依据法定事由，遵循法定程序，廉洁自律，以身作则。国家已制定和颁布了一系列调整此类行为规范的新法令，如《行政处罚法》、《国家赔偿法》等。这无疑对规范具体行政行为提供了法律依据，为树立良好的行政组织形象提供了制度上的保障。

3. 动态性

行政组织形象具有动态性特点。公众的知觉受"近因效应"及"晕轮效应"的影响，易受政府近期的或是重大的行为左右而改变对政府的看法。行政组织形象易于被与政府有关的新信息所影响。针对这一特点，政府机关要打破传统的单纯以处理文件、组织会议为主要工作方式所造成的自我封闭状态，经常地开展社会交往活动，直接同公众接触，多给公众一些了解、知悉政府情况的途径，潜移默化地在公众中留下良好的印象。朱镕基总理上任时正是很好地利用了这一特点，抓住了记者招待会这一良好契机。他精彩的回答、潇洒的风度、坦诚的态度为新一届政府打开了良好的局面。当时国人和舆论都发出慨叹："这回中国更有希望了！"公众对新一届政府的印象也迅速改观。

4. 综合性

行政组织形象还具有综合性特点。公众对行政组织形象的感知和形成，并非基于一时、一事、一人、一物而产生，它是由于对与政府有关的人、事、物的长期感知及综合体会才形成的。基于这一特点，政府应时刻注意自己的行为，"毋因善小而不为，毋因恶小而为之"，在任何场合，任何时候都不要损害政府的形象。要做到这一点，光靠公务员的自觉、自愿是远远不够的。必须建立起严格、完备的监督机制以随时预防、补正、阻止损害行政组织形象的不良行为出现，防微杜渐，使每位国家工作人员都意识到国家行政组织形象的重要性及损害形象会受到的严厉惩罚，并时刻注意自己的言行。这样，良好的行政组织形象才能真正在群众心中落地生根。

三、行政组织形象建立的意义

良好的行政组织形象是政府本身一项重要的资源和无形财富，是政府有效运行不可缺少的前提条件。政府塑造自身形象能够增强政府的权威性和民众的认同感；良好的行政组织形象能降低政府成本，提高工作效率，进而促进经济发展和社会进步。现代政府都把其形象建立作为政府公共关系活动的核心目标。在现代社会，建立行政组织形象意义深远。

首先，良好的行政组织形象是政府健康生存和顺利发展的必然要求。根据国家一切权力属于人民的宪法原则，政府的权力来源于人民的委托，因而政府的行为必须反映人民的利益、愿望和要求。如果说政府具备了良好的行政组织形象，那就是说，政府的作为在最大程度上满足了人民的利益、愿望和要求，从而获得了人民对政府的良好感觉、印象和评价。在这种情况下，政府就能够得到健康生存和顺利发展。

其次，良好的行政组织形象是保证政令畅通的法宝，有助于我国政府行政决策的实施和行政效率的提高。政府的存在是为了制定政策和规则，以治理、管辖人民，使社会和人民在既定的规则和秩序下生存和发展。良好的行政组织形象，使社会公众对政府有一个较强的情感认同和行为认同，公众就会自觉地服从政府，遵守政府的法律和规则。行政组织形象好了，它的法律也较容易得到遵守，它的政策也较容易得到贯彻，从而它的稳定性和影响力都会大大增强。

再次，塑造良好的行政组织形象一向是思想家和政治家们所追求的重要目标。自古以来，任何一个开明的政府都希望得到人民的充分信赖和热情拥护。因而，无论是封建社会的帝王，还是现代政府，都把努力塑造自己的良好形象作为其治国为政的基本方略。但是，在剥削阶级占统治地位的国家里，政府的唯一目标是管制和压迫人民，在这种情况下，只有通过专制的制度和暴力的使用才能维持其统治地位，因而它绝对不可能在人民中间树立良好的形象。只有当社会主义国家诞生之后，政府真正成为代表人民利益的政府时，政府才可能得到人民的信赖和支持，也只有代表人民利益的政府，才会真心实意从维护人民利益的角度出发去改善自己的形象。

最后，塑造良好的行政组织形象，是我国政府机构改革的重要目标之一。社会主义国家的本质是人民当家做主，使人民真正成为国家的主人。一切依靠群众，一切为了群众，从群众中来，到群众中去，是我们工作的根本点和出发点。党的宗旨就是全心全意为人民服务，因此，衡量政府工作的标准最根本的是看群众支持不支持，群众满意不满意。建设行政廉洁、办事高效、制度规范、取信于民的现代行政组织形象是我国政府机构改革的重要目标。

四、影响行政组织形象的主要因素

行政组织形象是社会公众对政府综合认识以后所形成的总体印象，是通过政府许许多多具体而又客观的活动作用于公众的思想感情而产生的一种主观的综合印象。公众对政府的综合认识包括：公众对政府的静态实体的认识，即对政府设施、组织机构、方针政策、制度法规等方面的认识；公众对政府的动态行为的认识，即对政府工作人员的言行作风，对政府的工作效率，对政府的权威性和信誉度等方面的认识。行政组织形象作为公众的认识结果，必然具有明显的主观性，但它又并非主观随意性的产物，就其实质而言，依然体现着主客观的辩证统一性。因为归根到底，行政组织形象的产生并不以任何人的主观意志为转移，它要以政府的客观行为、政府的客观影响力以及作为外在力量的其他经济政治文化的因素为基础。

决定行政组织形象的因素很多，但归结起来，主要有以下几种。

1. 价值观

政府的价值观凝聚着政府的社会性、阶级性，体现在政府确定的发展目标、政府选择的施政方向和方式上。当政府的价值观反映了广大社会公众的价值观时，政府的行为和政策往往就能得到广大社会公众的拥护和欢迎，行政组织形象也随之提高；反之，则会遭到广大社会公众的抵制和反对，行政组织形象也随之降低。

2. 政策

政策是政府为实现自己的目标而制定的具有普遍约束力的行为准则，包括制度、法规、法令、纪律等。政府制定的政策是否符合广大社会公众的愿望，是否符合民意，是否符合当时当地社会发展的客观要求，这不仅关系到政府能否顺利实现自己的目标，还关系到行政组织形象的优劣问题。

3. 信誉

政府信誉就是政府对社会公众承诺的实现程度，它往往成为广大社会公众评价行政组织形象的直观起点。政府的信誉高，即意味着政府受到广大社会公众的赞赏程度、信赖程度高，这是政府实施政策、实现施政目标的良好基础。

4. 公正性

政府的公正性是在其权力运用中对公正原则的体现程度。不同社会环境条件下有不同的公正原则，因而政府的公正性具有较大的相对性。但是，政府是否具有得到大多数社会公众认同的公正性，则肯定与广大社会公众的切身利益紧密相关，因而广大社会公众对此最为敏感，最为关注。

5. 廉洁程度

政府的廉洁程度是政府工作人员在行使权力过程中具有的自律性、原则性和道德性的综合反映。廉洁的政府才可能具有信誉，廉洁的政府才会产生真正的效率，廉洁的政府才能成为公正的政府。政府的任何腐败现象，都可能导致行政组织形象危机。

由此可见，行政组织形象作为政府自我设计与公众期望、政府行为与公众感受的统一，其在公众心目中形象的好坏，最终取决于政府的自身行为，而大力加强政府机构改革，推动政府职能转变，是提高行政组织形象的根本途径。

五、行政组织形象系统管理

从某种意义上讲，行政组织形象是企业 CI 设计在政府部门的延伸。因此，把行政组织形象作为一个复杂系统来进行管理，是塑造行政组织形象的一种有效方法。

所谓行政组织形象系统管理，是在政府总体形象设计的基础上，通过对政府工作质量、政府政策形象、公务员形象、环境形象、传媒形象等构成要素实施全面系统管理，提高政府的内在素质和外在表现，从而提高政府美誉度的现代管理活动和过程的总和。实施行政组织形象系统管理，对塑造我国政府良好的形象，提高政府美誉度，增强政府威信，实现执政为民的宗旨，具有重要的意义。行政组织形象系统管理的基本框架大致由以下几个方面构成。

（一）政府总体形象设计

政府总体形象是政府决策者在掌握关于行政组织形象评估信息的基础上，根据公众的期望和政府工作的战略目标，为政府设计的综合性的、长期的形象。政府总体形象具有指导性、全局性和长期性。政府总体形象设计是在科学调查研究的基础上，具体确定行政组织形象的总体框架和内涵，包括行政组织形象定位、确定行政组织形象目标、确定行政组织形象标识等。

一是行政组织形象定位。政府总体形象设计的第一步是行政组织形象定位，即要设计的是一个什么样的行政组织形象。准确定位是政府总体形象设计中十分重要的基本步骤。各级政府应根据自身所处的现实环境，准确进行行政组织形象定位。二是确定行政组织形象目标。定位是从客观环境来确定行政组织形象的框架，定目标则是从主观角度来确定政府期望树立的形象框架。确定行政组织形象目标的依据是政府长期发展战略目标，行政组织形象目标必须纳入政府总体目标中。三是确定行政组织形象标识。运用类似企业 CI 的设计和运作，确定行政组织形象标识。将类似企业 CI 的设计和运作导入行政组织形象设计，把政府的理念、行为与视觉形象统一组合起来，形成行政组织形象标识，使行政组织形象定型化、系统化。高水平的行政组织形象标识凝集了政府文化的大量信息，使行政组织形象具有极大的吸引力和感染力。精心确立和设计行政组织形象标识，是使行政组织形象完美的重要步骤。

（二）政府工作全面质量管理

政府工作全面质量管理是行政组织形象的保证。政府工作质量主要指政府为社会提供的公共产品的质量。政府工作质量反映在政府管理的各个环节，涉及政府管理的方方面面，贯穿于政府的一切工作之中。它体现政府的价值观、能力和绩效，全方位地影响着政府的形象。根据系统论的思想和理论,质量保证体系由以下几部分构成:一是明确的质量方针、质量目标和质量计划。质量保证体系要把各有关部门、各个环节的质量管理工作组织起来,有效地发挥各方面的力量。要使质量保证体系协调而有效地运转,必须制定质量方针。根据质量方针的要求,提出政府在一定时期内开展质量工作所要达到的质量目标,并制定实现质量目标的质量计划。这样,质量保证体系活动就能方向明确,目标具体,措施落实,确保政府工作质量不断提高。二是严格的质量责任制。明确规定政府有关部门、各级公务员在保证和提高工作质量中所承担的职责、任务和权限,做到质量工作事事有人管,人人有专职,办事有标准,工作有检查,建立一套以质量责任制为主要内容的考核奖惩办法和严密的管理制度。三是设立专职质量管理机构。其组织形式是:在政府决策者直接领导下建立质量管理领导小组(或委员会),下设质量管理机构(如全面质量管理办公室)。四是设立高效灵敏的信息反馈系统。要使质量保证体系正常运转,必须建立一个高效灵敏的政府内、外的信息反馈系统,规定各种质量信息的传递路线、方法和程序,在政府内形成纵横交错、畅通无阻的信息网,准确、及时地搜集政府内、外各种质量信息。形成从信息的收集开始,经过汇总、储存、传递一直到分析、处理等全过程的闭路信息反馈系统,保证信息畅通和发挥作用。五是设立科学的全员质量管理体系。政府工作全面质量管理,有赖于每一个环节、每一个行政人员的高质量工作。其中,行政人员自身的质量观念、质量水平、质量行为起着决定性作用。为此,必须动员全体行政人员参与质量管理,建立全员质量管理体系。

(三)政府政策形象管理

政府政策形象管理是行政组织形象的关键。政策是行政组织形象的综合反映,它体现一个政府代表谁的利益、为谁服务。公众往往通过政府的政策认识政府,通过政策推行过程中的自身感受加深对政府的认识,使心目中的政府感性化、具体化、形象化,从而评价政府的优劣。政策形象的好坏直接影响行政组织形象。因此,行政组织形象管理必须首先落实到政策形象管理上。政策形象管理是行政组织形象管理的基础。搞好政府政策形象管理必须做到:一是在政策制定过程中树立正确的价值取向。首先,以公共服务为政府政策制定的首要依据。政府是为社会公众服务的,政府政策的制定要考虑全局性,考虑社会效益,归根结底,要考虑社会公众的利益。政策要使公共利益得到保证与实现。其次,以克己奉公为政策制定的出发点。政府也是一个具有自身利益的社会组织,政府所处的地位和手中掌握的权力,使政府有可能在政策制定中以自身利益为出发点,通过政策制定把自身利益扩大化。但政府的性质决定了它是公共利益的代表,它不能利用公共权力谋取自己的私利,它必须克己奉公,尽量满足社会公众利益。二是促进政策制定形式的民主化、参与化。政策制定形式的民主化,是保证公共政策的制定者所制定的政策更加符合公众的利益和实现民主功效的重要手段。在现实社会中,实现民主化的主要形式便是社会公众对决策的参与。对于政府的决策而言,参与决策意味着政府必须走出封闭的"象牙塔",与政府以外的各种社会组织、利益群体、不同阶层的社会公民进行接触、商洽、沟通与协调，谋取利益的整合。三是改进与优化政府政策制定体系。要改进与优化政府政策制定体系，建立科学的政府政策制定体系，首先，要健全政府决策信息系统。信息的获取与处理是制定高质量公共政策的一个基本的前提条件。其次，完善政策咨询参谋系统。在现代政府政策制定体系之中，谋与断、咨询权力和决策选择权力的分离与有机结合已经成为公共政策制定的一个最为显著的特征。第三，加强政府决策中枢系统。加强决策中枢系统最重要的是提高决策者的素质。决策者的素质是决定政策成败的重要因素之一。第四，强化政府政策反馈评估系统。我国公共决策部门很少对自己制定的政策进行评估，由于缺乏科学的评估机制，因而使决策问题不能得到及时的发现与解决，最终导致政策的失效。因此，强化政府政策反馈评估系统，是提高政策质量的重要环节。

（四）政府公务员形象管理

公务员形象是行政组织形象人格化的体现。在现代社会，政府领导人的形象对政府整体形象具有尤其突出的示范作用。普通公务员由于经常广泛、大量地接触社会公众，同样是行政组织形象的塑造者和承受者，是行政组织形象活的载体。公务员通过工作中乃至生活中的言行，将行政组织形象传递给公众，公众对政府的认识，多数情况是从所接触的公务员的言行中获得的。因此，公务员的一言一行，都会给公众留下深刻的印象，直接影响行政组织形象。公务员形象管理具有极为重要的意义。实施公务员形象管理应注意以下几点：一是加强培训。公务员培训是保证优化、精干、廉洁、稳定的公务员队伍的重要措施之一。培训是公务员形象管理的基础和根本。要把公务员培训作为政府的一项具有战略意义的工作来抓。二是落实行为规范。要把公务员形象管理真正落到实处，把培训成果转化为公务员的具体行动，还必须在教育培训的基础上，抓公务员行为规范的落实，落实公务员行为规范是公务员形象管理的条件和保证。要通过完善公务员行为规范，提供公务员行为的实施保障，使公务员行为规范真正落到实处。三是加强勤政廉政建设。国家机关公务员中存在的出勤不出力、贪污受贿、道德败坏等现象，严重影响党和政府在人民群众中的形象，引起了人民群众的不满。公务员形象管理必须加强勤政廉政建设，建设勤政廉政的政府，改善行政组织形象。

（五）政府环境形象管理

政府环境形象从一个方面反映政府的整体管理水平和精神面貌，是现代政府实现高水平、高层次管理的重要内容，现代政府十分重视环境形象管理。政府环境形象管理应抓好如下几点：一是工作环境的家庭化管理。工作环境实现家庭化管理，指把工作现场、办公室管理得像现代家庭那样协调、舒适、整洁、卫生。有利于公务员的身心健康，有利于提高工作效率，有利于树立良好的工作环境形象。二是设备环境的现代化管理。现代化的设备环境要求机关办公室日益强化和完善以下功能：有力的计算功能、文字处理功能、信息查询功能、通讯功能、管理和辅助决策功能。近年来，国际上办公自动化设备发展很快，工作效率大大提高，我国应积极创建"电子政府"，早日实现设备现代化。三是生活环境的园林化管理。生活环境实现园林化管理，是指把政府机关的生活环境建设管理得像园林一样优雅、清新、干净，建成生态园林式政府机关。四是政府外貌的形象化管理。政府外貌包括主体建筑造型、环境布置的运用等。现代政府应该有意识地通过对政府外貌的精心设计，展示行政组织形象、政府文化和政府的特征。

（六）政府传媒形象管理

政府传媒形象，这里主要是指作为政府的代表或发言人在大众传播媒介特别是在电视传媒上的形象。这种形象虽是个人的，但由于这个人特殊的身份，往往象征着政府的形象。因此，政府公务员传媒形象的好坏往往影响了他所代表的行政组织形象的好坏。政府传媒形象对行政组织形象影响重大，需要精心管理。政府传媒形象管理主要包括以下内容：一是做好传媒亮相前的准备。公务员接受传媒的采访，或者上电视讲话、发布新闻都应做一系列的准备工作，包括身体外形、发言的预习等。二是电视采访中的形象控制。公务员在接受采访中，应当注意表情和姿势，给观众一个有修养、有风度的形象。在回答问题时应当沉着镇静，掌握主动权，努力控制住局面。三是加强培训，提高传媒形象技巧。首先是进行理论培训。开设有关传媒形象技巧方面的专题或讲座，组织政府公务员学习传媒形象技巧理论。通过训练形成正确的表情与姿势，形成正确的声音语调。通过培训不断提高传媒形象技巧，改进和完善政府传媒形象。

（七）政府危机管理

危机及由危机引起的社会动荡，必然要求政府迅速采取危机管理措施。危机的发生会对行政组织形象带来重大影响，政府对危机的管理水平，直接关系到政府在公民心目中的权威地位和形象，进而关系到国家政权的生死存亡。当前我国正处于社会阶层结构与利益关系变化的转型时期，利益关系主体之间的矛盾冲突、群体事件的增加以及国内外诸多因素的影响，使我国的社会稳定和国家安全在一定时期面临着现实和潜在的挑战。因此，加强政府危机管理具有重要意义。政府危机管理有如下主要内容：

一是政府危机的预防。首先，要树立危机意识。只有决策者树立了危机意识，才能采取各种相关的措施，预防和监控危机状况的出现和发生。其次，要对危机进行预测和监控。通过危机早期监测，政府可以将社会中出现的大量零星、分散的危机前兆及相关因素收集起来，及时提供给政府决策部门和职能部门。危机早期监测对危机管理的整个进程起着关键性的作用。第三，制定政府反危机战略规划。将危机纳入中、长期的战略规划轨道，是当今世界各国政府普遍采用，且被认为是控制危机行之有效的方法。第四，建立政府危机管理体制。政府必须建立一整套社会危机监测、预防和快速反应的制度和运行体系，明确政府各职能部门的任务和责任，构造一个职能明确、责权利分明、组织健全、运行灵活、高效统一的危机管理体制。

二是政府危机处理。政府危机一旦发生，对于政府的领导集体来说，头等大事就是要采取果断措施，迅速结束危机局势，恢复秩序，维护现政权。为达此目的，政府需要采取以下策略：

（1）强化政府领导集体的权力控制能力。政府危机管理的有效性，很大程度上取决于政府领导集体手中掌握的权力以及危机管理大权的实际走向。政府能否使社会危机缓解，首先依赖于是否具备一个权力集中、权责明确、决策高效、指挥有力、协调灵活、行动快速、控制危机的领导体制。

（2）强化领导者个人的权威。在领导群体中确立起某个领袖人物的中心地位，以其提出的思想、目标作为团结的基础和行动的指南。在领导核心内部达成认识和行动的统一。

（3）加强与社会各方面的沟通，争取公众的理解和支持。政府要通过各种沟通方式，促使公众了解危机局势的社会危害性，以及危机政策和危机对抗措施的目的和意义，唤起公众对政府行为的广泛支持。

六、现代社会与行政组织形象塑造

当代科学技术的迅猛发展，引起了整个社会的深刻变化。经济领域，各国经济连为一体，互相渗透；政治领域，民主化呼声空前高涨；文化领域，不同特色的民族文化相互交织融合。适应新时代要求，积极利用现代科技手段，塑造我国政府新形象，成为当前一项迫切的政治任务。

（一）WTO与行政组织形象塑造

随着改革开放的逐步深入，市场经济体制的建立和民主政治的日益发展，社会公众对政府的要求越来越高，尤其是"入世"后，政府受到的冲击更大。"入世"首先是政府"入世"，最积极的应对就是加快政府改革。这就需要政府以一种新的思维理念去适应新的环境，以一种新的运作方式去实现新的目标；需要广大公务员以新的姿态参与竞争。总之，需要政府以全新的形象去应对WTO的挑战。

1. 政府角色定位的转变

在"入世"的23个协议中，只有两个条款提及企业，其余的条款主要是规范政府行为。加入WTO政府必须转变职能，这是政府树立良好形象的关键和切入点。我国现实中的政府行为还带有计划经济的明显痕迹，整个经济活动，多数以政府为中心展开，随意干预企业的现象随处可见，政府职能包罗万象，什么都管，结果管了许多管不了又管不好的事，而有许多该管的事却没有管好。出现了越位、错位、缺位现象。加入WTO后，政府受冲击最大，而真正参与国内外市场竞争的主体是企业。因此，政府要公平对待所有企业，强化宏观调控职能，为企业的发展和竞争创造良好的外部环境。政府应当及时转变既当裁判员又当运动员的角色，切实担负起维护市场秩序的职能。政企不分、直接干预的越位要退位；职能交叉、机构重叠的错位要正位；公共服务、公共物品的缺位要补位，无处不在、无所不包的全能政府要向有限政府转变。

2. 政府理念的更新

政府理念系统主要包括政府的价值观念、精神追求、发展定位、管理哲学、法律意识、道德观念、文化认同、审美观念等。这是行政组织形象的灵魂。它不仅决定政府组织区别于其他类型组织的特征，也决定该地方政府区别于其他地方政府的风格特征和个性，决定行政组织形象的层次和风格。

3. 政府运作方式的改革

政府运作方式是行政组织形象的具体体现，WTO 规定的非歧视、市场开放、公平竞争、透明等基本原则是现代政府行为的基本规范。而目前我国政府的实际运作情况难以适应 WTO 的要求。政府对经济社会的管理方式落后，如行政审批程序过于繁琐，决策过程和依据透明度低，行政效率低下，行政干预的随意性和强制力较大，机构臃肿等。所以，政府要提高效率，必须加快改革力度，严格遵守 WTO 游戏规则，真正实现政府管理理念的现代化、政府管理法制化、政府决策科学化、管理手段信息化、行政组织形象廉洁化，努力构建适应 WTO 要求的政府运作机制。

4. 公务员素质的提高

行政组织形象的核心内容是公务员的整体形象。从现实状况看，尚有许多不尽如人意的地方。思想观念陈旧，习惯于用传统思维、传统手段对待变化了的新形势，缺乏创新精神。加入 WTO 后，环境在变化，形势在变化，公众对政府的期望值也在变化，公众对政府的形象提出了新的要求，原有的形象已经不能全面反映公众的期望。因此，要对行政组织形象进行重新定位和塑造，构建规范、透明、公正、高效、廉洁、创新的新的行政组织形象目标体系。

规范，就是要求政府经济管理职能和行为符合世界贸易组织基本规则，不与世贸规则和中国承诺的义务相冲突，严格按照国际通行规则办事，要求政府经济管理职能和行为符合国家法律规定，要求经济贸易法律健全，政府依法行政，从根本上消除以权代法的现象。

透明，就是要求政府的政策法律、法规具有较高的透明度、稳定性，在涉外经济活动中所有法规应在指定媒体上公布，保持公开性，实行听证会制度，建立统一法律政策咨询机构，统一解释政策，提高制定和执行政策程序的透明度，实行政务公开。

公正，政府要公平、正直、没有偏私，在提供公共服务、处理问题及对资源进行权威性配置时，必须按照法定的程序、均等的机会，遵守国民待遇原则，一视同仁，尽可能公正地对不同利益群体的要求加以合理的协调。

高效，指的是政府服务于公众的良好效果。WTO 规则对政府的运行效率提出了明确的标准，政府各个部门要有明确的职责范围和清晰的权力边界。改革行政审批制度，简化办事程序，增强整体效能，建立协调高效的政府运行机制。

廉洁，现代政府是服务性政府，政府行政的最大、最根本目的和价值追求是为公众服务，而且是高质量、多样化的服务。因此，清正廉洁、克己奉公是公众对政府的基本期望，也是行政组织形象的必然反映。不廉洁，政府就没有感召力和凝聚力。只有廉洁奉公、勤政为民，政府才能赢得人民的支持和拥护。

创新，WTO的重要原则之一便是激励各成员国进行制度和管理创新。在制度创新方面，必须改革对市场主体的认证、市场准入、资源配置的行政审批制度，真正实现以市场经济方式进行市场主体认证、市场准入和对资源的有效配置；在管理创新方面，必须建立健全公共政策创新机制，确保政府公共政策的不断创新，积极引导和规范市场行为，使之公平、有序地开展。

（二）政府上网与行政组织形象塑造

随着新技术革命的发生，计算机网络引起了整个社会的深刻变革，以美国为代表的各发达国家普遍重视信息高速公路建设，积极建设电子政府，推进政府上网工程，将其作为提升行政组织形象的重点。

电子政府一般也可以通俗地称为政府上网。它的主要内涵是：利用现代信息技术首先把政府内部的机构联为一体，组成政府部门的局域网和政府系统的广域网，然后再和Internet连接。政府机关之间、政府与社会各界之间由各种电子化渠道进行互相沟通，政府从惯有的封闭行政系统中解脱出来，加入全球的网络信息体系，使广大的社会团体和公民个人可以方便地经由开放的系统查询政府信息、参与公共政策和享受服务。

为顺应时代潮流，1999年1月22日，由中国电信总局和国家经贸委经济信息中心主办，联合40多家部委（办、局）信息主管部门，共同倡议发起的我国政府上网工程全面启动。到目前为止，除个别偏远地区外，我国县级单位基本都建有自己的政府主页。

当前我国正在积极进行政府机构改革，要实现政府改革的目标，除了政府自身努力外，还离不开社会公众的理解和支持，因此，必须首先得到社会公众对行政组织形象的认同。而政府上网工程则为政府行政职能转变提供了技术支持，同时，在政府和社会公众之间架起了联系的桥梁，使公众能够更快、更多、更全面地了解政府。政府上网对塑造行政组织形象的作用可以通过丰富行政组织形象的内涵表现出来。

1. 改革开放的形象

政府上网，本身就是一种开放的、改革的形象。它凭借四通八达的网络，把当地政府的各种信息告诉本地公众，同时也传播到世界各地。政府的决策、政府的意图、政府的愿望等信息，不再只有当事者和相关人士才能获知。这本身就是一种质的变化，一种开放的思维的现代化办公形式。政府上网将带来机关与社会交流方式的重大变革，其结果将促使政府进行一系列的改革创新。政府上网，有利于塑造政府改革开放的形象。

2. 人民公仆的形象

全心全意为人民服务是我们党的宗旨，也是我国政府的根本宗旨。我国政府是人民的政府，人民是国家的主人，政府公务员是人民的公仆。新中国成立以来，像焦裕禄、孔繁森等这样的好公仆不胜枚举。但由于受传统"官本位"思想和市场经济某些负面的影响，像政府的"门难进、脸难看、话难听、事难办"等问题依然存在，主仆关系颠倒、主人对公仆的"敬畏"极容易使政府和人民之间产生距离，使政府失去人民的信任，其形象受到损害。政府上网后，把"公"办到网上，则给老百姓带来了福音，网上政府这个"门"不再难进，"脸"不再难看，"事"做起来也比先前畅快了，从而，大大改善了政府在人民心目中的形象，实践了人民公仆的理想。

3. 高效精干的形象

政府的工作效率是公众评价政府的决定性因素。因此，提高政府的工作效率在塑造良好行政组织形象中具有重要意义。政府上网后，首先，会变革政府运行机制的组织结构，原先行政组织层层上通下达的功能，在很大程度上被信息高速公路所提供的大容量通信技术代替，政府组织结构将由垂直型向扁平型转化，大大减少了信息传递的环节，有利于政府高效地指挥和管理。其次，政府政务运作手段将发生根本的变革，公务员运用现代高科技办公设备，方便地调用来自四面八方的信息，并可随时增添新的内容，可以及时了解每天发生的重大行政事件，并尽快处理，将发生的问题及时消灭在萌芽之中。最后，网络可为政府集思广益、听取来自社会各阶层的建议和意见提供便利条件，有利于政府进行正确预测和科学决策，降低政府的协调成本、时间成本，减少行政人员，提高办事效率。

（三）依法治国与行政组织形象塑造

我国是一个具有法律传统的国家，但是传统的法律主要是为了强化政府，使国家权力进一步系统化，而现代的法律系统的目的主要是为了限制政府，依法治国。所谓依法治国，就是指依照体现人民意志、反映社会发展规律来治理国家，国家的政治、经济、社会的活动以及公民在各个领域的行为都应遵照法律进行，而不受任何个人意志的干涉阻碍和破坏。正如中央指出的，依法治国，建设社会主义的法治国家，是强化各级政府服务功能、规范政府行为、树立行政组织形象的必然选择和最佳机遇。

1. 依法治国是实现政府理念的根本保证

实行和坚持依法治国，就是使国家各项工作逐步走上法制化和规范化。坚持依法治国并把其作为建设社会主义法治国家的基本方针，是由于法制这一载体具有其他治国方针不可替代的优点，它提示了治理国家的基本方针是运用宪法和法律，能够充分适应我国在改革开放条件下，发展社会主义民主，建设社会主义市场经济体制，建设社会主义现代化国家的基本要求。它能够使国家目标在法律的保证下准确定位，保持稳定性、连续性和服务性，更好地赢得人民的支持和拥护。实践证明，依法治国方略的实施，是我国政府执政方式的重大发展，是党和政府政治上成熟的表现，是实现政府理念的根本保证。

2. 依法治国是政府质量提高的关键

依法治国体现了全体人民的共同意愿，只有健全法制，依法治国，才能够持久有效地保障国家的稳定、社会的有序和人民的安宁。社会主义市场经济建立和完善的过程，实质上是经济法制化的过程。政府法制的根本任务，在于依据法律、法规为社会的经济发展提供有效的动力和制衡机制，形成规范、有序的社会环境。只有建立健全法律、法规体系并使之得到有效实施,市场经济才能够健康有序地运行,社会生产力才能持续、协调、高速地增长。

3. 依法治国是政府行为规范化的显著标志

依法行政是依法治国的重要环节,也是现代政府行为科学化、规范化的重要途径,它要求运用法律规范来调整政府行为,使政府行为合法、公正、公开,要求国家行政机关必须依照法定程序行使权力,防止权力的滥用。权力是人民赋予的,是宪法或法律赋予的,是用来为人民谋幸福的;权力的大小是与社会责任成正比的,任何权力都要依法行使并受到法律的约束,真正做到"权为民所用"。只有政府行为的法制化、规范化,才能有效地制约权力,防止少数行政机关和行政人员超越、滥用职权、滥施处罚,才能防止和纠正各种腐败行为。因此,只有依法治国,依法行政,才能切实有效地规范政府行为,建立社会主义法治国家。

4. 依法治国是政府道德完善的必然要求

政府的工作人员处于国家和社会公共事务管理者的地位,对社会成员起到巨大的引导和示范作用,他们的道德素质、法律意识,直接关系党和政府的形象,是决定党和政府影响力的根本要素。政治腐败和政府公务人员的以权谋私必然损害党和政府的形象和威信,动摇公众对政府管理的信念和信心,危及国家政局的稳定,影响社会主义事业的顺利发展。

政府道德作为调节政府和公众之间各种社会关系的一种价值体系,是一种建立在法制化、规范化基础上的实践性道德。政府良好道德观念的形成和政府组成人员个体形象的树立,必须强化法律规范和法律监督,使政府工作人员的行为处于法律的监督和制约之下。同时,政府及组成人员在竞争日趋激烈、法制化程序越来越高的现代社会里,应自觉运用法律约束和矫正自己的行为,不断增强抗腐拒变的能力,切实保护人民的权利,不以权代法、以权压法、以权乱法、以权废法,努力形成良好的行政道德。只有这样,才能得到人民群众的真正拥护,才能树立政府的威信和良好形象。

【案例7-1】

别开生面的"住房改革千家谈"

"让政府了解您,让您了解政府;住房是您的生存条件,参与是您的神圣权利!"这是广州市进行"住房改革千家谈"大型社会调查的一个宣传口号。此项调查,是广州市政府委托广州社情民意研究中心和广东电视台新闻部联合进行的。

1988年秋,住房改革成了广州市民议论最多的热门话题之一。市政府将住房改革方案的征求意见稿广泛传达到每个职工家庭,并且组织了此次大型民意测验活动。在"住房改革咨询日"那一天,市民们纷纷赶往广州起义烈士陵园等3个咨询点,向包括市长在内的最高决策层直接反映自己对住房方案的意见和看法。广州市副市长石安海和房改专家、房改领导机构负责人等100多人,面对面地接受了市民们就住房改革提出的咨询。

"住房改革千家谈"活动，自拉开序幕以来反映强烈，在规定的短短 5 天报名期内，报名参加"住房改革千家谈"的就逾 2400 多家、2 万多人。在电视辩论会上，市民代表就房改方案进行了公开辩论。此外，专家、试点单位、企业家、市长、市民之间进行了多场直接对话。通过这一系列的活动，市政府力求使未来的房改方案经过公众充分酝酿，多方面地吸收公众意见，尽量做到切实可行。下面对该案例作一简单分析：

（1）为开展政府公共关系提供了新的途径。以往我国的公共关系活动，多限于企业界，广州市政府有意识地运用民意测验等舆论手段，对政府公共关系活动进行了可贵的探索。这对我国行政公共关系的发展，将会起到推动作用。政府部门与其他社会组织一样，要想树立自己的威信，获得公众的支持和配合，必须与公众建立起信息交流关系。广州市开展的住房改革大型社会调查，就为今后我国政府公共关系活动提供了有益的经验。

（2）大型社会调查，了解社情民意是提高政府决策科学性的有效形式。任何一项改革都需要公众的理解和支持。为此政府与公众之间必须进行双向信息沟通。住房改革牵动千家万户，"住房改革千家谈"活动以其新颖别致的形式，将民意调查与反馈，社会协商对话，社会心理改造等工作集于一体，为市政府推行住房改革提供了民意信息，有利于提高政府决策的科学性，并能增强住房改革方案的适应性。

（3）把房改方案交给市民讨论，既是方案日趋完善的过程，也是对公众进行宣传的过程。通过这一活动，不仅增强了政府工作的透明度，也有利于提高市民对"房改"的承受能力。

【本章小结】

本章主要论述了政府与党、政府与人大、政府与政协、政府与企事业单位、政府与社会团体等之间的关系；探讨了社会舆论的特点、分类、形成机制及其在政府外部公共关系中的作用；介绍了行政组织形象的基本内涵和行政组织形象系统管理的主要内容。

课堂讨论题：

结合案例，谈谈你对政府与其外部公众之间关系的理解。

复习思考题：

1. 如何正确处理政府与执政党之间的关系？
2. 简述正确处理政府与企业之间的关系对政府工作的意义。
3. 社会舆论在政府公共关系中的主要作用是什么？
4. 如何理解行政组织形象的基本内涵？
5. 行政组织形象系统管理的主要内容是什么？

第八章 政府公共关系实务（一）

学习目标

- 了解和识记政府公共关系新闻宣传的概念、特点和原则
- 理解和应用政府新闻宣传的操作和政府的新闻发布会
- 了解和识记政府公共关系人际交往的概念、特点和主要功能
- 掌握和领会政府公共关系人际交往的基本技巧和公共关系礼仪
- 了解和识记政府公共关系广告的概念、特点和分类，理解和领会政府公共关系广告策划的基本原则

第一节 政府公共关系的新闻宣传

一、政府公共关系新闻宣传概述

在现代社会生活中，新闻宣传对社会公众的影响力越来越大，社会公众对外部世界的了解越来越依赖于传播媒体。如何有效地利用新闻宣传媒体来树立良好的政府形象，并通过它宣传政府的方针政策，已成为政府公共关系工作的重要内容。

（一）新闻宣传的概念和特点

政府公共关系的新闻宣传是指政府为了达到预定的公共关系目标，通过传播政府机构的有关信息，以影响公众意识和行为的社会活动，新闻宣传所依赖的媒介主要有报纸、杂志、广播、电视、新闻电影、新闻图片、网络等。欧美的新闻学者把新闻界说成是政府的"第四部门"，因为它能加强政府与公众之间的信息沟通，能够赋予被传递的信息以某种特殊的重要意义，具有提高社会知名度的特殊效应，是政府公共关系工作的功能放大器。政府新闻宣传既具有一般新闻宣传的特点，又具有其自身的优势。一般来说，政府新闻宣传的特点有以下几个方面。

1. 权威性

由于政府在整个社会中起到的组织管理、监督指导的作用。政府机构在许多内、外部信息的获得、整理、发布等方面处于无可替代的地位，而且由于政府特殊的社会政治

地位，也容易获得人们的信任。所以，从宣传的深度和广度两个方面来看，政府的新闻宣传都具有较强的权威性。

2. 真实性

对于政府来说，真实是新闻宣传的生命。公众接受新闻是为了了解政府的真实面貌，以便增长知识，提高认识，选取对策，决定行动。因此，政府的新闻宣传不能轻率行事、任意夸大或缩小、扭曲事实。否则，不仅达不到宣传效果，反而会产生负效应，使公众对政府产生信任危机。由于新闻传播客观性和真实性强，政府的信息通过新闻界站在公众的立场上来传播，也容易获得公众的信任。

3. 扩张性

政府的新闻宣传面对全体社会成员，它的接受对象涵盖面极大，几乎包括各行各业所有的层次。政府的新闻宣传对社会公众的影响非常大，具有扩张性和爆炸性。一条重要的政治新闻可以迅速地传到全球的每个角落和数亿人的耳中，所以政府的新闻宣传应该注意其对社会和公众舆论的影响，实事求是，谨慎认真。

4. 时宜性

政府新闻宣传应该是及时的。借助现代科技手段在短时间内将信息在人类空间内传播，使受众的接受与事件的进程处于同步状态，从而使空间的障碍一下子化为乌有，做到迅速及时、适应时需、讲究时效。一方面，要把握好时机，避免超前空喊和打马后炮；另一方面，要与政府机构的实际目标相配合，符合时代的潮流。

5. 经济性

与广告相比，政府新闻宣传的社会影响大，接受范围广，受信任程度高，但是其成本低廉，经济实用，被喻为"免费广告"。

（二）新闻宣传的基本原则

政府公共关系人员在开展新闻宣传活动时，必须注意以下几个基本原则。

1. 明确宣传意图

明确宣传意图，是搞好政府新闻宣传的基本点。在新闻宣传之前，政府公共关系人员必须明确这些问题：这篇新闻稿的目的是什么？这一目的是否正确、是否合乎时宜？目的现实的可能性取决于什么？所有这些问题都搞清楚了，宣传目的才明确。

2. 熟悉宣传对象

政府新闻宣传的效果不在于宣传者说了什么，而在于读者、听众或者观众怎样理解、理解多少，以及能在多大程度上接受宣传者的观点。因此，只有熟悉宣传对象的情况，才能使新闻宣传做到有的放矢。

3. 了解宣传途径

政府公共关系宣传时，应该了解大众传播媒体的优点和局限性。新闻宣传主要依靠各种大众传播媒介作为信息传播工具。报纸、杂志、广播、电视、新闻电影以及网络等具有向广大公众传递各种信息的社会功能，并能产生广泛的社会影响。由于各种传播途径具有各自的优点和局限性,这就决定了公共关系人员在运用大众传播媒介时,必须详细了解它们的特点,并根据自己的宣传内容和宣传形式,扬长避短,选择不同的媒介,从而取得理想的宣传效果。如在政府新闻宣传中,网络作为一种新兴的渠道正发挥巨大的作用,需要充分运用。目前因特网已经覆盖我国200多个城市,政府上网工程进展迅速。政府网站应该充分发挥自身的优势,不断加大新闻报道量,积极采用新的传播手段和表现形式,丰富网站的内容,扩大网站的影响,把政府新闻网办成在互联网上弘扬中华民族灿烂文化、弘扬主流思想文化的主阵地。

二、政府新闻宣传的操作

公共关系人员要做好新闻宣传工作,除了了解新闻宣传的含义、特点和原则外,还必须掌握新闻宣传的实际操作技术。下面就新闻宣传的某些重要的技术性工作作一简单介绍。

(一)政府新闻宣传的策划和时机选择

策划新闻事件,是指政府的公共关系人员,为了达到宣传该政府机构的良好形象的目的,而精心策划能达到新闻媒介关注并为之传播的真实事件。策划新闻事件,应该注意下列基本原则:第一,与政府的整体公共关系目标相联系。策划新闻事件的目的是为了扩大宣传范围,塑造组织良好的社会形象,应把它视为实现组织总体公共关系目标的一个方面、部分或者环节。第二,应该依托重大节日、事件策划新闻事件,引起新闻媒体的兴趣。第三,政府策划新闻事件,应该以政府的整体公共关系目标为依据,以事实为基础,以新闻理论为指导,离开了这些条件,弄虚作假或者画蛇添足,都不能达到新闻宣传的良好目的。

所谓新闻宣传的时机,是指具有时间性的有利于新闻宣传活动的客观条件。实践经验表明:时机选择恰当,不仅为新闻宣传工作的顺利进行创造了有利条件,而且能使新闻宣传工作取得最大的收获。一般来说,应该根据具体情况和新闻宣传的具体要求来选择新闻宣传的时机。

1. 突发事件的宣传时机

突发事件,是指在人们毫无预料或者没有预报的情况下突然发生的事件。对于这类事件,尤其是有较大影响的突发事件,要在事件发生时立即抓住时机进行采访报道。必要时还要在事件的发展、变化过程中抓住时机进行连续报道。如在2003年SARS这场突如其来的灾难中,政府对整个事件的爆发和控制措施采用多种媒体进行了全方位的报道,并对每日各地区的新的发病情况连续报道,让人们获知防治方法和国际国内的发病情况。政府对发病情况采用公开透明的方式报道出来,不但有利于在实际上控制疾病的传染,而且减少了人们的恐慌,对人们的心理有重要的安抚作用。

2. 一般性事件的宣传时机

对一般性事件的宣传报道,虽然不像突发事件那么争分夺秒,也要抓住事件发生的时机进行采写报道。对于政府机构的可预知的重大事件，如在正式开始前需要进行连续报道，应选择不同的时机进行连续报道。另外，有些事件要在事情完结之后选择宣传报道的时机才合乎时宜。

（二）新闻稿的撰写

新闻稿的撰写是实现政府与民众间沟通的必要工具，是政府公共关系人员进行新闻宣传必须掌握的一项基本技术。一般认为，从写作的角度，新闻通常可分为四类。

（1）动态消息。它是迅速报道国内外动态、新近发生或即将发生的大小事件的新闻。

（2）经验消息。它是通过反映贯彻执行党的路线、方针、政策的某一方面的典型经验或成功的做法，来指导面上工作的新闻报道。

（3）综合消息。它是围绕一个中心，对一个地区、一个系统或一段时间内发生的事情进行概括性、综合性的报道。

（4）述评消息。它是报道和评论相结合的一种新闻。

一般来说，新闻稿的写作要领有以下两个方面。

1. 要素应俱全

完整的新闻稿件一般应该包括新闻报道的六个要素，即遵循"六要素原则"，即何时（When）、何地（Where）、何人（Who）、何事（What）、何因（Why）以及怎样（How）。虽然并不要求每条新闻都具有这六个要素，但几乎每条新闻都包含着其中的多个要素。例如：

"据新华社巴格达6月29日电（记者梁有昶、王波），美军中央司令部29日在一份声明中宣布，驻伊美军当天在伊中北部地区发动了代号为"沙漠响尾蛇"的大规模行动，以清剿阿拉伯复兴社会党的残余势力以及涉嫌向美军发动袭击的武装分子。"

2. 格式要标准

新闻的体式要求包括标题、导语、主体、背景和结尾五部分。下面就对这五个方面逐一介绍。

（1）标题。新闻的标题应该醒目地点出新闻的主旨，既不能题文不符，也不能过于一般化，要形象生动，引人入胜，具有鲜明的个性。一般来说，新闻的标题包括单行标题、双行标题和三行标题三种。

①单行标题。单行标题只有正标题，直接表达新闻的主要内容，一目了然，且语言应该准确、生动。如：

胡锦涛"七一"讲话出版发行单行本

②双行标题。双行标题由正题和副题构成。正题主要是为了渲染气氛，增强新闻的吸引力和感情色彩；副题概括出事实内容，二者相互补充，缺一不可。如：

情动鹏城（正题虚）

温家宝总理考察深圳纪实（副题实）

③三行标题。三行标题较为少见，多是在重大题材的报道时采用。它包括引题、正

题、副题。引题用于交代背景,烘托气氛;正题用于概括新闻的内容和思想;副题用于说明具体的情况。如:

机场昨日拿下"劫机犯"(引题)

武警广东总队反劫机中队举行实兵演练(正题)

这是全国反劫机中队组建以来首次演练(副题)

(2)导语。导语是新闻的第一句话或者第一自然段。导语写得好坏,关系到新闻的成败,要求以简明生动的语言,点明新闻中最主要的事实,揭示全篇的中心思想,力求在导语中把新闻中最重要、最新鲜、最能引起读者兴趣的内容展示出来,使人一目了然。导语的写法不拘一格,常用的写作方式有叙述式、描述式、议论式、对比式、提问式等几种。

(3)主体。主体是新闻的主要部分,它承接导语,以充足和典型的材料,进一步深入地叙述和说明新闻的内容,表现和深化新闻的主题。主体的写作要围绕主题展开,在写作结构上可以按照时间顺序层层推进,或者是根据逻辑顺序即事件的内在联系组织材料,或者是将时间顺序和逻辑顺序结合起来,综合交叉采用。总之,要求叙述具体清楚,点面结合,真实准确。

(4)背景。新闻的背景材料在文中起着衬托、补充、说明、解释等辅助作用。背景材料包括说明性背景材料、解释性背景材料和对比性背景材料等几种,它们在新闻中往往并不独立成段,大多都穿插于正文中,以增加新闻的可信度和可读性,提高新闻价值。新闻背景材料在运用时的表现手法和结构安排都较为灵活。但要注意,新闻中背景材料并不是非有不可的,背景材料要紧扣主题,不能牵强附会、喧宾夺主,它是在恰当的时候为说明主题才使用的。

(5)结尾。新闻的结尾要求简明扼要、深刻、难忘。主要有三种方式:或是对整体的内容进行总结的,或是启发人思考的,或是指出事件发展趋势的。例如:"我们还会遭遇其他疾病,遭遇可能更厉害的疾病,但这一次'非典'带来的警醒,给了社会大众一次认识上的提升——科学昌明,是战胜疾病的前提;健康保证,来自科学精神的建立。"

三、建立良好的新闻界关系

政府机构与报刊、广播、电视、网络等新闻传播媒介的关系,是十分重要的外部公共关系。他们是政府公共关系得以实现的重要工具、渠道、桥梁和机制。因此,政府公共关系人员应该熟悉新闻界人士的职业特点,遵守与他们交往的原则,保持经常的接触,以诚相待;了解各种新闻媒体的特点、特殊需要和读者情况;掌握基本的新闻写作知识和技巧;经常地、及时地给新闻界人士提供有新闻价值的消息和资料,或协助记者采访;尊重新闻工作规律,拒绝不正之风,向新闻界提供的情况不能有任何虚假的成分。只有不断地解决矛盾,改善与协调和新闻界的关系,才能有效地利用新闻媒介,树立政府的良好形象和声誉。具体有以下几个方面。

（一）必须注意与新闻界的业务沟通，熟悉新闻界的运作特点，熟悉新闻界人士的职业特征

新闻界的首要职责是传播新闻，一般说来，新闻事实的报道是中性的，较少带有感情色彩。公共关系人员应该在遵守真实性的前提下，充满诚意地同记者接触，并协助他们进行采访。对政府部门有利的采访，要坚持实事求是，不利的采访也要认真对待，共同对社会和公众负责，相互信赖。报纸等发表了不利于政府部门形象的报道时，决不能恼羞成怒，企图报复，应该分析该报道是否属实。如果是歪曲事实的报道，政府公共关系人员应采取行动，向报社等说出真相，要求更正不良报道，并尽量挽回损失；如果确实属实，它揭露了政府机构的一些问题，政府部门应该虚心接受，提出一些解决方法，并通过报社向公众传播，以挽回声誉。

（二）接受采访，正确对待记者

新闻宣传犹如放大镜和信度仪，是公共关系工作所追求的目标；新闻媒介又具独立性，它使组织与新闻媒介之间关系呈现复杂性。就公共关系协调而言，与新闻界人士交恶是所有愚蠢行为中最愚蠢的行为。政府公共关系需要将政府的有关信息准确、及时、有效地传送给社会各界公众，提高政府透明度和知名度，创造良好的舆论气氛，推广良好的社会形象。接受新闻采访，运用新闻报道的形式为公众提供信息，为组织创造声势，是政府公共关系传播中最常用的一种方式。因此，正确地对待媒介的新闻采访是政府部门实现良好公共关系新闻宣传的基本功。

政府部门要想造成有利于自身的社会舆论，确定和维护自身在广大公众中的良好形象，必须遵循接受新闻采访时的原则。

1. 尊重

政府公共关系人员和新闻界人士应该互相尊重，这种尊重是一种对对方人格的尊重，这种尊重是建立在人格上的平等，也符合长远的公共关系目标。要建立良好的新闻界关系，就必须了解新闻界人士的职业特点和职业心理，尊重他们的职业尊严。当记者采访时，应努力帮助他们了解事实真相，尽力为他们提供各种便利条件，尽量满足他们的合理要求，并热情为他们服务。记者需要会见有关领导和人员时，应尽可能及时引见或安排。记者要求核对某个事实时，应提供正式、权威的材料。不干涉记者的报道角度和报道时机，尊重他个人的见解和风格。如果某个问题或事实属于秘密，不便公开发表，应明确而又委婉地说明原因，表明对记者的信任，而不是简单地采取"无可奉告"的态度。

2. 真诚

不能把记者视作利用的工具，而应真诚地协助记者工作，帮助他们达到采访的目的。组织应向新闻媒介提供真实可靠的材料和数据，绝不有意或无意地做假或隐瞒，或施加任何形式的压力。"精诚所至，金石为开"，只有提供真实可靠的信息，才能打动公众，感召公众，赢得公众。政府部门和新闻单位都必须遵守真实性原则，对社会和广

大公众负责。

3. 平等

对各个新闻机构，不论其名气大小、级别高低，对他们派出的记者应一视同仁，以礼相待，决不能厚此薄彼，否则容易与某些新闻机构树敌，影响政府的公共关系形象。有重要新闻，应同时通知各主要新闻单位，尽可能使它们获得平等采访的机会和平等的信息量。避免被遗漏的新闻单位感到难堪而产生不良印象。

4. 谨慎

接受新闻采访要特别小心，提供的原始素材一定要完整。要挑选踏实、细致、责任心强的人员担任与新闻界直接发生接触的工作。记者是很敏感的，政府公共关系人员任何不负责任的言行都会给政府机构造成无法弥补的损失。

5. 冷静

由于新闻界与政府所处的立场、需要和动机常常不一样，当政府发生了那些对群体形象和声誉不利的事情时，新闻界往往很感兴趣，积极采访和报道，以期问题的解决。在这种时候，政府机构所采取的态度极为关键，应冷静对待。在接受采访时，不要想方设法掩盖"家丑"，也不应对新闻媒体横加指责。而要本着虚心接受批评、认真查明事实真相、积极承担责任的态度与新闻界公众进行合作，以期化"险"为夷。如果与记者或者媒体单位发生了误会，要及时道歉，主动消除误会，不要责怪对方，以保持正常的关系。

四、新闻发布会

（一）新闻发布会的含义和作用

新闻发布会是政府、企业、社会团体或者公民为公布有关重大新闻而举办的，邀请电视台、报社、电台、杂志社、新闻网站等媒体的新闻记者和相关人员出席，发布消息、回答提问的一种特殊的会议形式。新闻发布会分为定期举行和临时召集两种，定期举行的新闻发布会多是有计划、有准备的，临时召集的新闻发布会多是为应对突发事件的。新闻发布会的特点是：以新闻发布会的形式公布消息，形式上比较正规、隆重，规格比较高；在新闻发布会上，记者可以从不同的角度进行提问，然后由召集者来回答，这能更好地发掘消息；新闻发布会必须经过周密的准备，对其发言人和主持人的要求很高，工作量大，任务重。新闻发布会是社会协商对话制度化和扩大与公众社会协商对话的要求，是政府与公众传递和沟通信息的重要手段，是协调政府和新闻媒介关系的工具。它有利于提高决策领导机构的开放程度，向新闻单位和广大民众通报情况、传达信息、解释政策和法令，以实现"重大情况让人民知道，重大问题经公众讨论"。记者在会议上也会表达民众的一些意见和舆论，通过这个渠道，上情下达，下情上传，可以促进社会主义民主政治的发展。政府公共关系部门应该巧妙地利用新闻发布会，有效地利用社会公众的关注，大力宣传对政府形象有利的人和事，使公众对政府形象有一个正确的全新的评价。

新闻发布历来是政府部门的一项重要工作，是政府公共关系日常事务中的一部分。在一些国家，中央一级政府及其所属的政府各部门以及一些地方政府，往往都设立专门发布新闻的机构和专门发布新闻的官员，前者称为新闻局、处等，后者一般称为发言人或者新闻发言人。随着我国政治体制改革的逐步展开，我国政府已经形成了新闻发言人制度。

新闻发言人制度发轫于西方，在我国始建于1983年，当时主要是出于外交的考虑而基本局限于中央一级人民政府，来满足对外宣传的需要，向世人展现中国的良好形象。2003年SARS事件发生以后，在经济全球化浪潮外部冲击和政治经济体制改革内在要求之双重压力的推动下，2004年新闻发言人制度开始在国务院、国务院各部委和地方政府多个层次得以建立和推行，2005年以后开始蓬勃发展，新闻发布会数量大增，质量显著提高，新闻发布的针对性、时效性和新闻性不断增强，范围大幅拓展。目前国务院有近70个部门设立了新闻发言人，全国有27个省区建立了新闻发言人制度。

近年来，新闻发言人制度能在我国蓬勃发展是有其原因的。第一，国家意识形态调整、政治体制改革背景下加强民主建设的必然要求，中央领导集体"执政为民"思想的全面铺开，政府职能向"服务型"的全面转型，所有这些为新闻发言人提供了广阔的发展空间；第二，全球经济一体化浪潮中与世界接轨的必然要求；第三，满足公众知情权的需要；第四，我国大众传媒业的长足发展，新闻传媒越来越倚重政府作为重要消息来源，政府亦重视通过媒体加强其话语影响力；第五，突发事件的催化。

新闻发言人制度越是蓬勃发展，越是能体现出该制度的意义和作用：第一，是坚持以人为本、创新党的执政能力建设的需要——有利于政府职能的转化，解决政府工作专业化与社会公众沟通之间的矛盾，促进了政府信息公开，提高了政府信息服务水平；第二，是增强舆论引导能力的需要——有利于更有效地协调与媒体的关系，利用媒体的各种功能，推动政治和政府工作；第三，是提高保障公共安全能力的需要——有利于应对危机事件，完善政府的危机处理机制；第四，是经济全球化背景下加强同外部世界沟通的需要——有利于对外宣传工作，有助于扩大政府的国际影响力，进一步推动形成有利于我国发展的国际舆论环境。随着社会的发展，新闻发言人制度在我国公共事务管理中必将发挥重要作用。新闻发言人制度的推行必将使政府、社会、公众、媒体之间产生良性的互动，对于我国政治民主、经济发展、社会进步将起到积极的作用。

（二）新闻发布会前后的准备工作

1. 确认新闻发布会的必要性和新闻价值

新闻发布会召开的主要目的是让社会公众了解政府对某些重大事件所采取的对策以及对策产生的原因。举行新闻发布会就必须让它收到良好的宣传政府形象的效果。如果新闻发布会没有什么新闻价值，则没有举行的必要。

2. 确定新闻发布会主持人和发言人

在日期选定之前,要遴选发言人和会议主持人,并准备好发言和报道提纲。记者常会在新闻发布会上提出一些尖锐或敏感的问题,这要求新闻发布会的主持人思维敏捷、反应快速、口齿伶俐,具有较高的文化修养和专业水准;发言人要对政府工作具有解释权,最好由政府部门的高层领导或其全权委派的人士担任。

3. 确定参加新闻发布会的记者范围

邀请记者的覆盖面要广,尽量照顾到各个方面的新闻机构。包括报社、杂志社、电台、电视台记者,包括当地记者、外地和外国记者,包括文字记者和摄影记者。对记者范围的选定,主要是与新闻发布会的主题有关,对需要控制传播的新闻要选择权威的新闻单位。注意对记者要一视同仁,不能厚此薄彼。

4. 安排新闻发布会的其他事宜

新闻发布会的时间、地点的选择和宣传材料的准备是十分重要的,是不容忽视的。对新闻发布会地点的选择主要强调交通方便,环境安静,并能提供安放采访设备的地方。在时间选择上,最好能够利用传播媒体在最佳时间播出,特别是对于突发事件的处理尤其如此。新闻发布会应该事先做好预算,对会场进行布置。预先准备好辅助工具,如图表、图片、地图、放大照片、模型样品、幻灯或者录音录像设备等。而且,在新闻发布会之前应该充分准备发言稿和宣传材料,在宣传力度上进行充分准备,尽量做到全面、生动、形象。发布形式除语言外,还可用文字、实物、照片、录像和模型等。发言稿和相关的材料准备得越完善越好,以增强发言的说服力。

5. 新闻发布会结束后的工作

新闻发布会结束以后,政府公共关系人员还有许多工作要做。例如,尽快整理出新闻发布会的记录材料;大量搜集到会记者在报刊上发表的稿件、报道,然后进行归纳、分析,检查一下是否有因公共关系工作失误而造成的谬误,如有,应该设法补救;收集到会记者以及其他与会代表对新闻发布会的反应,检查公共关系人员在接待、安排、提供方便等方面的工作是否有欠妥之处,以便改进今后的工作。

(三)新闻发布会中需要注意的两个问题

第一,发言人在新闻发布会上发布的消息必须是准确的,不能仅凭个人的主观臆断随意妄言,对一些暂时不宜公开的消息,也不能乱讲,以免引起公众的误解,损害政府的形象。当记者问到一些有关不愿发布的消息时,不能生硬地回答,也不要任意发泄对记者的不满,应婉言回避,巧以应对,避免僵局,不要引起记者对举办新闻发布会诚意的怀疑。当记者的提问过于尖锐和敏感时,不要随意打断记者的提问,而更要保持冷静平和,尽量表现出良好的修养,用坚定的语言和确凿的事实对自己的言论进行论证或对对方进行反驳。

第二,主持人要充分发挥主持和组织的作用,记者的话题偏离会议主题时,应当及时纠正,引导记者的提问;在会场气氛紧张时,应用诙谐活泼的语言适当调节,活跃会议气氛。

第二节 政府公共关系的人际交往

一、政府公共关系的人际交往概述

(一) 政府公共关系人际交往的概念

人际交往是指人们在社会生活中相互交流不同的思想、观念、情趣、感情与意向。人际交往是一种双向的沟通，成功的人际交往对事业成功和生活和谐有积极的促进作用，是公共关系人员的无形"通行证"。人际交往具有相对稳定性、选择性、多层次性、协调性和互补性。

政府公共关系的人际交往，是指政府工作人员特别是政府公共关系人员在公共关系活动中，或在政府内部和政府外部的其他人之间，在思想、观念、感情和意向等方面的双向互动的交往和沟通。政府良好的公共人际交往可以使政府部门获得政府内部和外部公众的信任和支持，增强政府的凝聚力，树立良好的政府形象，为政府的发展创造最佳的人际关系环境，从而赢得社会公众的支持，以保证政府管理活动的顺利进行。

(二) 政府公共关系人际交往的主要特点

政府公共关系人际交往不同于一般的私人间的人际交往，它具有职业性、参与性、灵活性和持久性等特点。

1. 显著的职业性

一般的人际交往的最大的特点就是个体对个体的交流，具有较强的私人性，容易受个人主观因素如个人的兴趣、喜好等因素的制约。政府公共关系人际交往不同于一般的人际交往，具有显著的职业性，是一种职业交往。在政府公共关系人际交往中，政府公共关系人员担当的是社会角色，其行为是由公共关系任务所决定。而且由于政府公共关系人员特殊的职业身份，特别要求他们在进行人际交往时，需要知法、懂法、守法。遵守党和国家的有关方针、政策、法律和法规，维护党和国家以及人民的利益。

2. 双方的参与性

在政府公共关系人际交往中，要求政府公共关系人员对外部公众和内部公众一视同仁、平等相待，交往双方互为交往的主、客体；在处理政府与社会公众双方利益时，一旦发生交流和沟通，双方应该不断地对调角色，既发表自己的见解又接受对方的意见，既要有利于本政府的利益，又要有利于公众的利益，互相讨论、商量和对话，争取获得"双赢"，使双方共获利益、同享好处、共同发展。

3. 处事的灵活性

政府公共关系人员交往的对象是复杂而多变的，面对纷繁复杂的状况和接踵而来的新情况，一个高明的政府公共关系人员应该具有较强的灵活性和协调能力。在人际交往过程中既要坚持原则，在原则性问题上不能让步，又要随机应变，采取灵活的策略，及时作出反应来表达自己的情绪和意见,并能够通过观察对方的反应及时调整自己的传播内容、方式或符号。将原则性和灵活性相结合,通过相互间不断的信息反馈,达到相互适应的沟通。

4. 持久性

政府公共关系人际交往的目的是为了了解、研究和处理内外部复杂的关系,建设政府部门赖以生存和发展的良好人际关系环境,树立政府良好的形象。但是"冰冻三尺,非一日之寒",政府公共关系的人际交往不能急功近利,而应该着眼于长远,着手于平时,只有经过长期有计划的不懈努力,才能获得真正的成功。

(三)政府公共关系人际交往的主要功能

1. 传递信息

这是政府公共关系人际交往的首要功能。政府的运行和发展,必须注意信息的搜集和利用。政府公共关系人员通过动态的人际交往建立一种相互了解、相互认识的立体信息网络,在传递政府信息的同时获得外界的信息和反馈,从而获得政府所需要的信息,理顺与政府相关的各种社会关系,争取社会公众的支持,为政府决策提供依据。

2. 感情交流

在人际交往的过程中,伴随着对所交流的信息内容的理解和对对象个性特征的认识,双方都会产生一定的情绪体验。具体表现为两种情感状态:一是感情共鸣,二是感情排斥。当交往双方对交流信息有相同的情绪体验时,就会产生感情共鸣。感情共鸣使双方互相吸引,建立和发展良好的人际关系;反之,则使人际关系紧张。政府公共关系人员内外部的人际交往,一方面有利于促进政府内部领导与干部职工之间、各职能部门之间融洽协调,团结一致,形成良好的内部人际关系氛围,使政府具有凝聚力;另一方面可以加强政府公共关系人员与外界人士的感情交流,达到感情的共鸣,建立和发展良好的外部人际关系。

3. 行为调节

这是人际交往的第三个功能。通过人际交往,根据公众对自己的评价,看清自己,确定自我形象,并据此不断调整自己的行为,使自己符合社会公众和交往伙伴的期望,从而使政府形象得以树立和完善。政府良好形象的塑造,要做的工作是分析本政府现存的问题,进行行为的调节,这离不开政府公共关系的人际交往。而且,政府形象的树立必须使公众知道并接受政府的形象从而产生信任,形成有利的社会舆论,在这方面政府公共关系的人际交往起着重要的沟通作用。

二、政府公共关系人际交往的基本技巧

(一)人际交往应具备的心理素质

自信是人际交往的必备心理素质,它体现一个人的意志和力量,牵制着人的思维和言谈举止。一个人只有相信自己的能力和力量才能敢于去竞争,敢于去拼搏,敢于追求卓越，才能在人际交往中充分发挥自己的才能，抓住各种时机，宣传推销组织的形象。因此，政府公共关系人员在人际交往中应该注意树立不可动摇的自信，克服害羞、自卑、偏见、疑心、嫉妒和孤独等人际交往的心理障碍。在人际交往中培养自信心的方法有：

（1）刺激目标意识。一个目标明确的人会为此付出全部身心，以达到忘我状态。因此，树立目标，不断加强目标的明确性，是自信心得以树立的前提。

（2）充分肯定自己。在人际交往中要意识到作为一个正常人，你拥有人类所共有的一切天赋，并具有某种特长和优势，相信天生我才必有用。菲律宾前外长罗慕洛身高只有1.63米，有一次，在巴黎举行的联合国会议上，他正和苏联代表团团长维辛斯基激辩。突然之间，维辛斯基轻蔑地对他说："你不过是小国家的小人罢了。"罗慕洛立即回击道：一个人有没有用，和个子大小无关，历史上许多伟大的人物都是矮子。贝多芬和纳尔逊都只有1.63米高，还有一位最著名的矮子是拿破仑……罗慕洛告诉联合国大会的代表说，维辛斯基对他的形容是正确的，但是，"此时此地，把真理之石向狂妄的巨人眉心掷去——使他们的行为有些检点，是矮子的责任"。维辛斯基只能干瞪眼，再也没说什么。

（3）主动与人交往。首次交往中，自然会有紧张感，主动打个招呼、开个小玩笑，会让紧张感消除，自信心树立起来。而且可以主动评估别人，不必过多地在意对方的评价，要保持自身的心理平衡，卸掉心理上的压抑感和沉重感，把受评估的被动地位转为评估他人的主动者。

（4）幽默和自嘲。幽默感是克服自卑心理的良药，若能超然于自我之上自嘲娱人，自信心就会回到你身边。幽默并不一定要引人发笑，在更多情况下，它是一种机智，是智慧的象征。1968年尼克松当选为美国总统后不久就访问伦敦。当时，英国首相威尔逊刚任命《新政治家》刊物的前主编弗里曼为驻美大使。该杂志曾猛烈抨击过尼克松。在一次有弗里曼参加的国宴上气氛紧张，尼克松幽默地说："大家现在都可以放松了，因为他是新大使，我是新政治家。"这句话一下子使大家都不再不自在了。

（二）人际交往的原则

1. 公众至上原则

公众至上是政府公共关系人员人际交往最基本的原则。公众是政府生存发展的根基和根本目的，不遵守公众至上的原则，蒙骗公众，损害公众的利益，实际上会毁坏政府形象，失去公众的信任。所以，应该将忠诚政府和忠诚公众结合起来，将政府公共关系人员的职业道德和人际交往原则结合起来。

2. 平等互惠原则

政府公共关系人员在人际交往中必须保持平等，才能顺利地交往。这里的平等指的是人格上的平等、政治上的平等、法律上的平等和经济上的平等。即尊重他人的自尊心和感情，尊重他人的人身权利、宗教信仰和风俗习惯；双方在交往中享有同等的地位；双方在法律面前人人平等；双方的合作是相互协调、互补、互惠、互利，满足各自精神和物质上的需求和利益。

3. 忠诚信用原则

交往离不开信用。言而无信，会使交往受挫、失败；取信于人，才能取得好的交往效果。所以，第一，注意不要随意许诺别人，否则如果做不到就会失去别人的信任；第二，如果允诺了别人，就一定要信守诺言，"言必信，行必果"，说到做到；第三，如果努力了，但是仍然不能完成允诺，就应该真诚、认真地向别人讲述清楚原因，取得别人的信任；第四，以诚待人，不要轻易无根据地怀疑人。

4. 宽容待人原则

政府公共关系人员在处理外部社会公众的关系时要注意严于律己、宽以待人。因为宽宏大量是人际正常交往的需要，也是社会民主发展的需要。在遇到问题时，要多进行角色互换，将心比心，尽量理解和体谅他人。

（三）人际交往的基本技巧

1. 建立良好的第一印象

良好的开端是成功的一半。第一印象在人际交往中具有重要作用。如果第一印象是良好的，那么人际吸引的强度就大；如果第一印象不是很好，则人际吸引的强度就小。所以，应该努力给对方建立良好的第一印象。初次见面应该礼貌地与人寒暄，多微笑，穿着体面，表示和善与友好，还要注意倾听，在互相首肯、乐观亲切的氛围中达成共识，建立彼此良好的印象。

2. 知己知彼，因势利导

在人际交往中充分估计自己与对手在关系中所处的地位，了解对方的目的要求、长处和弱点，设计交际方案。当出现变化时，应该稳定自己和他人的情绪，迅速处理各种利益关系，调整原方案，淡化紧张气氛。1946 年 5 月，远东国际军事法庭审判以东条英机为首的 28 名日本甲级战犯，10 个参与国的法官们因为排定座次而展开了一场激烈的争论。中国法官理应排在庭长左边的第二把椅子，可是由于中国国力不强，而被各强权国否定。在这种情况下，唯一出庭的中国法官梅汝傲，就当时的情况因势利导，旋即与列强展开一场机智的舌战。他首先从正面阐明：排座位应按日本投降时各受降国的签字顺序排列，这是唯一正确的原则。接着他微微一笑说："当然，如果各位同仁不赞成这一方法，我们不妨找个体重器来，依体重的大小排座，体重者居中，体轻者居旁。"各国法官听了，忍俊不禁。庭长笑着说："您的建议很好，但它只适用于拳击比赛。"梅法官接着回答说："若不以受降国签字顺序排座，那就按体重排座。这样，纵使我置末座也心甘情愿，并且对我的国家也有所交代，一旦他们认为我坐在边上不合适，可以换另一名比我胖的来。"这一回答引得法官们大笑起来，梅法官终于坐到应坐的位子上。

3. 吸引人的技巧

（1）寻找"共识域"，求大同。在人际交往过程中，要清醒地意识到必需的共振是关系双方的黏合剂。在交往时要注意寻找"共识域"，即双方共同的知识、经验和感情体验等,将交往建立在双方共同的利益和需要基础上,这样可以使交往顺利而且深入。

(2) 容纳、承认、重视他人。容纳他人,就是要容纳别人的缺点,容纳别人独立的人格,不要对别人吹毛求疵,这样才可以使人和人相处不拘无束、畅所欲言;承认他人,这是比容纳他人更为积极的一种做法,这是一种非常友爱的做法;重视他人,要让周围的人感受到自己存在的重要和尊贵,不要怠慢别人,要感谢别人的好意。

(3) 了解心态,把握感情,重在交流。在人际交往中要了解不同的心态,避免不分对象地对牛弹琴的做法。另外,要学会控制自己的情绪,及时地进行心境转换,摆脱对方情绪场的影响。在人际交往中要与人多交流,直接表达各自的情感和思想,使相互的影响力加大。

4. 拒绝人的艺术

在人际交往中,并不是所有的人和事都要全盘容纳接受,有时往往不得不表示拒绝。如何最大限度地降低拒绝的不快程度,要讲究一定的艺术。记住要明确说出事实,不要语言暧昧,以免产生误会;还要及早拒绝,尽量减少对对方的伤害,让对方有所准备;降低自己以满足对方的自尊心,以缓和拒绝造成的心理冲击等。如当年王光英赴香港创办光大实业公司,下飞机时遇一女记者问:"您带多少钱来?"王光英立即道:"对女士不能问岁数,对男士不能问钱数。小姐你说对吗?"该记者无话可对。当然,在人际交往的过程中,遭到被人拒绝也是很正常的。当遭到拒绝时,应该注意以下几点:仍然保持良好的风度,留给对方良好印象,以便下次合作;及时撤出,不要勉强;做好善后工作,迅速摆脱情绪干扰,另辟蹊径。

三、政府公共关系人际交往中的公共关系礼仪

礼仪是人们在社会交往中形成的,并得到共同认可的礼节和仪式。我国素有礼仪之邦之称,古人说:"人无礼则不生,事无礼则不成,国无礼则不宁。"大到一个国家,小到一个家庭、一个人,不重视礼仪,都会不和睦,不幸福,成为发展的障碍。一个动作笨拙、表情呆板、出言不逊的人难以得到人们的喜欢。政府公共关系人员在人际交往中讲究礼仪,才能赢得对方的尊重和喜欢,增进友谊,体现自己的修养和素质。

(一) 有声语言的交际礼仪

1. 口头传递

口头传递式的人际交往指的是面对面的个体间的交谈形式,如约见、拜访等。这种通道在人际交往中占的比重最大。随着现代科学技术的发展,相距遥远的两个人也能通过电话、网络交谈,成为新型的"面对面"的人际交往媒介。有人做过统计发现,人们除睡眠时间外,平均有84.4%的时间用于传播,而"说"和"听"两种方式所占的平均百分比之和为59.4%。可见,口头传递,是人际交往中使用频率最高的通道形式。政府公共关系人员在口头语言交流时要注意避免"打官腔",讲话应该有内容,传递一定的信息,言能达意,将自己的思想、观点、感情准确无误地传达给对方;同时,语言

要生动、风趣，给对方带来愉快；还要反应灵敏，选择合适的话题，及时调整和控制交谈的内容和方式，以实现自己的目的。

在口头交谈中，应该注意避免三种情况：一是在和人交谈中自己讲个不停，不给别人机会发言，自己说得洋洋洒洒，别人听得索然无味；二是在对方讲话时不停地打断对方的发言，这样不断的插嘴会导致对方的意思不能完整表达，双方的沟通必然不会很愉快；三是在交谈中采用疲惫、漫不经心或是怀疑、挑衅的语气，做出懒洋洋或是不悦的表情。这些都会影响交谈的内容和结果。有人说："即使是在通电话，我也能感觉到对方脸上的微笑。"这就说明在交谈过程中要保持良好的语气和精神面貌。

2. 书面传递

书面传递是利用一定的中介，如信函、电报、字条、邮件等形式所形成的传播通道。它虽然仍是个体媒介，但个体媒介要外化为具体的中间媒介，才能实现信息传递。这种形式虽然使用频率不如口头传递，但它传播的信息量最大。据国际传播协会调查研究表明，通过书面形式的信息通道所传递的信息量要高于面对面的交谈和电话交谈。所以，政府公共关系人员应具备过硬的公共关系写作能力，如写作公文、公函、宣传资料等。

（二）非有声语言的交际礼仪

在人际交往中，常常通过人体语言、人的活动等非语言的通道方式传递信息，这种通道通常不是独立地建立起来的，它往往附属于面对面的口头传递形式，是重要的辅助性通道。非有声语言包括两个方面：一是具体的人体语言，指人的表情、动作、姿态以及服饰等非语言传播要素。在面对面的交流中，大量信息是通过人体直接表达和传送的。个体的信息传播力 $1 = 0.07 \times$ 言辞 $+ 0.38 \times$ 声音 $+ 0.55 \times$ 表情、动作等人体语言。可见，人体语言具有很强的交际功能。二是人的活动。人的行为以及各种活动本身也是一种高效率的、感染力很强的传播手段。如以身作则的行动，热情友好的态度，文明高雅的礼节等，在各种公共关系活动中是不可缺少的传播要素。使用人体语言传递，有助于人际交往中的信息更加形象、生动和易于理解，从而使人际交往更加丰富多彩、生动活泼。在非有声语言的交际中，主要有以下两点礼仪要求。

（1）姿势正确，举止稳重。俗话说："坐有坐相，站有站相，走有走相。"作为政府工作人员，其坐姿、站姿、走姿和其他姿势如挥手、捡东西都要正确、得体。不正确的姿势会显得对别人不尊重，从而影响人际交往效果。不但姿势要正确，而且举止应该大方从容，稳重优雅。不缩手缩脚、小里小气，也不毛毛躁躁、丢三落四。保持优雅稳重的举止和风格。

（2）目光亲切，微笑有礼。在交谈中，目光的运用很重要。在双方交谈过程中，既不能只顾自己讲话，不去看对方的表情，不与对方目光交流，也不能一直盯着对方看，这样对方会感觉过分亲昵，很不舒服。一般来说，大约有80%的时间应该亲切地注视着对方，用目光配合语言给对方的言语以反馈。笑是人际交往的润滑剂，政府公共关系人员应该在任何场合尽量保持礼貌的微笑，当然，也不是不可以大笑，但是笑要笑得不矫揉造作、有节制。

（三）服饰礼仪

个人的外部形象最主要是个人的体形、仪表、仪态等。其中，关键的是服饰。俗话说："佛要金装，人要衣装。"可见，一个人的服饰能丰富形象，或弥补某些缺陷。政府公共关系人员的穿着打扮，不管有意无意，都会在周围人的心里引起一种感觉，它直接影响政府公共关系人员的社交形象。服饰是对人的"包装"，但必须注意得体、大方、自然。政府工作人员以职业套装为主要服饰。男性以西装、中山装为宜，女性则主要应该穿着套裙、套装等服装。政府公共关系人员在服饰礼仪上应采用的具体原则有：

（1）整体协调，搭配合理。服饰强调整体效果，而不是单一的几件衣服或饰品"好看"。必须从头（发型）到脚（鞋袜）都相互辉映、和谐协调。不能光追求华丽鲜艳，着装的颜色、款式要上下搭配得当。一般不超过三种颜色为好。素色可与深色相间。下装深上装浅，体现稳重，反之则体现活泼。还有内外服装的搭配。参加宴会时，服装也要搭配合理。

（2）因人而异，合体合度。俗话说的"量体裁衣"就是根据自己体型的特点去选择合体的服装。服饰要与一个人的皮肤、脸形、眼睛大小、体形、身材高矮、性格、情绪、精神状态、职业等相符合。根据个人的自身条件，去选择合适的服装，恰到好处地显示出自己的审美观和涵养。作为政府公共关系人员，着装应该给人一种整洁、健康、文明的印象，显示出洒脱、高雅的气质，使人产生愉悦感；不要过于怪异，降低格调，这样反而会弄巧成拙，有损自己和政府的形象。

（3）TPO原则。服饰要因时间（T）、地点（P）和目的（O）而变化。例如：休闲服装不可穿至正式场合；睡衣不可会客；健美裤不宜外穿；作为主人招待外宾，要考虑到服饰；咖啡色、粗花呢西服不适合正式场合；谈判时衣服要挺括、整洁；超短裙、背带裙仅适合家居穿；裙子不可近乎透明。总之，要根据时间、地点和场合适当地选择服饰，以建立和美化自己良好的形象，使自己在人际交往中处于良好的状态。

第三节 政府公共关系广告

一、政府公共关系广告的概念和特点

（一）政府公共关系广告的概念

广告是公共关系中的重要传播媒介，被人们称为第八艺术。广告是通过收费，使媒介物进行视觉的、听觉的通信准备与传播，其目的是传递情报，让人们了解商品、商标、服务、制度、主意或见解，并对其抱有好感。

政府公共关系广告是公共关系广告的一种，它是指政府机构靠购买印刷媒介物的篇幅或者购买电子媒介的时间，以语言或者其他形式，不受编辑人员干涉地传播出资人的

非个人性宣传。政府公共关系广告又称政府形象塑造广告，它通过花钱购买大众媒介或公众传播机会及传播产品之外的各种与公众有关的信息来扩大政府的影响，提高政府在公众中的声誉，以期树立一个良好的政府形象。政府公共关系广告的历史源远流长。例如，现存最早的广告是一个搜捕逃走的奴隶的寻人广告，这则广告带有奴隶社会政府公共关系广告雏形的性质。

（二）政府公共关系广告的特点和作用

与一般的广告相比，政府公共关系广告有以下几个特点。

1. 主体不同

广告宣传具有明确的广告主体，即广告的发出者。政府公共关系广告的广告主体是政府机构及其政府公共关系部门，而常见的广告主体是各类企业。

2. 目的不同

政府公共关系广告和一般广告的目的不同。一般广告的目的是要在最短的时间里，直接推销某种产品或服务。如电视上播放的雀巢咖啡的广告，一句"味道好极了"，吸引了消费者去购买雀巢咖啡。而政府公共关系广告在表达方式上一扫商品广告的商品味，显得超脱、含蓄、一往情深，且具有艺术魅力。它立足长远，不以一时的成败论长短。政府公共关系广告的目的是就政府机构的方针、政策、法律、法令，或就社会所关注的政府公共服务、经济、教育、社会公益、文化科技等方面的内容与社会公众沟通信息，联络感情，提高思想意识，寻求公众的好评与赞誉。可见，正如有人戏言的："商品广告是要公众买我，公共关系广告是要公众爱我。"商品广告推销的是商品，政府公共关系广告推销的是政府自身。

3. 内容不同

一般的广告内容无外乎是介绍自己产品的情况，宣传自己产品的功能和效果，提供商品信息，以吸引观众，但必然是排他的、利己的。政府公共关系广告具有很强的公益性，它的内容在于宣传某项社会公益服务和公益事业，如资助失学女童的"春蕾工程"等，或者是宣传某项重要的政策。政府公共关系广告的内容面向社会各个行业和层次的公众，是为了社会安定团结和发展进步而进行的宣传，不具有任何排他性。

4. 对象不同

政府公共关系广告的对象是国际、国内的社会各界公众。而一般广告的对象主要是消费者。前者范围较广，后者范围较窄。英国著名政府公共关系专家杰夫金斯指出："一个社会组织可做也可不做广告，但却必然面临着自己的公共关系，必须做公共关系工作。"例如，一支消防队不做救火广告，也不推销其劳务，但却与许多不同的公众有联系，有自己的公共关系工作要做。公共关系工作涉及每一个人、每件事，而广告业务只局限于特定的销售或购买任务，诸如销售产品、购买产品、征募雇员等。公共关系工作面临的是一个组织的全部交往任务，因而，与广告业务相比，范围更广，综合性更强。

基于以上特点，政府公共关系广告的作用有以下几个方面。

1. 塑造形象

这是政府公共关系广告最基本的作用。通过政府公共关系广告，及时地反映政府机构的工作成就和对社会的贡献，扩大对公众的影响，使公众对政府有一个良好印象，或建立起某一方面的良好印象。调查表明，做公共关系广告的政府部门在社会上具有高的记忆度、高的熟悉度、高的良好印象度和高的行为支持度。近年来，一些地方政府的公共关系广告的良好效果说明政府公共关系广告可以影响公众对政府的信心和信赖。

2. 体现宗旨

政府公共关系广告通过宣传政府的服务宗旨和对公众的态度，以及对于民众的一贯立场等，表明政府机构对社会的作用和长期不懈的努力，表明政府机构为社会公众服务的信心和决心，可使公众加深对政府的了解和认识，加深对政府行为的理解和支持。

3. 强化实效

政府公共关系广告恰到好处地把握住人们爱屋及乌的心理，集中力量宣传政府的形象、声誉和政策，从而对政府所设计的形象有较多的和有效的控制，使政府的良好形象在不同的领域中和不同的层次上展开，使公众信任政府、热爱政府，取得其他多种实效。一方面可以提高政府部门内部的士气，融洽相互的关系；另一方面可以消除公众对政府的一些偏见和误会，倡导有利于政府管理的公众舆论，增进信任和友谊。

二、政府公共关系广告的分类

政府公共关系广告的主题是政府的观念、实力、善意、声誉和形象。政府公共关系广告的类型很多，主要有以下两种分类方式。

（一）按照广告的载体来分，主要分为车船广告、传单广告、广播广告、电视广告、电影广告和网站广告

1. 车船广告

设在火车、汽车、船舶上或车站、码头上的广告为车船广告。火车、汽车、船舶或车站人来人往，客流量大，公众聚集众多，这些公众带着不同的目的来到异地他乡，需要解决许多实际问题。政府公共关系广告充分利用这种广告载体，用简洁的语言、倡导的口吻，给社会公众提供各种方便和信息。例如，在我国汉族7大方言中，广东省内就占有其中3种（客家方言、闽方言、粤方言），省内人们言语交际存在一定的困难，外省人到广东就更不用说了。在这种情况下，广州市公共汽车公司利用公共汽车上广播率先向全省其他行业和人民倡议"大家都来讲普通话"。这则广告用祈使的语气，表义明确，能引起社会反响，同时也扩大企业在公众的影响。

2. 传单广告

传单广告是将政府机构制作并传递给公众的信息印刷成便于散发的单张小传单。它散发面广，不以是否每个公众人手一张为准，主要是让公众及时了解信息。它反应直接、形式灵活，往往能够收到较大的社会效应。

3. 广播广告

广播广告是以广播音响为媒体的广告,无论是有线广播还是无线广播,作为用电波传播声音的工具,时刻同社会公众的生产、生活紧密相连,是理想的政府公共关系广告媒体。它的优点是:传播迅速且范围广;价格低廉;具有很强的灵活性,听众有一定的选择性。

4. 电视广告

电视广告是以电视图像音响为媒体的广告。电视是一种有声有形有色的宣传工具,具有丰富的表现力和很强的吸引力。电视广告有它的独特之处:借助电视台的威望,宣传的影响和作用较大;表现手法灵活多样,将多种艺术手法融于广告之中,综合地运用文字、图形、动画、音响等多种技巧,给观众留下深刻的印象;形象、生动、语言优美、富有吸引力。

5. 电影广告

影院门口的宣传电影或广告画,或用电影片、幻灯片制作并在影院放映的广告为电影广告。电影广告要注意真实,要防止为政治宣传而失真;解说词要简明扼要,在关键的地方可作详细说明。电影广告的语言要朴实而优美,给人一种艺术享受。

6. 网站广告

通过互联网传播信息是现代社会信息传播的一个显著特征。近年来,政府网站的建设有了很大发展,一些公益性网站也蓬勃地建立起来。在政府网站和公益性网站上放入一些政府公共关系广告,形象生动,经济实效,不失为一个明智的举措。

(二) 按照广告本身的内容和目的来分,可以分为创意广告、社会广告、文化广告和经济广告

1. 创意广告

创意广告是指以政府机构及其公共部门名义率先发起某种社会活动或提倡某种有意义的新观念等为主题制作的广告。创意广告的目的是要表明组织在改革的大好形势下有一种强烈的参与意识,可能产生出新的思想和观点,这种思想和观点具有一定的深度和广度,使它在公众心目中留下领导新潮流的强烈印象。

2. 社会广告

提供社会福利、医疗保健、社会保险等信息的广告为社会广告。社会广告是沟通社会信息的重要手段和广泛应用的方法。社会广告和广大公众的生活、学习、工作往往有密切的关系,容易引起公众的注目和关心。社会广告主要采用报纸、杂志等印刷媒体形式,但有时根据需要也采用电视广播的媒介形式。如在报纸或者杂志上出现的义务献血广告"我不认识你,但我要谢谢你",配合广告画面上患者那充满殷切期望的目光,把心中的千言万语都凝聚在这句充满感激之情的广告语中,从而产生强烈的感情冲击力,击扣公众心弦。

3. 文化广告

文化广告指提供教育、科学、文学艺术、新闻出版、广播电视、卫生教育、图书馆、博物馆等各项文化事业信息的广告。它在沟通文化信息、提供文教卫生知识、方便人民生活、建设社会主义精神文明方面起着重要作用。

4. 经济广告

经济广告是以经济宣传为内容的广告。在治理整顿和深化改革中，这种广告对于疏通生产与流通渠道、促进商品经济发展、方便群众生活起着重要作用。

三、政府公共关系广告的基本原则

广告是商品经济发展到一定阶段的产物。在现代社会，广告被称为"世界上最大的无烟工业"、"社会生产有机体的神经系统"、"分配过程中一种巨大的加速力"。它已经广泛地应用于工商企业和服务行业以及政府工作中。政府公共关系广告不同于一般的广告，为了达到政府公共关系广告的目标，就必须掌握政府公共关系广告宣传的一些基本原则。

（一）广告内容策划的原则

1. 政府公共关系广告要达到艺术性和思想性的统一

首先，广告本身的设计应有足够的吸引力，要重视直观性和形象性；广告需要重复刊登，以求造成连续性的刺激，使公众不断强化已有的印象；广告宣传要善于抓住公众的注意力，才能达到良好的传播效果；广告必须讲究艺术性，从而进一步提高宣传效果。其次，要有特定的思想选题。政府公共关系广告推销的是形象、观念，而不是产品，它应该是思想性与艺术性的有机统一，融思想性与艺术性于一体。如澳大利亚政府为了实施在全国消灭艾滋病的计划，特意制作了一个以骷髅恶魔为主角的恐惧广告，并且不经宣布，就突然在星期日晚上8点向全国播出。这个阴森恐怖的广告立即引起了观众的极大震动，那就是让人们认识到艾滋病的可怕。

2. 政府公共关系广告要特别注意避免商业化，必须坚持非盈利性和服务性

政府公共关系广告应该以特定的思想选题，注意广告的社会性、公众性、文化性、思想性等，减少商业化的痕迹，把公众利益、社会进步当作政府的基本任务。政府公共关系广告追求的是政府形象及政府的长远利益。因此，政府公共关系广告不应追求眼前的一些蝇头小利，不要同推销部门的工作相混淆，而应坚持非盈利性和服务性，注重和公众的沟通。

3. 政府公共关系广告要有明确的主题

政府公共关系广告的宗旨是为了宣传政府，建立政府信誉，塑造政府形象。因此，在做政府公共关系广告时，首先应该明确宣传主题。政府公共关系广告的主要目的在于树立作为人民公仆为社会、为公众服务的组织形象，使各类公众了解政府的运作情况。

4. 政府公共关系广告应将思想的一贯性和内容的创新性有机地结合起来

我们的政府要为社会主义服务、为人民服务。要做到廉洁、效率、服务、开拓，围绕着这些内容，始终如一、坚持不懈地进行活动。同时，在广告的内容、角度、手法等方面应不断地创新，要让社会公众感觉到有新的开拓、新的成就、新的活力、新的灵感。

（二）选择正确的传播策略的原则

政府公共关系广告也要支付一定的费用，购买大众传播媒介的使用权。因此，必须十分注意传播面和传播效果问题。传播面越广，传播有效率越高，成本才会越低。从各种媒体的传播范围和选择性来看，电视的传播范围最广，视听人数最多，是一种集视、听、音、色、形于一体的传播媒介，具有强大的宣传魅力，但是电视广告的费用昂贵；广播的传播范围也很广，收听人数多，在时间和空间上有较大的灵活性，费用也低，但是声音瞬息即逝，如要起到广告效果需要反复多次播出；报纸的发行量大而且迅速，便于读者仔细阅读，但是报纸的发行往往受到地区的限制，而且不易长期保存；杂志的发行范围相对小一些，针对性较强，但是杂志传递速度比较慢，费用比较高；网络的传播范围在我国也比较有限，但是传递迅速、便于搜索。因此，可以考虑综合使用各种媒体。据统计，在某一媒体上多次重复同一信息，不如采用多种媒体重复同一信息。例如，在电视上重复做100次广告，效果不如在电视、报纸、杂志、广播上各播出25次广告，但是二者的花费却大致相同。另外，还要综合考虑所选用的媒介及其有效的版面、时间和次数，使它发挥更大的作用，对公众有足够的吸引力；公共关系广告宣传还应注意选择适当的公众对象，并最大限度地扩大接触面，在有限的版面、时间和次数里，最有效地传达信息，并定期评价广告效果。

四、政府公共关系广告的写作

不同类型的政府公共关系广告，其写作要求也不同。广播广告在写作上要求简洁明了，短小精悍；车船广告要求通俗易懂，以照顾到不同层次、不同文化水平的公众；文化广告，在写作时应注意把有关事项和内容写清楚，让人一目了然；电视广告应该运用多种艺术手法，形象、生动、优美而富有吸引力；电影广告要真实可信，解说词简明扼要；传单广告要表达直接，通俗易懂，说明白即可；创意广告要有一定的深度和广度，唤起公众强烈的参与意识，并产生新的思想和观点。但是，广告写作还是有一些共同点的，具体如下。

（一）政府公共关系广告写作的三个部分

1. 标题

政府公共关系广告的标题是广告信息里最基本的东西，必须用最短的词语，正确地表达信息的内容，标题要醒目，有吸引力。

2. 正文

这部分是政府公共关系广告的中心和关键部分，要用有说服力的文字向公众传达政府的方针、政策、法律法规或者就社会所关心的政府公共服务、经济、教育、社会公益、文化科技等方面内容与社会公众沟通信息，唤起公众对政府部门的注意、好感，并产生善意与政府部门合作的意愿。广告的正文部分的写作要注意：第一，讲究诚实，力戒虚浮，从实际出发，根据其必要与可能性精心选定，不能抄袭或者套用；第二，广告主题应该鲜明、简洁，尽可能多地引起人们的注意和支持；第三，制定媒体传播策略，以通俗易懂的语言和方式让公众较快地接受和理解。

3. 结尾

公共关系广告的最终目的是联络感情、疏通信息，树立政府的形象，改善公众的态度。因此，广告的结尾可以用一些敬语、谢语来表示。

（二）广告写作的基本要求

广告写作的基本要求有：

（1）简洁明了。用最少的语言表达最大的信息量，切忌冗长繁琐、杂乱无章。

（2）连贯协调。广告往往是文字和图画的配合，因此一定要连贯、协调自然。

（3）统一和谐。一则广告是主题、材料、语言形象和衬托等因素组成的有机整体，应进行合理的布局，统一和谐，给人以美的享受。

（4）新颖生动。广告是一种艺术，应该有独特的风格，使公众感到广告是一种艺术享受。

（5）锤炼语言。广告的语言应该反复锤炼，简明扼要，语言流畅，便于公众记忆。

（6）趣味高尚。政府公共关系广告也应该富有情趣和人情味，但是趣味必须高尚，要以健康的情趣引导公众。

【案例8-1】

公共关系礼仪悄悄走进地税局

一天下午，延平区地税局会议室。平常只能容下30多人的小型会议室，今天被挤得满满当当，来自区局机关及城区3个分局近70位同志在这里静静听取一场关于窗口单位公共关系礼仪的专题讲座。

主讲人是延城大酒店客房部负责人，他从文明用语、服装搭配、外来人员接待、仪表仪容、坐站立行等礼仪细节入手，结合地税部门的实际，向区地税局的同志们介绍了公共关系礼仪在窗口单位服务过程中的运用，以及在促进作风转变、树立良好行业形象中所发挥的重要作用。生动活泼的形式、通俗易懂的例子给地税干部以极大的启发，让他们真正感受到真诚的服务就在身边的点点滴滴中。

此前，延平区地税局为深化效能建设工作，在纳税户和广大干部职工中开展了"我思我想话效能建设"的大讨论，并进行了行业形象问卷调查，大家认为，区地税局近几年在深化服务、延伸服务、优质服务上有较好成效,但公共关系礼仪服务却要进一步增强。区地税局遂以此为契机,让公共关系礼仪悄然走进局里,以夯实效能建设的基础。

(资料来源:http://www.chinabig.com/zhs/business/relation/news/dishui.htm)

【本章小结】

本章主要对政府公共关系的新闻宣传、政府公共关系的人际交往和政府公共关系广告等政府公共关系实务问题进行了介绍、分析和探讨。第一节主要介绍了政府公共关系新闻宣传的概念、特点和原则,说明了政府新闻宣传的操作和政府新闻发布会的举办;第二节介绍了政府公共关系人际交往的概念、特点和主要功能,探讨了政府公共关系人际交往的基本技巧和政府公共关系人际交往中的公共关系礼仪;第三节介绍了政府公共关系广告的概念、特点和分类,并探讨了政府公共关系广告策划的基本原则以及政府公共关系广告的写作。

课堂讨论题:

结合案例,谈谈政府公共关系人际交往的技巧,并举例说明。

复习思考题:

1. 请任选一个主题,创作一则政府公共关系广告。
2. 如果你是政府机构的公共关系人员,将如何筹备新闻发布会?在会后你会做什么工作呢?
3. 简述政府公共关系人际交往的特点和基本原则。
4. 简述正确处理与新闻界关系的原则和意义。

第九章 政府公共关系实务（二）

学习目标

- 掌握政府公共关系谈判的含义、分类、原则、基本程序和基本策略
- 掌握展示会、庆典、赞助、宴请等活动的含义、类型和操作
- 理解和领会政府公共关系演讲、会议发言与主持会议、谈话和政府文书的语言要求
- 了解政府公共关系危机事件的含义、类型、特点和原因，掌握和应用政府公共关系危机事件的预防和处理方法

第一节　政府公共关系谈判

一、政府公共关系谈判概论

（一）政府公共关系谈判的含义

在现实生活中，只要存在需要和需要的满足之间的矛盾，就必然存在谈判。随着人类社会的发展和文明的进步，谈判所产生的交流、理解和沟通逐步成为人类历史发展的必然趋势。政府公共关系谈判是现代政府管理的重要职能，是经常性的公共关系活动。政府管理过程的许多活动，最后往往要通过谈判达成协议，并付诸实施。随着改革开放、社会主义市场经济的发展以及政府职能的转变，国内和国际的交流与合作越来越广泛、密切，政府公共关系谈判也越来越重要。

谈判是以消除分歧、改善相互关系为出发点，通过交换意见、交流信息，最终取得一致意见或者契合利益而进行的相互磋商的行为和过程。谈判的目的是各方为了追求妥协、解决分歧、达成协议；谈判的手段是会话、洽谈、协商等双向平等对话和情感交流；谈判的实质是运用公共关系理论，通过人际传播和相互交流，在双向沟通的基础上，消除分歧，达成共识。而政府公共关系谈判，是指谈判双方为了各自特定的利益目标，遵循互利的原则，通过对话、沟通、协调的方式，达成协议（合同）的过程。理解政府公共关系谈判的概念要注意以下几个方面：

(1) 谈判是各方获取契合利益的行为。一般情况下，利益是任何一个组织的最终追求。无论利益的表现形式如何，谈判双方的目的都是一致的，即通过谈判尽可能大地满足自己的利益需求。之所以称其为契合利益，是因为谈判任何一方的利益都必须通过与对方的合作或者从对方的承诺中才能得到。

(2) 谈判的主体是两方或者多方的组织和个人。

(3) 谈判的手段是观点交换、感情互动。

(4) 谈判的实质是运用公共关系理论，通过人际传播和相互交流，在双向沟通的基础上，消除分歧，达成共识。

(二) 政府公共关系谈判的分类

1. 双边谈判和多边谈判

这是以谈判主体的多少进行谈判分类。若谈判主体只涉及我方和对方，不涉及第三方，也没有第三方参与谈判，则称为双边谈判。若谈判主体涉及第三方或者更多的组织或者个人，则称为多边谈判。

2. 大型谈判、中型谈判和小型谈判

这是以谈判规模（谈判项目的多少、谈判人员范围、谈判内容的复杂程度）进行的谈判分类。若谈判项目较多，谈判内容比较复杂，各方参与人数超过12个人时，则称为大型谈判；若仅仅就一个简单的项目进行谈判，各方参与人数不超过4个人时，则称其为小型谈判；规模居于上述两者之间的谈判称为中型谈判。这种划分不要拘泥于人数和项目数，应该视具体情况而定。

3. 经济性谈判与非经济性谈判

这是以谈判所涉及的利益性质进行的分类。以某种经济目的为谈判内容或者目标的谈判，称为经济性谈判。具体包括商品贸易谈判、技术贸易谈判、加工贸易谈判、补偿贸易谈判等。以非经济目的为谈判内容或者目标的谈判，称为非经济性谈判。具体包括外交谈判、政治谈判、军事谈判、边界谈判等。在有些场合，经济性谈判和非经济性谈判是相互交织在一起的，如外交谈判中有时会涉及经济问题。

4. 正式谈判和非正式谈判

这是以谈判主体的身份和对谈判内容的准备程度进行的分类。一般而言，谈判主体为官方或利益代表，对谈判内容准备比较充分的谈判，可以称为正式谈判；反之，以相互接触、试探前景、通报情况、解释立场为谈判内容，非主要人物或者非利益集团代表参加的谈判，称为非正式谈判。

5. 受调停谈判与无调停谈判

这是以有无第三方作为中间人介入谈判进行的分类。受调停谈判一般存在于谈判双方或多方间争议较大的时候，在争议两方之外，引入一个多方都认可的持中立立场的"介入者"。如果是两方争议人，则称介入者为第三方；如果是 N 方争议人，则称介入者为 N + 1 方。无调停谈判是指无调停方介入的谈判。

6. 对抗性谈判和非对抗性谈判

这是以谈判各方的对立程度和对谈判结果的追求进行的分类。对抗性谈判，是以不信任、敌对、互相施加压力等为出发点的"输赢"结果的谈判。非对抗性谈判，是以双方互惠、双向沟通、互相理解、求同存异为出发点的"双赢"结果的谈判。区分这两种谈判，不是依据议题的对抗性，而是看谈判主体所持的谈判立场。

7. 分配型谈判、融合型谈判和混合型谈判

这是以谈判问题的性质进行的分类。分配型谈判通常只涉及一项单独的分配争议，如同分一块蛋糕，在谈判者心中有很强的输赢意识，双方利益对立，意识上难以形成伙伴关系。融合型谈判是指针对多个议题、双方利益存在互补的合作性谈判。在现实谈判中，绝对的分配型谈判和融合型谈判是不存在的，多数表现为混合型谈判。

另外，除上述分类外，谈判还可以根据谈判过程分为一次性谈判和多轮连续性谈判；根据时间长短分为长期谈判和短期谈判；根据谈判内容与谈判目标的关系分为实质性谈判和非实质性谈判；根据谈判的公开程度分为秘密谈判和公开谈判。

二、政府公共关系谈判的基本要素和原则

（一）政府公共关系谈判的基本要素

政府公共关系谈判由以下三个基本要素构成。

1. 谈判主体

谈判主体就是指谈判双方的参加者。谈判人员的素质是取得谈判成功的关键因素，成功的谈判与谈判人员的素质密切相关。所以，谈判人员必须具有良好的个人素质和群体构成。现代政府公共关系谈判涉及面广，谈判主体往往需要由谈判组来承担。谈判组不但要求每个成员有良好的个人素质，还要求谈判组有合理的结构，即谈判组应该是由不同层次、不同专业、不同特长的人员按照一定比例构成，在谈判中相互弥补，有效地发挥团体的最大能力。

2. 谈判议题

谈判议题就是谈判双方通过谈判所要解决的问题。谈判人员在准备谈判时首先要确定谈判的议题。谈判议题应该是涉及双方的利害关系，双方希望解决且有解决可能性的问题。

3. 谈判方式

谈判的主要方式有以下几种：①横向谈判，它是首先确定谈判要涉及的所有议题，然后循环往复地讨论每一个议题；②纵向谈判，是对确定的议题按先后顺序一个问题一个问题地谈，第一个议题解决之后再去谈第二个议题，依次进行；③从属式谈判，是在一方意见的基础上产生的，即由一方提出议题，导致双方在这一议题上发生冲突而进行争执；④独立式谈判，是在谈判双方各自独立意见的基础上产生的，双方各有自己的议题，各自申诉自己议题的理由；⑤电话谈判，是通过电话进行洽谈的谈判方式；⑥信函

谈判,是双方通过书信、电报、传真、电子邮件进行书面交谈的谈判方式。

(二)政府公共关系谈判的基本原则

1. 客观求实原则

政府公共关系谈判要求谈判人员都应当坚持客观求实原则,通过谈判双方的信息交流来建立并维护相互信任、相互合作的关系,要求谈判双方以诚待人、信誉至上、实事求是等。

2. 利益中心原则

谈判的焦点应该对准利益,了解对方的实质利益所在,加强对利益的交流和沟通,对利益问题采取强硬态度,将有助于问题的解决。参与谈判的各方应该在平等权利、承担平等义务的基础上,进行洽谈协商,以谋求对各自都有收益的谈判结果。

3. 多方案原则

谈判时,要充分发挥思维的创造性,准备多个方案,这样更易于抉择。谈判各方在原则性问题上必须求得一致,摒弃非原则问题的分歧,从而使谈判各方都能接受,都达到利益的满足。所以谈判各方在谈判过程中都应采取多方案原则,作出适当的让步,以求得意见的一致和谈判的成功。

4. 时效原则

政府公共关系谈判应该特别强调遵守时效原则。对政府公共关系谈判来说,"时间就是生命"、"效率就是金钱",商品经济的迅速发展,科学技术知识更新加快,人们的时间观念、价值观念、效率观念、信息观念都在不断加强。一些政府谈判要经过多个回合,所以政府领导者和政府职能部门更应该注意审时度势,把握住时机,争取谈判的高效率和高效益。

5. 人事分开原则

谈判的目的是各方为了取得契合利益。谈判是由具体的人进行的,在一场谈判中,人的问题、人的关系和谈判涉及的问题,将形成一个矛盾体。人事分开原则要求谈判者充分认识到"人"的重要性,谈判双方都是由活生生的人组成,谈判中要注意将人和事分开,建立谈判多方真诚的关系,维护和尊重对方的自尊心,给对方留够面子,将对方看成是未来的合作伙伴。同时注意驾驭自己的情绪,适当控制自己,在搞好双方或者多方关系的基础上进行工作,使谈判得以继续进行。

三、政府公共关系谈判的基本程序

要完成一场重要的谈判,必须注意公共关系谈判程序和公共关系谈判策略。不同类型和方式的谈判,其谈判的程序可有所不同。但一般来说,正式的谈判可分为以下三个大阶段进行,每个阶段又有若干小的阶段。

(一)准备阶段

在谈判开局之前,谈判人员必须认真做好各方面的准备工作,这是确保谈判成功的先决条件和基础。准备阶段要求做好以下几个方面工作。

1. 组织好谈判班子

谈判的准备工作首先要考虑选择好谈判人员，组成一个高素质的谈判班子。谈判人员应该有较大的影响力和一定的地位，有丰富的谈判经验，有较高的认识、分析和判断问题的能力，有丰富的专业知识和有关法律知识。谈判班子的人数多少，应根据谈判议题的大小、问题复杂的程度而定。一般情况，谈判班子由 3~4 人组成为宜。谈判代表在谈判前应整理好自己的仪容仪表，穿着要整洁正式、庄重。男士应刮净胡须，穿西服必须打领带。女士穿着不宜太性感，不宜穿细高跟鞋，应化淡妆。

2. 了解自己和对方的情况

古人云："知己知彼，百战不殆。"了解对方，需查阅资料，进行访问，做到胸有成竹，万事俱备。只有这样，才可以据理力争，巧妙应对，给对手造成心理压力，争取主动权。首先，要做到知己就要熟悉本政府的全面情况，尤其要围绕谈判议题做专题调查研究，进行正确的自我分析和评估。而且，还要分析谈判对方的信息，这要依据谈判的性质和内容来确定搜集对方哪些方面的信息。如对方在谈判中可能让步的最大限度和最低界限，对方谈判班子的组成和人员素质，对方的上级主管部门和谈判的决策人物，有关政策、法规等。如果是涉外谈判，还必须了解对方所在国的政治、经济、文化、法律、宗教信仰、道德规范、风俗习惯、语言表达方式、价值观念以及政局的稳定性等。

3. 制定谈判计划

谈判前应对谈判主题、内容、议程做好充分准备，制定好计划、目标及谈判策略。制定谈判计划，首先应该确立谈判目标。在确立谈判目标时，可预先提出一个意向目标，再根据调查研究实际情况，对意向目标进行修正，确立合适的目标。谈判的目标分为下限、上限和区间三个层次。其次应该确定谈判策略。在谈判计划中，应根据每个阶段的谈判内容、进展情况以及对手的特点，制定相应的策略。

4. 安排谈判场所

在谈判地点的选择上，谈判者尽力争取选择自己熟悉或对自己有利的地点进行谈判，为自己创造"地利"的环境。布置好谈判会场，采用长方形或椭圆形的谈判桌，门右手座位或对面座位为尊，应让给客方。同时还要处理好一些其他事务，包括谈判人员的食宿安排、安全保卫、保密、谈判的时间进度、新闻媒介的报道等。

（二）正式谈判阶段

正式谈判，通常有以下几个环节。

1. 导入阶段

它是整个谈判的前奏，对谈判的前途有举足轻重的影响。开局谈判集中在谈判的目的、计划、日程安排以及进度等方面交换意见。不论是正式还是非正式谈判，导入阶段通常采用自我介绍形式，从这些简单轻松的介绍中，双方可以了解对方的基本背景，如姓名、地位、工作职务等，谈点题外愉快的话题，用热情、坦诚、友好、简短的谈话引起双方的心理共鸣，创造和谐的谈判气氛，使谈判双方相互认识和了解，营造一个轻松的氛围，但时间不宜长。这里要注意：

（1）创造良好的第一印象。在谈判之初，谈判双方接触的第一印象十分重要，谈判人员的服饰应做到美观、大方、整洁、合体。言谈举止要尽可能创造出友好、轻松的良好谈判气氛。作自我介绍时要自然大方，寒暄恰到好处，不可露傲慢之意。被介绍到的人应起立一下微笑示意，可以礼貌地道声"幸会"。询问对方要客气，如"请教尊姓大名"等。如有名片，要双手接递。介绍完毕，可选择双方共同感兴趣的话题进行交谈。稍作寒暄，以沟通感情，创造温和气氛。

谈判人员的动作和手势也会对和谐气氛的创造产生影响。由于各国、各民族文化习俗的不同，对各种动作和手势的反应存在着差别，谈判人员应事先了解对方的背景和性格特点，区别不同情况，采取不同的做法。谈判初始目光注视对方时，目光应停留于对方双眼至前额的三角区域正方，这样使对方感到被关注，觉得你诚恳严肃。手势自然，不宜乱打手势，以免造成轻浮之感。切忌双臂在胸前交叉，那样显得十分傲慢无礼。

（2）创造轻松氛围。在谈判进入正题之前，一般要互致问候和谈些与正题无关的中性话题。为了创造和谐的气氛可谈一些积极的中性话题，如旅途经历、社会趣闻、文体娱乐、个人爱好以及相互合作的经历等话题，不要谈论令人沮丧的话题。在谈论这些一般性话题时，要注意察言观色，了解对方的意向、动机、态度、性格、知识、经验等。如果一位谈判人员，在开局之初就表现得优柔寡断，或是锋芒毕露，就此可判定这是一个初出茅庐者。相反，如果是从容自若，设法调动对方谈判的积极性，或是旁敲侧击，设法探测对方实力，就可由此判定这是一位行家里手。了解对方的目的，在于制定相应的策略，战胜对方。

2. 概说阶段

概说尽量简短扼要，最好取得对方的点头认同。概说的目的，是要让对方了解自己的目标及想法，隐藏不想让对方知道的其他信息，要小心把握。介绍发言以谨慎为好，尽量避免过多暴露自己的主题思想，既使对方了解己方的基本想法，又给对方造成不深知己方掌握资料深度的神秘莫测印象。

（1）发言内容简短，把握重点以及表示感情。例如，以"今天讨论希望能得出双方都满意的结论"之类的方式表达，能软化双方的态度。

（2）要注意对方发言，以便找出其目的与动机，并与自己的目的动机加以对比，找出共同点与差别。

（3）谈判的言辞或态度要表示出尊重对方，尽量不引起对方的焦虑和愤怒，否则被激怒的对手将设起一堵防御墙，可能使自己丧失协助或支持的机会。

3. 磋商和交锋阶段

这一阶段谈判话题进入了谈判的内容主体，进行实质性的谈判。这一阶段双方谈判人员都根据自己的利益，为满足需要的目的，达到自己的谈判目标。因此，每一方在谈判中必然站在自己一方,据理力争,谈判双方观点的对立局面和相持态度将在这一阶段显示出来,因而成为谈判的关键性阶段。这个阶段是双方施展全部战略、策略、方法和技巧以及采取反战略、策略、方法和技巧措施的阶段。此间双方感受的是如临大敌的紧张气氛,要坚持自己的立场,首先要有充分的心理准备,随时准备回答对方的质询。这阶段还分不出胜负,只是利用施与受的原则找出双方妥协的范围。双方都会不失时机地举出恰当的事例,企图让对手了解并接受自己的观点,但往往是你举出一例后,对方立即举出另一相反例子反驳你。应该及早把不同意见的问题摆在桌面上来。谈判双方通常包含四种问题:自己所求,对方所求,彼此相求,内蕴需求。心平气和地与对方讨论。一方面坚持自己的立场,列举大量事实,提出多方面理由,使自己在谈判中获胜;另一方面适当满足对方需要,随时回答和驳回对方提出的质询问题和理由,察言观色,把握火候,这是谈判技巧应用的关键。任何一方都不应无理狡辩,更不能以势压人,或采取欺诈手段。而应通过阐明各自的要求、意愿,表现出达成一致的诚意,积极探求双方都可以接受、承认和让步的条件。这一阶段,主要是报价、查询、磋商、解决矛盾、处理冷场。报价要明确无误,恪守信用,不欺蒙对方。在谈判中报价不得变换不定,对方一旦接受价格,就不再更改。查询时,事先要准备好有关问题,选择气氛和谐时提出,态度要开诚布公。切忌在气氛比较冷淡或紧张时查询,言辞不可过激或追问不休,以免引起对方反感甚至恼怒,但对原则性问题应当力争不让。对方回答查询时不宜随意打断,答完时要向解答者表示谢意。磋商是指讨价还价,事关双方利益,容易因情急而失礼,因此更要注意保持风度,应心平气和,求大同,容许存小异。发言措词应文明礼貌。解决矛盾要就事论事,保持耐心、冷静,不可因发生矛盾就怒气冲冲,甚至进行人身攻击或侮辱对方。处理冷场时,主方要灵活处理,可以暂时转移话题,稍作松弛。如果确实已无话可说,则应当机立断,暂时中止谈判,稍作休息后再重新进行。主方要主动提出话题,不要让冷场持续过长。

4. 妥协阶段

谈判双方的争执要有理、有利、有节,僵持和对立的局面应适可而止。其实在未坐在谈判桌前,你已进行了周密的准备,对自己在什么问题上妥协及妥协程度,对方可以妥协的问题和界限,包括所定出的让步的最低筹码都有基本的认识。这个阶段可以考验一个人的承受能力,如果谈判最终结果使我们得不到理想的利益,末了又让步的话,这基本上算是一次不成功的谈判。经过双方的相持和交锋之后,这时双方都应把握住时机,通过相互让步、妥协,探讨和寻求共同利益的结合点,这样才能使双方的意见趋于一致。

5. 协议阶段

协议是妥协的进一步发展,此时要看你的公共关系技巧能否在起草协议中迫使对方妥协,为自己争回点什么。经过双方的交锋和妥协,双方都认为基本上达到了谈判的目的,并对协议或合同的条款不存在异议,便可举行签字仪式,双方代表在协议或合同上签字，谈判阶段即告结束。但是，作为一个整体过程的谈判并未中止，协议中规定的审视、纠举等内容，一经签署，协议书便受到法律保护，双方互相监督执行，防止违背协议。

6. 评估和总结阶段

最成功的谈判也不可能达到完满无缺的程度，存在不足甚至失误之处是难免的。为了总结成功方面的经验，接受失败方面的教训，提高今后谈判的水平，谈判结束后必须认真总结和评估，包括谈判实现的目标分析、信息收集的分析、谈判策略和技巧的分析、谈判班子的素质分析等。

四、政府公共关系谈判过程中的策略与技巧

谈判是一场精神上的全面较量，需要消耗大量的精力和时间。谈判的形式很多，范围非常广，所以要注意的事情很多，现简要谈几个应加以注意的方法。

（1）谈判中应避免两种倾向，一种是只讲不听，另一种是只听不讲。在众多谈判实践中，许多误解，均源于没听清对方的观点，没理解或没领会对方的真实意图。所以谈判中，要留心倾听对方陈述，捕捉到对方言语中蕴含的信息，领会对方真实意图，才能有的放矢。只听不讲，也是不足取的。有疑问要及时发问，决不能不懂装懂，或因害怕暴露自己的无知，而含糊其辞。如果对对方所有的话、所有问题都一律不明确就表示自己的见解和意见，对方可能以为你无诚意而告辞，也许使你坐失良机。所以，时常提问，及时发现对方逻辑错误和弱点，是你说服对方的依据。

（2）尽可能避免无谓的争执。谈判总免不了讨价还价、彼此辩论，但明白谈判与辩论会的目的不同，不是为了输赢，而是为了双方的共同利益，最终要达成协议。

（3）克服急于求成和缺乏信心的不良心理因素。急于求成，欲速则不达，不适于谈判。如果你心急如焚的心理被对方察觉，对方会利用你的弱点设法使你陷于不利地位。所以良好的心理修养，有条不紊地进行谈判，是促成协议照你希望的目标达成的关键。反之，缺乏信心，没有足够的思想准备，是谈判大忌。谈判中出现曲折很正常。遇到僵持局面，不要轻言放弃，要尽快调整自己的思路，寻找新的切入点，争取谈判不中断，直至达成协议。如果本次谈判破裂，再举行第二轮谈判，难度会增加，因双方都存有戒心。

谈判中最困难的，是己方急于达成协议，而对方却毫无诚意的情况。即使在这种场合下，切不可因自己有求于人而一味妥协、迁就，以至于签订对自己利益大有损害的协议。这时要充分应用公共关系学中的沟通技巧来改变局面。

总之，公共关系谈判是一门高深的学问，是场心理决斗，没有重复性。所以对谈判者在智能、信息、修养、口才、风度以及胆魄和体力等方面都有很高的要求。如果在谈判中学会应用公共关系技巧，则会为谈判增加成功的几率。

第二节 政府公共关系的专题活动

一、展示型政府公共关系专题活动

展示型政府公共关系专题活动是政府部门通过实物展示、环境展示、图片与模型展示，广泛吸引公众的注意和参观，并吸引新闻媒介的关注和报道，提高政府某部门或者某项方针政策的知名度和美誉度，改善政府的整体形象。展示型政府公共关系专题活动主要包括各种类型的展览会和开放参观等。

（一）展览

展览是通过实物、文字图表和图像等来展现成果，树立组织形象的宣传形式和传播媒介。它是综合运用多种传播手段的公共关系专题活动。

1. 展览的特点

（1）展览是一种复合型的传播方式，通常同时运用多种媒介进行立体式交叉混合传播，包括：一是文字媒介，如文字注解、宣传手册、介绍材料等；二是声音媒介，如讲解、交谈、现场广播等；三是图解媒介，如照片、图片、幻灯片、录像等；四是实物或者模型。由于展览这种复合型传播方式综合了多种传播媒介的优点，所以它的沟通效果通常会非常令人满意。

（2）展览是一种十分直观、形象和生动的传播方式，一般以展出实物为主，并以专人讲演和示范产品的使用方法等方式进行现场的示范表演。这种形象记忆能起到强化效果的作用，能吸引大量公众前来参观，使参观者对展品留下较深刻的印象。

（3）展览是一种高度集中和高效率的沟通方式，它能给组织提供与公众进行直接双向交流的机会。通过听取意见、相互交流、深入讨论，参展单位在让公众了解自己的同时，也可了解公众对组织形象等的反应，可以根据公众反馈的信息及时改进工作。这种直接双向沟通的交流性、针对性强，收效较大。一个展览可以集中许多部门的不同展绩和展品，也可以集中全国各地的同类展品，这就为参观者提供了更多的学习内容和选择机会，并节省了时间和费用，方便了参观者，提高了相互沟通综合性效果。

（4）展览是一种大型活动，往往能成为新闻媒介追踪的对象，是公众新闻报道的好题材，会对公众产生很大影响。办展览一般都预先做广告、搞宣传，开幕时，还要请知名人士来庆贺。参展单位可以利用展览制造新闻，扩大影响，并利用这一机会搞好与新闻界的关系。

2. 展览的形式

（1）从展览的性质区分，有成果展览和宣传展览。成果展览的目的是介绍政府工作成就，吸引社会各界的注意，它展出的主要是实物产品。宣传展览的目的是为了灌输某种观点、思想或主张，或为了让公众了解某一史实，它通常通过展出照片资料、图表及有关实物达到宣传的目的。

(2) 从展览的形式区分，有综合性展览和专题展览。综合性展览涉及的范围广，内容多，全面，多为宣传目的而为之，有一定的整体性和概括性，既要突出重点，又要照顾一般，力求给观众以完整的印象。而专题展览内容集中，深度增加，目的性很强，是围绕某一主题而进行的具有一定深度的展览。

(3) 从展览的规模区分，有大型综合展览、小型展览和微型展览。大型综合展览通常由专门的单位主办，参展单位通过报名参加，规模较大，参展的项目繁多，如广交会。小型展览的规模较小，一般由基层政府自办，展出的亦是自己的实绩、产品或商品。这类展览经常选择基层政府所在地、图书馆门厅、车站候车室等地作为展出地点。微型展览主要采用街头宣传栏的形式。这类展览表面看似简单，但实际要求有很高的技巧性及较大的吸引力。

(4) 从展览的举办地点区分，有室内展览和露天展览。室内展览气氛较为隆重，且不受天气影响，举办时间较灵活，可长可短。多数展览都是在室内进行，但室内展览的设计布置较为复杂，所需费用也较多。与之相比，露天展览的最大特点就是设计布置较为简单，场地较大，可以放置大型的展品，所需费用相对较少。露天展览的缺点是往往由于天气的原因而影响展览的效果。

(5) 按展览的时间区分，有长期固定展览、定期更换内容的展览和一次性展览。

3. 展览的操作

展览是通过实物、文字和图表等来展示政府工作的成果的一种宣传形式。所以，不管是什么类型的展览，在策划、编制、实物陈设及文字解说等方面的一般程序是一致的。要办好一次展览，需要精心设计并认真实施以下内容：

(1) 设计展览的主题和目的。每次展览必须有明确的主题和目的，并以此来决定展览中将使用的沟通方法、展览形式及接待形式，以达到满意的效果。一个展览的内容可能有很多项，但是主题只有一个。主题在展览中起着提纲挈领的作用。突出主题、围绕主题的展览才会成功。主题鲜明的展览才会给观众留下明确、清晰的印象，形成一定的思想观点，从而起到为政府部门传播信息，在公众中树立政府知名度和美誉度的作用。

(2) 确定参展单位、参展项目，选择展览类型。在确定参展单位、参展项目和展览类型时，可以采取广告和给有可能参展的单位发出邀请的方法来吸引单位参展。广告和邀请信上要写清展览的宗旨、展出项目类型、对参观者人数和类型的预测、展览的要求及费用等，给参展单位提供决策的依据。根据展览的主题及主客观条件来选择合适的展览类型。

(3) 确定展览的时间、地点。展览时间的选择要考虑到季节性、天气状况等因素。展览地点要考虑以下三点：一是考虑方便参观者的因素，如交通要选择方便，地点要易于寻找等；二是考虑展览地点周围环境是否与展览主题相得益彰；三是考虑辅助设施是否容易配备和设置等。

（4）精心撰写展览脚本。对于展览的主题思想及展览结构体现最充分的就是展览脚本。在撰写脚本时，公共关系人员应根据整个展览的总体要求和各个部分的具体特点，将参展的每一部分都整理出展览大纲，并使其寓于展览脚本中，使之与展品、资料、图片等融为一体。脚本中要写出前言、解说词和结束语。前言要有信息性；解说词要真实客观、生动具体、朗朗上口；结束语要有概括性、总结性，前呼后应，加深印象。

（5）准备各种资料。展览要求的资料很多，其中包括：领导人的致辞、参展单位介绍、有关展品的技术资料、给观众的一封信。另外，展览的辅助宣传材料是必不可少的，这包括幻灯片和录像、各种小册子、目录表、解说词等等。这些资料都要由公共关系人员或专门成立的编写机构负责编写。

（6）赠送资料。展览进入实施状态，观众步入展厅，工作人员应面带微笑送上一份图文并茂的资料介绍，再附上一封热情洋溢的信，观众会感到精神上的满足，对展览的概貌也会有一个全面的了解，促使观众认真参观。

（7）细心解说。展览陈列的实物和图表是毫无生气的，但经过讲解员娓娓动听的介绍以后，这些东西就会注入生命的活力，使观众明显感受到它的存在，明白它的实际意义。因此，要求讲解员具有一定的知识水平、修养、仪态和口才，尤其需要有条理分明、具体生动的解说词。

（8）检测展览效果。设计评估展览的标准，设计有关展览的知识测验题，召开参观者座谈会，展览后登门访问或发出调查问卷，整理观众留言。

另外，在整个展览的操作过程中，还要注意三个问题。

一是如果需要，可以成立专门向外发布的新闻机构，负责和新闻媒介联系的一切事宜，制定新闻发布的计划，如确定发布的内容、时机、形式等。公共关系人员应该发掘展览中有新闻价值的东西，写成宣传材料，以扩大展览的影响。

二是注意做好展览的辅助工作。对工作人员，如讲解员、接待员和服务员进行专门培训，使他们表现出对工作、对观众的极大热情，树立现代公共关系意识。另外，要保证展览的辅助设施和相关服务的正常运行，如交通运输、食宿、门票、接待、信息反馈、安全保卫、停车场等。

三是做好展览开支的预算。一个展览的费用通常包括：场地费用、设计和布置费用、工作人员的费用、联络费、交际费、广告费、印刷品费、运输费、保险费等。要对这些费用进行预算，根据展览要达到的效果来考虑花费的标准。

（二）开放参观

参观是最好的推销方式之一。向公众开放，组织他们参观本组织，是增进与公众间的联系和了解的途径之一，是经常性的公共关系活动。政府为了让公众更好地了解自己的工作业绩，也通常由公共关系部门负责组织一些对外开放参观活动。在这些开放参观活动中，组织社会各界人士、新闻工作者、学校师生和其他对政府机构感兴趣的公众等,对一段时间内的政府工作进行参观和考察。政府各部门可利用这些机会向公众进行宣传,以得到公众的理解和支持。对外开放参观的直接目的是增加本组织的透明度,争取公众的理解和支持,消除人们对政府部门的某些不解和疑虑。

对外参观的内容,要根据主题要求,力求实事求是,可以分为现场观摩、介绍、实物展览等。现场观摩以目击为主,并作必要的介绍和解释,但是不能口若悬河、滔滔不绝,以免使人产生逆反心理,造成宣传气氛太浓或者强加于人之感。组织对外开放参观活动须做好以下工作:

(1) 确立主题。任何一次开放参观,都应确立一个明确的主题,即打算通过这次活动达到怎样的效果,让参观者留下怎样的印象,达到什么目的。

(2) 安排参观时间。开放参观的时间最好安排在一些特殊的日子,如周年纪念日、喜庆节日等。还要注意合理地安排开放活动时间,尽量避开假期。较理想的开放时间一般以晚春和早秋季节为宜。

(3) 成立专门机构。要将开放参观活动办得有声有色,最好成立一个专门的活动组织机构。成员应包括:有关方面的领导人、公共关系人员、行政和人事部门人员等。

(4) 准备宣传工作。欲使开放参观获得成功,必须做好宣传工作。说明书、电影、录像或幻灯,都可以帮助参观者了解参观内容的概况;安排向导,引导参观者沿参观路线参观,并作进一步解说和回答问题;可设置明显的路标为参观者作向导。另外,赠送参观者有纪念意义的小礼品,可使参观活动产生特效。

(5) 规划好参观线路。提前规划好参观线路,防止参观者越过参观所限范围,以免出现不必要的麻烦和事故。

(6) 做好接待服务工作。对参观者应热情周到地做好接待工作,安排合适的休息场所和必备茶水饮料。有关部门负责人必要时要亲自出场热忱地迎送参观者,感谢大家的参观,竭诚征求大家的意见。

(7) 对外开放不仅仅是公共关系部门的责任,也是政府内部所有成员的责任,要让所有员工了解开放的情况,使参观者满意。

二、庆典型政府公共关系专题活动

利用节日庆典和其他典礼仪式积极宣传政府形象,与社会公众建立有效的沟通渠道,是政府公共关系的一个重要工作。庆典活动种类繁多,规模大小不一,但是,它们共同的特点是突出喜庆和隆重的气氛。这些典礼、仪式既是大型公共关系活动的一项内容,又是一项有意义的专题活动。政府通过气氛热烈、隆重大方的庆典活动,往往会创造出突出的社会形象,给公众以深刻的记忆。政府也可以通过这样的活动向社会公众展示自己,体现出政府的政绩、工作人员的组织能力和社交水平以及综合素质,增强社会公众对政府的信任感。因此,公共关系人员应该重视并悉心安排好这一活动。典礼仪式的类型包括奠基典礼、落成典礼、揭幕典礼、签字仪式、剪彩仪式、就职仪式等。

(一) 节日庆典或颁奖、授勋仪式

1. 节日庆典或颁奖、授勋仪式的含义

节日庆典一般选在法定的节日（如国庆、元旦或春节等），也可以选在某个特别的纪念日。举办庆典活动是吸引社会公众注意力、扩大社会影响的公共关系活动，特别是能够吸引新闻媒介关注。在政府公共关系专题活动中，常见的庆典活动有两种，一种是法定节日的庆典，比如，五一国际劳动节、八一建军节的庆祝活动等；另外一种是政府机构为了某一特定事件而组织的庆典活动，如2001年7月13日北京申奥成功大型庆祝活动等。

颁奖、授勋仪式主要是为表彰先进，或为某些成就突出的人士颁授奖章、称号和荣誉证书等。由于这些有成就的人士的人格魅力，表彰先进的活动能够成功地达到宣传政府工作、强化政府形象的目的。

2. 典礼仪式的组织工作

（1）成立庆典筹委会，确定庆典活动主题，进行宣传活动。庆典筹委会专门策划并落实庆典工作，确定庆典活动主题以便围绕主题进行精心策划，如提炼宣传口号，写出活动方案，确定宣传内容，制作并发放海报、宣传品，适当做广告、送请柬等。

（2）精心拟定出席典礼的宾客名单和典礼程序。宾客名单中包括政府有关部门负责人、社区负责人、社团代表、新闻记者及公众代表等。对邀请出席典礼的宾客要提前将请柬送到其手中。典礼程序一般为：宣布典礼开始、宣读来宾名单、致贺词、致答词、剪彩。

（3）事先确定好致贺词的来宾名单及本部门负责人的答词。贺语和答词都应该言简意赅，起到沟通感情、增进友谊的作用。

（4）确定剪彩、揭牌、挂牌等人员。参加剪彩的除本单位负责人外，还应请来宾中地位较高、有一定声望的知名人士一起进行剪彩。剪彩者是剪彩仪式上的关键人物。剪彩者的仪表和举止，直接影响剪彩仪式的效果。因此，剪彩者应当讲究有关礼仪。剪彩者穿着要整洁、庄重，精神要饱满，给人以稳健、干练的印象。剪彩者走向剪彩的绸带时，应面带微笑，落落大方。当工作人员用托盘呈上剪彩用的剪刀时，剪彩者应向工作人员点头致意，并向左右两边手持彩带的工作人员微笑致意，然后全神贯注，把彩带一刀剪断。剪彩完毕，放下剪刀，应转身向四周的人鼓掌致意。

（5）安排各项接待事宜。应事先确定签到、接待、剪彩、录像、播音等有关服务人员，这些人员要在典礼前到达指定岗位。

（6）安排必要的娱乐节目。如鞭炮礼花、乐队伴奏、民间舞蹈、歌舞节目等。

3. 典礼活动注意事项

典礼活动的形式并不复杂，使用机会不多，但要办得热烈隆重、丰富多彩，以给人留下深刻而美好的印象。一般应注意以下事项：

（1）准备要充分。要办好开幕典礼，准备工作是个关键。公共关系人员应通过各种渠道，邀请有影响的知名人士出席。同时，还要注意疏通各个环节，使典礼顺利进行。

（2）指挥要得当。在典礼进行过程中，公共关系人员要头脑冷静，善于调度，指挥有方。同时，还应具有应付各种意外情况的能力。指挥得当仰仗于准备工作的充分。

（3）注意总结经验。典礼结束后，公共关系人员应通过座谈和留言形式广泛征求意见，并尽快将意见和建议进行分析综合整理，以达到总结经验、鼓舞士气的目的。

（二）签字仪式

通过谈判达成某种协议后，总是要举行一个签字仪式以昭示世人。在签字仪式上谈判双方互换文本，然后互相祝贺。为扩大影响，有些签字仪式还需邀请上级领导和新闻记者参加。

1. 签字仪式的准备工作

（1）文本准备。内容由双方商量，然后定稿、校对、印刷、装订、盖印，正式文本要一式若干份。

（2）准备签字现场用的文具、国旗等物品。

（3）决定参加签字仪式的人员。与对方商定签字人员和助签人员，并安排双方助签人员洽谈有关细节。

（4）布置签字厅。

2. 签字仪式的操作程序

（1）双方签字人员进入签字厅，双方代表人员按事先排好的位置就位，其他人员按身份排列后就座。签约仪式上，双方参加谈判的全体人员都要出席，共同进入会场，相互握手致意，一起入座。

（2）助签人员，分立在各自一方代表签约人外侧，其余人排列站立在各自一方代表身后。助签人员分别站在签字人员左边，翻开文本，指明签字的地方。

（3）各方在各自保存的文本上签字，然后与对方交换签字。助签人员在旁边用吸水纸按压签字处。

（4）签字完毕，双方应同时起立，交换文本，并相互握手，祝贺合作成功。其他随行人员则应该以热烈的掌声表示喜悦和祝贺。各方签字人员互换文本，并互相握手，合影留念。

（5）举行庆祝宴会。

三、赞助型政府公共关系专题活动

（一）赞助活动的必要性

赞助活动是一种重要的综合运用多种传播手段树立本组织形象的公共关系活动。一个组织除了盈利及其他目标外，还必须承担一定的社会责任和社会义务，以表明自己是社会的一员，为社会贡献一份力量。同时，通过承担一定的社会责任和义务，可以得到政府和社区的支持，组织也就可获得生存和发展的可靠保障。而赞助正是组织向社会表示其承担责任和义务、与政府和社区搞好关系、树立组织形象最为有效的方式之一。通过赞助，可以树立组织关心、倡导社会公益事业的良好形象，培养组织和公众的良好感情。

赞助活动的类型包括：赞助体育活动，赞助文化活动，赞助学校、教育事业，赞助各种社会福利事业，如幼儿园、敬老院、社会救济、残疾人、慈善组织等。这种赞助活动表明其所承担的义务和责任，体现出组织的高尚风格品质，从而博得公众的好感。赞助活动还包括各种竞赛、庆典、旅游手册、日历、地图等各种宣传用品和技术手册。赞助的步骤为：

1. 前期研究

赞助可以由组织主动选择对象予以支持，也可以在接到请求后再作出反应。政府公共关系部门和工作人员在进行赞助活动前，都必须进行前期研究，以便使赞助活动收到预期的效果。所谓前期研究，即在赞助活动开展以前，从政府部门执行的方针政策入手，分析政府公共关系政策和目标，以指导日后的赞助活动，为了更好地做好赞助活动，一般要组织专门的赞助委员会，负责研究各种赞助事宜，进行赞助的政策、措施与效果分析。

2. 制定计划

在赞助前期研究的基础上，政府公共关系部门或者专门设立的赞助委员会要根据赞助的政策、方向，制定出赞助计划。赞助计划一般包括：赞助对象的范围、赞助形式、费用预算等。赞助计划是赞助研究的具体化，因此务必重视。赞助应该控制规模范围，避免浪费现象，做到有的放矢。

3. 审核评定

政府公共关系部门每进行一次具体项目的赞助，都应该由赞助委员会对此项目进行详细的分析研究，结合赞助计划进行审核评定，以确定赞助的可行性、赞助的具体方式、数额和项目，以及赞助的时机，以便进一步制定此项赞助活动的具体实施方案。

4. 具体实施

应派出专门的公共关系人员负责或者参加各项赞助实施方案的具体落实。在实施过程中应该充分运用大众媒介工具对赞助活动的目的、意义进行广泛的宣传，以扩大对社会的影响。对具体的项目，应该指定专人负责，充分运用各种公共关系技巧，尽量扩大组织的社会影响。例如，对1990年召开的亚运会的赞助活动，亚运会组委会集中力量进行300天的宣传活动，其目的是让每一个公民，尤其是北京市公民树立亚运意识，认识到举办亚运会将对我国的政治、经济、科学、文化、国民精神以及国际影响和祖国统一工作有着十分深远的影响，认识到在国家财政还比较困难的情况下，每一个公民有义务、有责任采取各种形式对亚运会赞助。

5. 效果测定

每次赞助活动完成后，都应该对其效果进行调查测定，并对照具体实施方案，看实现了哪些预定的指标，总结完成和未完成的原因，写成报告，为以后政府公共关系开展的赞助研究提供参考。

四、宴请型政府公共关系专题活动

宴请是增进友谊、联络感情的最常见的公共关系活动形式之一。组织宴请是一项十分繁杂的工作，需要认真对待。政府公共关系部门为了庆祝重要纪念日、表彰庆功、签订重要协议、答谢合作者等，常常举办各种宴请活动，以融洽关系、强化宣传。组织宴请活动是一项重要而又繁杂的工作，要求公共关系人员熟悉各种细节，并能随机应变。

（一）宴请的类型

常见的宴请形式有宴会、招待会、茶会、工作进餐等。具体采用何种形式，要根据具体的活动目的、邀请对象以及经费开支等方面的因素来确定。

1. 宴会

宴会为正餐。从级别上有国宴、正式宴会、便宴之分；从举行时间上有早宴（早餐）、午宴、晚宴之别。对于不同种类的宴会来说，其隆重程度、出席规格、菜肴的品种与质量等均有区别。一般晚宴较之白天举行的更为隆重。

（1）国宴。乃是国家元首或政府首脑为国家的庆典，或为外国元首、政府首脑来访而举行的正式宴会。其规格最高，要安排座次。宴会厅内要悬挂国旗，安排军乐队演奏国歌及席间乐。宴请人在席间要致辞、祝酒。

（2）正式宴会。除不挂国旗、不奏国歌以及出席规格不同外，其他安排大体与国宴相同，有时也安排乐队及席间乐。许多国家的正式宴会也十分讲究排场，在请柬上注明对客人招待的要求，对餐具陈设、酒水菜肴的道数和服务规格都有严格要求。

（3）便宴。这是一种非正式的宴会。常见的有午宴、晚宴，有时也有早宴。这类宴会形式比较随便、亲切，可以不排座次，不作正式讲话，菜肴道数也可以酌减。另外，家宴也是便宴的一种形式。

2. 招待会

招待会是指各种不备正餐而较为灵活的宴请方式。通常备有食品、酒水饮料，不安排座位，可以自由活动。招待会有冷餐会与酒会两种常见形式。

（1）冷餐会。菜肴以冷食为主，也可以用热菜。主要采用自助形式，主客自由活动。冷餐会既可以在室内也可在院内举行，规格和隆重程度可高可低。时间一般以中午或下午为宜。

（2）酒会（亦称鸡尾酒会）。以招待酒水为主，略备小吃，不设坐椅，仅设小桌，可以随便走动。举行的时间亦较灵活，客人可在活动时间内的任何时候入席或退席。酒会通常以低度酒类为主，并配以各种果汁。因酒会这种场合，主客自由组合、自由交换意见、自由选用饮食，所以，是开展一般性社交联谊活动的最佳形式。

3. 茶会

茶会是一种更为简便的宴请形式，宴请的客人边品茶边交谈，也可以略备点心。茶会通常设在客厅，设茶几、坐椅，不排座次，举行时间一般在下午4时（也可在上午10时）。茶会对茶叶和茶具很有讲究，要具有一定特色。一般来说，茶具要用陶瓷器皿而不用玻璃杯，用茶壶而不用热水瓶。

4. 工作餐

工作餐是现代交际中经常采用的一种非正式宴请形式。这种宴请只请工作人员，不请配偶及与工作无关的人员。工作餐按时间分为早餐、午餐和晚餐。如果进餐者为双边关系，则进餐时往往排席位。同时，为便于谈话，常用长桌。

（二）宴请的组织

良好的宴请组织工作，可使宴请活动发挥奇妙的功效。但如果组织失误，也易造成不欢而散的局面。组织好宴请活动应做好以下几项工作。

1. 确定目的、名义、对象、范围和形式

宴请的目的多种多样，可依据具体情况来定，如庆祝纪念日、庆功、答谢、招待来访代表团。宴请的名义和对象，主要依据主客的身份来确定。宴请的范围是指邀请哪些方面人士出席，请到哪一级别，请多少人，主人一方由谁出面作陪等。宴请的形式取决于活动目的、邀请对象以及经费情况等因素，要视具体情况而定。

2. 确定宴请的时间、地点

宴请应选择对主客方都合适的时间，最好事先征询主宾意见，然后再做决定。宴请的地点要按活动程度、规模大小、宴请形式等而择定。宴请地点的选择要考虑规格的高低、规模大小、宴请形式、供应特色、环境格调、主人意愿及实际可能。

3. 发出邀请

凡宴请均需发请柬，这既是礼貌，又对客人起备忘作用。便宴经约妥后可以不发请柬，工作进餐一般不发请柬。请柬一般要提前一至二周发出，以便被邀人及早做出安排和回复。已经口头约妥的通常还要补发请柬，正式宴请一般在请柬上注明座位号，宴请前一两天最好再用电话询问和提醒客人出席情况。

4. 订菜

宴请的酒菜应根据形式和规格选择安排。选菜应主要考虑主宾的喜好和禁忌，并注意节省。如果客人有特殊要求还应该给予特殊照顾。菜单如果需要，还应该印制，一般一桌放置两三份，也可以一人一份。

5. 安排好桌次席位

正式宴请一般均排桌次和席位，也可只排主桌席位，其他只排桌次或自由入座。应事先将桌次席位编号告知出席人，提前在桌上放置桌次牌，现场还要有人引导。

6. 准备餐具

根据宴请人数和酒、菜的道数准备好适用、足够的餐具。根据中、西餐的不同摆放好餐具。

7. 宴请程序

主人一般在门口迎接客人,主宾到达后,由主人陪进休息厅、室与其他客人见面,主人陪同主宾进入宴会厅。全体人员落座,宴会即开始。活动项目完毕,主人和主宾起座,宴会即告结束。

第三节 政府公共关系的语言艺术

一、演讲的语言艺术

演讲是一门实践性很强的艺术,它是面对公众进行的言语行为。演讲对于统一思想认识,动员群众做好工作,发挥着重要作用。在日常生活中有多种多样的演讲,如茶话会、团拜会、晚会上的演说;有纪念日、节日、就职的演说;有祝词、欢迎词、欢送词等。演讲语言作为一种口语,是人们交流思想、表达情感、传递信息的工具。要达到演讲的预期效果,必须掌握演讲的语言艺术。演讲的语言艺术应把握以下几点。

(一) 真实化

列宁曾经说过,吹牛撒谎是道义上的灭亡,它势必引向政治上的灭亡。演讲的内容应该是真实客观的,不讲大话、假话,是对政府公共关系演讲语言的基本要求,体现了政府工作人员相信真理、有信心、有力量的特点。政府公共关系人员演讲如果不讲真情实话,弄虚作假,既欺骗了群众,也愚弄了自己,必然会造成严重后果,使人心背离。

(二) 规范化

演讲语言的规范化,是指在演讲实践中使用统一的、普及的、在口语形式上具有明确规范的民族共同语。我国地域辽阔,幅员广大,各地都有自己的方言,给情感交流和思想沟通带来了很大的阻力和障碍。如果一个人用过多的方言讲话,外地人听不懂,即使思想再深刻,情感再丰富,语言再准确简洁,也仍然达不到演讲的目的。所以,在演讲时,一定要用普通话。这不仅是由演讲的目的决定的,而且作为一名演讲者,也有义务以自己的示范作用来推广普通话。

(三) 口语化

列宁说:"重视经常和不断的宣传工作,就应当确切地、全面地制定必须加以通俗化的那些原则。"鲁迅也说:"为了大众力求易懂。"演讲是要宣传人、影响人、教育人,那么讲出来的话就应通俗而平易,让人听得懂。只有这样,才能达到演讲的目的。如果演讲的语言不通俗,听众听不懂,就要影响演讲的效果。而且演讲语言具有"一次过"的特点,声音稍纵即逝,听众必须当场听清、听懂,不然很难补救,乃至影响一部分甚至整篇内容的接受。

口语化的语言好懂易记，质朴率真，而且讲话还常常依据对象和情景，运用语调的高低、语音的轻重、语气的变化、停顿的长短、语速的快慢等辅助语义的表达。这些要素的结合不仅起到有效传递信息的作用，而且生动活泼，绘声绘色，朗朗上口，富有极大的表现力。好的演讲语言正是有声感和动作感的巧妙结合。相反，缺少口语化的演讲语言，往往流于艰深和晦涩，即使不乏激情和哲理，但语言雕琢的痕迹依然很重，只适于阅读和朗诵，不适于演讲。

要使演讲的语言做到口语化，在写完演讲稿之后要自己照稿讲一讲，看看是否上口，然后把那些不适合演讲的书面语改为口语化的演讲语言。其次，要注意选择那些有利于口语表达的词语和句式。如在词法上，要注意用词的通俗化，多用现代词语，少用古代词语；多用双音节词语，少用单音节词语；多用通行词语，少用方言词语；多用形象性词语，少用抽象性词语；多用普通词语，少用专业词语等。至于句子的长短问题，由于演讲受到演讲者说话时呼吸节奏的制约，有较多停顿，因而在演讲中就要多用短小简朴的短句，这样既清楚明了，听众也容易记住。另外，还要注意整句和散句的结合使用，尽量不用倒装句等，这些都有助于演讲语言的口语化。

（四）个性化

演讲语言的通俗性除口语化外，还要求表达的个性化。所谓语言的个性化，是指演讲者要用自己的语言表达自己的思想感情、意志和气质，而不是老调重弹，套用那些现成的语言。例如，在20世纪50年代，某单位请陈毅作报告，为了"像样点"，讲台上铺了洁白的台布，花瓶里插了鲜花，还备了茶点水果。陈毅见了这般情景，挥手让把花瓶移到台下，撤去了糕点之类，然后风趣地说："我这个人作报告很容易激动，激动起来就会手舞足蹈，这样花瓶放在台上碍手碍脚，说不定碰翻砸碎了，我这个供给制市长还赔不起呢。"

只有个性化的语言才能表现独到的见解，产生独特的魅力，给人留下深刻的印象。而有些演讲者，爱使用一些"时髦"词，或是套话，或是从报刊、书籍上摘抄下来的、生硬地拼凑在一起的话。这样的语言听起来似乎给人一种"新鲜感"，但没有什么实质内容，缺乏生活的真实。作为一个演讲者，用自己的话、有个性的话去讲自己的思想，可能看起来很朴素、很普通，但却更真实自如，更富有吸引力。个性化的演讲语言是一个人思想、学识、阅历、才华、性格、气质以及语言修养的集中表现。要做到语言的个性化，至少要注意以下两点。

首先，演讲时不落俗套，不因袭他人。马克思曾经说过："你怎么想就怎么写，怎么写就怎么说。"它告诉我们，不管"说"也好，"写"也好，都要用自己的语言，而不是别人的语言或现成的语言。这就要求演讲者注意用自己的语言来书写自己要讲的内容，表达自己要倾述的思想情感，这样的演讲自然就富有个性。

其次，要下苦功学，训练自己个性化的语言表达能力。个性化的语言表达能力不是天生的，是可以通过学习和锻炼来培养的。正像毛泽东同志曾倡导的那样，应当向人民群众学习语言，要从外国语言中吸收我们所需要的成分，并且从古人语言中学习有生命力的东西。从书本上学，在实践中练，多学习，多借鉴，多锻炼，持之以恒，必有收获。

（五）形象化

为了使演讲的思想与观点的表达更加淋漓尽致，感人至深，还要使演讲的语言形象化、生动化。只有使用形象生动的语言，才能有效地对听众施加影响，从而准确形象地阐释真理，栩栩如生地描述事物，使整篇演讲产生强大的说服力，激发起听众投身实践的热情。而那些呆滞、干瘪的语言，枯燥乏味的语言，死板生硬的语言，人云亦云的语言，是不会被听众所喜爱的。形象化的语言可以把抽象的、深奥的理论形象化、浅显化，使其绘声绘色，具体生动，寓抽象的道理于形象的描述之中。

譬如，1972年尼克松来华时，在一次演讲中却说："长城已不再是一道把中国和世界其他地区隔开的城墙。但是，它使人们想起，世界上仍然存在着许多把各个国家和人民隔开的城墙。长城还使人们想起，在几乎一代人的岁月里，中国和美国之间存在着一道城墙。"听到这里人们不知其意是善是恶，自然细心聆听下文："四天以来，我们已经开始了拆除我们之间这座城墙的长期过程。"一句话让人轻轻放下提起来的心。尼克松形象化的语言可以使听众形成逼真的视像，从而感染和打动听众。再比如：有一次，孙中山在广东大学（今中山大学）讲民族主义。礼堂小，听众多，天气闷热，有人没精打采。这时，孙中山便穿插一个故事："那年我在香港读书时，看见许多苦力工人聚在一起谈得很起劲，听的人哈哈大笑。我觉得奇怪，便走上前去。有一个苦力说：'后生哥，读书好了，知道我们的事于你无益。'又一个告诉我：'我们当中一个行家，牢牢记住那马票上面的号码，把它藏在日常用来挑东西的竹杠里。等到开奖，竟真的中了头奖，他欢喜万分，以为领奖后可以买洋房、做生意，这一生再也不用这根挑东西的杠子过生活了，就把竹杠狠狠地扔到大海里。不消说，连那张马票也一起丢了。因为钱没有到手先丢了竹杠，结果是空欢喜一场。'"孙中山风趣的话，使台下响起了一片笑声，那些打瞌睡的人禁不住跟着笑了起来。孙中山接着归到本题："对于我们大多数人，民族主义就是这根竹杠，千万不能丢啊。"这种形象的语言可以直接作用于听众的视觉、听觉、味觉、嗅觉和触觉，代替颜色、声音、形状和气味等作用于第一信号系统，使听众如临其境、如闻其声、如嗅其味、如触其物，娓娓动听，浅显易懂，从而增强了语言的表现力、感染力和说服力。另外，幽默诙谐也是造成演讲语言形象生动的有效手段之一。由于幽默的运用，可以使听众在会心的一笑中，在轻松愉快的气氛里，不知不觉地接受了演讲者的思想和主张。这样，可以加深听众的理解和印象，缓解紧张气氛，甚至可以抓住听众的注意力，浓缩演讲中的信息，从而提高演讲的生动性和趣味性。当然，使用幽默的语言也并不是不分场合、不分内容的，而要有所选择，一定要把智慧的结晶与无聊的打诨、耍贫嘴加以区别，否则有损于演讲的风雅和品位。

综上所述，作为交际工具的语言，作为演讲第一要素的语言，一定要口语化、个性化、规范化、形象化。这样，才能使演讲的语言通俗、平易、质朴而自然，才能清晰明白、绘声绘色地表达出演讲者的思想感情，做到说者上口，听者入耳、入心，从而真正达到演讲的目的。

二、会议的语言艺术

会议是一种重要和常见的政府公共关系活动的内容，它是有组织的以集众议事的形式来商议或解决预定事项的行为过程。对于政府公共关系活动来说，会议语言有其特殊的要求。

（一）会议发言的语言艺术

在会议上发言主要需注意三个方面。

1. 有的放矢

一般来说，会议发言应该事先有所准备。要了解即将参加的会议的议题和有关的方针、政策和法规，据此确定要讲的话题、重点内容和要达到的目的。因此，会前可以拟订发言提纲和写出发言稿，以免跑题、无的放矢，做到从容不迫、内容突出、有条理。

2. 言简意赅

领导者在即席讲话的整个过程中，必须简洁鲜明、毫不含糊地讲出自己的观点。话讲得要自然、大方、朴实、简练，有话则长，无话则短。切忌短话长说，无话找话，文不对题。

3. 虎头豹尾

良好的开端是成功的一半。好的开场白能立即抓住听众的心弦，因此，发言的开头应努力做到不落俗套，语言生动，引人入胜。同样，结尾的语言不要冗长拖沓，而应做到简短、利落，再现主题，收拢全篇，让人回味无穷。

（二）主持会议的语言艺术

1. 开门见山，列出议题

会议伊始，主持会议者首先应该开门见山、简明扼要地讲清楚会议的目的、议题、议程，并对议题有关的问题作出必要的解释。

2. 组织话题，把握进程

会议主持者要始终注意组织好话题，把大家的思路和话题引向会议所要解决的中心问题上来，防止漫无边际地谈论或者在一些细枝末节的问题上钻牛角尖。主持人应当注意活跃会议气氛，增加感染力，调动与会者的积极性。当一个问题已经讨论充分时，要适可而止，主持人要及时地做总结性发言，并引导讨论转入下一个议题。如经过疏通和商讨，在一些重要问题上仍存在较大分歧，应把议题保留下来，会后再进一步调查研究和交流意见，待时机成熟时，再提交会议继续讨论，以求作出认识一致的决定。

3. 会末总结，启发鼓励

当会议的议题谈得差不多的时候，会议主持者要善于把大家的意见集中起来，及时总结成集体的意见，作出决议，以给人启发或者给人鼓舞、激励。

三、谈话的语言艺术

较强的语言表达能力是政府公共关系人员的必备素质，在一定程度上影响他们的工作质量和效果。所以，在工作中，政府公共关系人员需要讲究一点谈话的语言艺术。这就要注意如下几个方面。

（一）胸藏锦绣

孔子曰："言之不文，行之不远。"因此，政府公共关系人员应该学识渊博，要不断学习，广泛涉猎各种知识，只有"胸藏锦绣"，才能"口吐华章"。政府公共关系人员需要丰富的知识和生动的生活素材，才能使交谈情理交融，运用自如。最好能在讲话中增加些文采，穿插些名人格言、诗词警句、民间俗语或寓言典故等，以增强讲话的表现力。毛泽东同志在这方面堪称典范。他的讲话无不洋溢着睿智与文采，充满着哲理与思辨。他批评某些"第一书记"听不得相反的意见时，援引"霸王别姬"的例子，说他们如果不改，难免有一天要"别姬"的；对华而不实的"理论家"，则用"墙上芦苇"、"山间竹笋"进行讽喻；他奉劝党委一班人要学会"弹钢琴"，"十个指头互相配合"；对敷衍了事的自由主义者，则告诫其不要"做一天和尚撞一天钟"……政府公共关系人员惟有广识博采，才能驾驭语言艺术，加强同各个方面和各个层次人员的沟通，顺利达到组织目标。

（二）言之有情

常言道："语为情动，言为心声。"古人也说：感人之心，莫先于情。知民心、抒民情、以情感人，也是增强政府公共关系人员讲话魅力的一个重要因素。讲话不但要以理服人，告诉人们要做什么，应该怎么做，而且要以情动人，激发人们工作的热情和战胜困难的信心。政府公共关系人员对群众讲话不要故作冷峻，有意打官腔。语言要富有人情味和感染力，以情感人，以情动人。否则，群众嘴上不说，心里却厌恶之极。在讲话中，必要时拉拉家常，从群众的切身利益说开去，嘘寒问暖，答疑解惑，这样，在增强广大群众凝聚力的同时，也会提高自身的威望。交谈时，态度要亲切热情，以诚待人，尊重别人，谦虚谨慎。语言要生动形象，通俗易懂。

（三）有理有度

政府公共关系人员与人谈话应该言之有理、言之有度，语言富有逻辑性，深入浅出，注意材料和观点的统一，内容实事求是。在评论别人时，要具体实际，恰如其分，使人口服心服。谈话时还应注意谈话的对象在个人经历、文化程度、性格特征、年龄上的不同。一般来说，对青年人适于多表扬，以增强他们做好工作的信心，融洽关系。对成熟的谈话对象，不应褒贬过多，应该中肯地评论和交谈。例如，有一次，一位外国记者采访周总理,周总理刚批阅完文件,顺手把钢笔放在桌上。那位记者看见桌上放的是一支美国生产的"派克"钢笔,便心怀叵测地问:"请问总理阁下,你们堂堂的中国人,为什么还要用美国生产的钢笔呢?"周总理笑着答道:"提起这支笔,那可说来话长。这不是支普通的笔,是一位朝鲜朋友抗美的战利品,作为礼物送给我的。我无功不受禄,想谢绝,哪知那位朋友说,留下作个纪念吧!我觉得有意义,便收下了这支美国生产的钢笔。"

四、政府文书的语言艺术

作为党和政府传达政策、实施领导、沟通情况的工具,政府文书较为注重实用性,有很多条条框框,不如文学作品等其他文体有可读性。现实生活中,各级党委、政府和其他单位中的大量公文也确实存在着空洞无物、语言拖沓、说理不清和程式化等毛病。政府公文的语言应该注意以下几个方面。

(一)简洁精练,要言不烦

公文发展的趋势要求公文语言要走向简明化。繁文缛节、篇幅冗长势必影响办文速度和工作效率。因此,公文直述不曲、要言不烦应成为最基本的趋势。公文语言简洁的原因在于:首先,公文是一种工作文件,在保证全面、准确表达思想感情的前提下,只有尽可能精练,才能最大限度地提高工作效率。其二,公文的准确性特征要求公文语言明确、直观、简练。公文是对社会生活、工作动态以及政策、措施的描述,应明确、简练地按照其本来面目如实表述,才能准确反映,避免产生歧义或褒贬失当。这一点从古至今皆然。例如,汉高祖刘邦在夺取政权后发布的《入关告谕》,只用了99个字就全面、准确地说明了自己的政策,其中著名的约法三章"杀人者死,伤人及盗抵罪"更是仅10字,就已树立起了新政权威严公正、取信于民的形象,可谓掷地有声,令人不敢不从。

要使公文语言精练,一定要有明确的主旨,明确为什么发文,发这篇公文为了解决什么问题,解决这一问题需要什么条件等。凡是与主题无关的词汇、语句,即使再优美、精彩,也要坚决舍弃。要使语言精练,修改也十分重要。在修改时,应该把啰嗦、重复的词语去掉,意义相近的数句话只留下一句,这样就可以保持公文的语言简练。

(二)贵在质朴,追求自然

公文应多用直述性语言,开门见山,直抒胸臆,语义明确,明白易懂。如党的十五届四中全会上通过的《中共中央关于国有企业改革和发展若干重大问题的决定》,各部分都用一句简短、明确的话作标题,句式全是陈述句,每一句都以一两个关键词为中心,不加额外的修饰。在正文中也是如此,每个自然段都以一句极富概括力的话开始,讲出此段的中心意思。随后再分层次、依照内在关系分述,语言概括力很强,朴实无华,却非随意道来。公文还应尽量使用大众化语言,不用冷僻字,使用"群众喜闻乐见的语言"。例如,邓小平同志说:"和平统一不是大陆把台湾吃掉,当然也不能是台湾把大陆吃掉。"形象地阐明了大陆与台湾不存在根本冲突,以中华民族的共同利益为重的思想。

(三)运用修辞,富于美感

公文中较多运用的是排比、对仗、短句等句式型修辞手法。使用排比可以使要说明的思想内容丰富,条理清晰,气势恢宏;使用对仗可以使语言整洁优美,或从正反两方面说明,使说理更有力、更充分;使用短句可以较好地掌握公文语言的节奏和韵律,读来抑扬顿挫、铿锵有力。

第四节 政府公共关系的突发事件处理

一、突发事件的含义和类型

(一)突发事件的含义

政府机构在其活动中面临着复杂的内外公众和不断变化着的内外环境,从而使政府和公众有可能遭遇突发事件。面对突发事件,有的政府束手无策,有的则化险为夷,有的把突发事件作为一次实施公共关系的机会,这主要是对待危机的态度和解决危机的方法不同所致。一些地方政府在处理突发事件、应对公共危机的时候,不是积极与媒体配合、向公众通报事件的具体情况,而是竭力隐瞒实情、封锁消息,从而导致人们疑虑重重,丧失对政府的信任感。这些现象使我们看到,不断提高政府在应对公共问题和公共危机过程中的公共关系能力,成为现代政府发展和维护社会稳定的必备条件。不断提高政府应对公共危机的能力,真实、准确、及时地与公众进行良好的信息沟通和交流,保障公众的知情权,是现代民主政府发展的必然要求;建立完善的公共危机应对机制,增强政府的社会回应力,也是在现代社会提高政府治理能力、保持社会稳定的必然要求。

所谓突发事件,是指超常规的、突然发生的、需要立即处理的事件。突发事件会对其相关的政府组织构成威胁,重大的、涉及面广的突发事件还可能使政府组织处于危机状态。因此,突发事件也可称为危机事件。政府领导者为了解决突发事件而开展公共关系、采取一系列措施的行为过程,即是危机处理过程。

(二)突发事件的类型

一般来说,突发事件有两种类型。

一是灾害和事故类。即指突如其来的山洪、冰雹、风暴、地震、火灾,或者是翻船、撞车、飞机失事、倒房、塌楼、垮矿、食物中毒等涉及社会组织或政府部门及公众的生命财产安全的恶性事故。例如,2008年的汶川大地震,举世震惊。

二是请愿类、纠纷类和动乱类。即指因民事问题引起的聚众围攻、械斗、流血冲突,或者是众多人参与的请愿活动,包括集体上访、静坐、绝食、游行示威、罢工、罢课等,或者是指为达到一定的政治目的而聚众闹事、杀人、放火、投毒、爆炸等一切危害社会稳定的动乱事件。

危机公共关系是指当政府或政府部门遇上信任、形象危机或者某项工作产生了失误时，政府或政府部门通过一系列的活动来获得社会公众的原谅理解，从而挽回影响的一项工作。

二、突发事件的特点和原因

（一）突发事件的特点

1. 偶发性

偶发性事件即指突然发生的事件。这些事件往往是在当事者毫无思想准备的情况下发生的，即什么时候发生，发生在什么地点，规模有多大，事态的变化，影响的广度和深度，都是难以完全预测的。因此出乎人们意料，使人措手不及。

2. 影响性

突发事件的爆发性和多变性最能刺激人们的好奇心理，从而成为社会舆论关注的焦点和热点，同时更是新闻媒介的最好的新闻素材和报道线索，有时还会牵动社会各界公众的神经，成为人们街头巷尾议论的话题。危机爆发后，会给个人和社会造成直接损失和间接损失，有时很长时间以后，公众遇到类似的事件还会浮想联翩，旧话重提。

3. 危害性

突发事件容易迅速蔓延，如果错过决策时机，不及时采取有效措施处理解决，就可能使局面发展到难以收拾。不论什么性质和规模的突发事件，都会不同程度地给国家和人民造成政治上、经济上的损失和精神上的损害；影响政治局面的稳定，破坏经济建设，危及正常的生产、工作和生活秩序；危机不仅给当事者带来不可估量的损失，使当事者的正常生活陷入混乱，而且也很可能给公众带来恐惧，有时甚至还会给社会造成直接经济损失。

（二）突发事件产生的原因

就政府组织来说，突发事件产生的原因可分两大类：一类是政府组织自身可控制的原因，这是由政府组织内在因素造成的；另一类是政府组织不可控制的原因，这是由政府组织外在因素造成的。具体来说有以下原因。

1. 自然的原因

俗话说："水火无情。"水灾、火灾是无情的。一场大火，使一座建筑物瞬间化为灰烬。一次大地震，使城市变为一片废墟。一次大洪水，淹没了大批村庄和大片农田。每次自然灾害的发生，都给国家的财产造成巨大损失，危及人民群众的生命安全和生活。

2. 政治的原因

现代社会是开放的社会，国际政治风云的任何变化，以及世界各种力量之间的矛盾和斗争，会对各国社会、政治、经济形势产生影响，有可能导致一个国家或个别地区发生突发事件。必须看到，国际上敌对势力，国内的敌对分子、破坏分子、腐败分子的存在及其活动，有可能促成动乱性突发事件的发生。

3. 管理的原因

政府如果管理水平不高，缺少完善的组织结构和严格的规章制度，不能使组织内部管理有条不紊地进行，不能调整好组织内部和外部的各种关系，缺乏监督，最终会导致突发事件的发生。同时，政府部门的领导者进行决策、制定政策的失误，实施决策和执行政策的失误，在领导活动中违背党和国家路线、方针、政策和法规的失误，引起了人民群众的不满，都有可能导致突发事件的发生。因为群众的思想觉悟、认识水平、心理需求不同，使人们对一些事物、利益的态度和行为不同，而这些差异和矛盾的客观存在，如果处理不好，在一定的环境和条件下，就有可能引起突发事件的发生。

三、突发事件的预防

俗话说："冰冻三尺，非一日之寒。""防患于未然"是防止突发事件的基本指导思想。政府机构和领导者应该未雨绸缪、居安思危，把突发事件的隐患消灭在萌芽状态。

（一）制定政府突发事件管理计划

对危机持一种正确积极的态度，使政府部门的行为与公众的期望保持一致。通过一系列对社会负责的行为来建立政府部门的信誉。时刻准备把握危机中的机遇，组建一个危机管理小组，对政府部门潜在的危机形态进行分类，制定预防危机的方针对策，为处理每一项潜在的危机制定具体的战略和战术，组建危机控制和险情审核小组，确定可能受到危机影响的公众，为最大限度减少危机对政府部门声誉的破坏性影响建立有效的传播沟通渠道。政府危机管理计划是政府为了预防危机的发生或者危机发生时尽可能地减少损失，而制定全面具体的关于危机事件预防、处理和控制的书面计划。制定危机管理计划的作用有：预防危机发生，减少危机损失，使抢救工作忙而有序，维护声誉，抓住处理危机的时机。在制定危机应急计划时，应多倾听有关专家的意见，以免重蹈覆辙；写出书面方案，对有关计划方案进行不断的实验性演习；为确保处理危机时有一批训练有素的专业人员，平时应对有关人员进行专门培训。制定政府突发事件管理计划的意义在于：

（1）由于它是在突发事件爆发之前制定的，因而有时间和有条件进行周密的思考和研究对策，可避免事件发生后再匆忙决策的被动局面。由于事先做了预防和防范工作，有利于消除事件发生的隐患，有可能避免突发事件的发生。

（2）有了政府突发事件的管理计划，一旦事件发生，就能迅速采取处理行动，实现对事件控制的主动权，有条不紊地处理，防止矛盾的激化和事态的扩大，减少其危害和损失，尽快平息事件。

（二）建立危机管理小组

（1）编制。对于任何一个社会组织来说，平时的危机管理小组都可以是兼职的，不必设立专职的危机管理行政机构。

（2）规模。危机管理小组的规模到底应该多大，国内外都没有明确统一的标准。从实际经验看，有5人的，也有7人的，还有10人以上的。这里有一个共同的原则是：根据政府机构的规模和面临危机时的复杂环境来定。一般来说，危机管理小组的人数应该比实际需要量略多些。另外，还应该有明确具体的"候补队员"。

（3）结构。危机管理小组最好由领导人、负责人、专业成员、相应的骨干力量组成，发挥不同的作用。有的提出新意见，有的善于做沟通传播工作，有的高瞻远瞩，有的耐心细致。

（三）危机管理计划的内容

（1）对政府机构潜在的危机形态进行分类。

（2）制定预防危机的方针政策。

（3）为处理每一项潜在的危机制定具体的战略和战术。

（4）确定可能受到危机影响的公众。

（5）为最大限度减少危机对政府机构整体形象和声誉的破坏影响，建立有效的传播沟通渠道。

（6）对方案进行实验性演习。实践证明，实验性演习是十分必要的。演习的过程使人身临其境，可以发现很多问题。

四、突发事件的处理

在突发事件发生后，政府有关部门处于危机状态。面对危机造成的巨大压力和群众的舆论，政府领导者应遵循正确的宗旨，坚持科学的处理原则，掌握正确的方法与艺术，按照危机处理的程序办事。

（一）处理突发事件的宗旨和原则

1. 处理突发事件的宗旨

领导者在处理突发事件的过程中，一般来说，应遵循以下宗旨：面对突发事件，领导者要保持镇定，迅速查明情况和原因，积极稳妥地处理事件，最大限度地减少损失；积极地利用各种媒介，真实、准确地传播有关信息，解释组织所采取的政策、措施，争取社会公众的理解、支持和配合，变被动为主动。

2. 处理突发事件的原则

一个政府在制定公共政策和实施公共活动时必须坚持公共利益至上，全心全意为人民服务。这里，有两点原则是必须坚持的。

（1）真实公开的原则。政府应该保障公众的知情权。作为政府公共关系主体的政府，既是从社会中独立分化出来，又是居于社会之上的特殊的权威机构和公共问题的信息源。因此，政府应该及时、真实地提供信息，尤其是对涉及公民自身生命财产安危的重大公共问题。当公共问题出现后，与此有关的人出于趋利避害的本能，往往强烈要求了解事情的真实状况及与自身的关系,如果缺乏可靠的信息,往往会做出最坏的设想作为自己行动的根据。不能遵守真实、公开原则,会在一定程度上影响公众对政府的信心。只有真实、准确的传播,才能获得公众的信任,争取公众的配合,才有可能变不利因素为有利因素,尽快解决问题,维护社会稳定。政府危机公共关系的一个核心就是信息的透明和畅通。

(2) 迅速及时的原则。由于缺乏健全完善的监控和应对机制,一些政府部门对重大事件和突发事件不能做出及时、迅速的反应,这样会给公众带来疑虑。只有通过第一时间掌握信息,尽快发布信息,才能避免信息在传播过程被歪曲,才能使公众了解事情的发展状况,才能树立责任政府的形象。

(3) 分级负责原则。突发事件在哪里发生,就由哪一级政府或部门负责处理。本级出现的事件,由本级处理;事件涉及几个单位,就由几个单位的主管部门调查处理;本级无力调查处理的,应由上级出面调查处理。在领导分工上,一般谁主管,就由谁牵头调查处理。总之,要一级为一级负责,谁分管由谁负责。

(4) 安定团结原则。在处理突发事件的过程中,要始终坚持安定团结的原则。为了稳定社会大局、稳定群众情绪、稳定工作秩序,要对群众多做疏导工作,防止矛盾激化,避免事态扩大。同时,要坚持依法办事,维护社会的安定团结局面。

(二) 处理突发事件的程序和步骤

减轻突发事件造成的损失程度,圆满解决问题,挽回影响,变危机为"机遇",这是处理突发事件的基本目的。欲达到此目的,除了应遵循上述的宗旨、原则,掌握上述的方法与艺术外,还必须掌握突发事件处理的基本程序和步骤。

1. 做好事件处理的组织工作

事件发生后,为了把可以利用的人力、物力、财力都充分利用起来,保证对事件进行有效的处理,根据事件的具体情况可建立临时的领导小组和办公室,可设专人或专门小组负责事件的调查、处理和接待工作。根据事件持续时间的长短和类型,还应有与之相关的其他部门参与,甚至由其他部门的代表参加领导小组工作。

2. 迅速控制事态的发展

对突发事件的处理,首要的一环就是控制事态的发展,一方面避免事态扩大,加重危害和损失;另一方面,又为寻找最佳处理办法提供了条件,赢得了时机。在人们不明事件的真相,表现出不知所措、忧心忡忡、焦躁不安的心理状态下,为了有效地控制事态,应首先控制事件的参与者与公众的情绪,减轻他们的精神负担和心理压力。可采取以下做法:

(1) 用领导者自身的行为产生影响。心理学研究表明,人们都有不同程度的从众心理,尤其在对事情认识模糊、价值行为目标选择举棋不定时,这种心理表现得更为明显。在事件的现场,领导者的行为对群众的行为方面会产生直接影响。因此,领导者切不可恐慌急躁,处事表现得六神无主,而应以"静"制"动",以"冷"对"热",明确、坚定、沉着、冷静地向群众表明处理好事件的态度。领导者镇定自若的态度是信心和力量的表现，群众也就有了主心骨，会大大减轻心理压力和精神负担。

（2）把群众的注意力转移到实质性问题上来。在突发事件中，群众的注意力往往集中在个人的利害关系和一些敏感问题上，固执己见，争论不休，从而影响了对事件全局性处理的进行。因此，必须转移群众非全局性的关注点，把他们的注意力引导到有利于事件控制的实质性问题上来。可采用以下办法：一是求同存异，寻找双方共同利益的交汇点，使群众对正确主张产生认同；二是站在群众的角度考虑问题，接受某些合理的、可以理解的方面，作出必要的无损于实质性问题的许诺或让步；三是诱导群众认识事件失去控制将要产生的严重恶果，提高他们的警觉，理智地站到正确立场上来。通过做工作，只要多数人的情绪和态度转变过来，事情就比较好办了。

（3）用正确的舆论导向教育争取群众。处理有组织的、规模较大的突发事件，新闻媒介的舆论导向至关重要。正确的舆论导向，可使群众分清是非，把群众引导到正确的方向上来，有利于事件的顺利解决。相反，错误的舆论导向，会把群众引向错误的方向，使事件向恶性化发展。因此，领导者必须十分重视舆论导向的巨大作用，充分利用各种传播媒介，制造强大的宣传舆论攻势，用正确的舆论引导人。一方面，要揭露事件策划者的险恶目的、不法行为和幕后活动的罪恶事实，指出其行为的反动实质；另一方面，大力宣传党和政府的政策和希望。同时，还要利用各种传播形式发挥权威人士的说服、影响作用。这样，通过强大的舆论攻势，教育群众冷静思考，明辨是非，站到正确的立场上来。

3. 传媒引导公众

突发事件发生后，对新闻界公布事实要实事求是，不能文过饰非、歪曲真相、混淆视听。突发事件发生后，有时候会遇到社会舆论的批评和指责。对社会舆论的反映，政府公共关系人员应该冷静。危机发生后，不管是应付危机的常设机构，还是临时组织起来的危机处理小组，均应当迅速各司其职，尽快搜索一切与危机有关的信息，并挑选一个可靠、有经验的发言人，将有关情况告知社会公众。如举办新闻发布会或记者招待会，向公众介绍真相及正在采取的补救措施，做好同新闻媒介的联系，使其及时准确报道，以此去影响公众、引导舆论，使不正确的、消极的公众反映和社会舆论转化为正确的、积极的公众反映和社会舆论，并使观望怀疑者消除疑虑，成为政府部门的忠实支持者。同时，当政府部门与当事者出现分歧、矛盾、误解甚至对立时，应该本着以诚相待、先利他人的原则，运用协商对话的方式，认真倾听和考虑对方意见，化解积怨、消除隔阂。

做好危机传播方案；时刻准备在危机发生时，将公众利益置于首位；掌握对外报道的主动权，以组织为第一消息发布源；确定信息传播所需要的媒介；确定信息传播所针对的其他重要的外部公众；准备好政府部门的背景资料，并不断根据最新情况予以充实；建立新闻办公室，作为新闻发布会和媒介索取最新材料的场所；在危机期间为新闻记者准备好通讯所需设备；设立危机新闻中心，以接受媒介电话咨询，若有必要应一天24小时开通；确保组织有足够的训练有素的人员来应付媒介及其他外部公众打来的电话；应有一名高级公共关系代表参加政府部门危机管理小组，该小组需在危机控制中心工作；如有可能，在危机控制中心附近安排一间安静的办公室，以确保危机管理小组负责人和新闻撰稿人在里面有效地工作；准备一份应急新闻稿，留出空白，以便危机发生时直接充实并发出；确保危机期间政府部门的电话总机人员能知道谁可能会打来电话，应接通至哪个部门。

做好危机中的传播工作。危机发生后，要尽快对外发布有关背景情况以显示政府部门有所准备；准备好信息准确的新闻稿，告诉公众发生了什么危机，并正采取什么补救措施；当人们问及发生什么危机时，只有确切了解事故的真实原因后才能对外发布消息，不要发布不准备的消息，了解更多事实后再发出新闻稿；宣布召开新闻发布会的时间，尽可能地减轻公众电话询问的压力，做好举行新闻发布会所需的各项准备工作；熟悉媒介通常的工作时间；如果新闻报道与事实不符，应及时予以指出并要求更正；要建立广泛的信息源，与记者和当地的媒介保持良好的关系，及时通过他们对外发布最新消息；要善于利用媒介与公众进行传播沟通，以控制危机；在传播中避免使用行话，要用清晰的语言告诉公众政府部门关心所发生的危机，并正采取行动来处理危机；确保政府部门（组织）在危机处理中有一系列对社会负责的行为，以增强公众对政府部门的信任。要做好以上工作，首先，要使新闻报道符合我们党和政府对突发事件性质的基本判断和处置应对的基本方针。其次，要完整理解新闻报道所承担的责任和肩负的使命。这主要包括：及时播报事件真相及发展进程的消息；及时报道党和政府应对、回应突发事件的方针、举措和措施；通过及时、有选择地传播专业权威知识，帮助公众正确理解事件的性质及学会恰当应对；根据公众心理状况，及时引导公众心理情绪和行为；及时澄清广泛流传的且具有危害性的谣言或严重失实的信息。

4. 进行调查，把握事件的来龙去脉

在事件的事态得到控制后，领导者要利用这一有利时机，采取各种有效的调查方法，全面收集和认真分析事件的信息，弄清事件的基本情况、现状、发展趋势、损失及影响大小。调查的基本要求是实事求是。对有关证据、数字和记录要准确，并要核实；对事件有关各方面要进行全面深入的调查，不得疏忽大意；对事态的发展和处理后果及时进行跟踪调查等。调查的主要内容如下：

（1）事件的基本情况。包括事件发生的时间、地点、原因、周围的环境等。

（2）事件的现状和发展趋势。包括事件的目前状况如何，是否还在发展，采取了什么措施，控制措施的实施情况等。如果事件还在发展，需要调查恶化的原因，有什么办法能够控制事态的发展，如果继续发展会造成什么样的后果和影响等。

（3）事件产生的原因和影响。包括引发事件的原因，如果是灾害性事件，则要查明伤亡的情况和人数，损坏的财产种类、数量及价值，事件涉及的范围，在经济上、社会上甚至政治方面带来的影响等。

（4）查明事件涉及的公众对象。包括直接受害公众、间接受害公众，与事件有直接关系和间接关系的组织和个人，与事件有利害关系的部门和个人，与事件处理有关的部门机构，新闻界、舆论界的人士以及事件见证人等。

通过调查，收集事实材料，弄清事件的来龙去脉，为确定事件的性质提供依据。这是关系到处理整个事件的关键性工作。首先，要在全面占有事件材料的基础上，进行认真周密的加工和整理，潜心分析和认识各种现象之间和现象背后的因果联系，进而把握住事件的本质；其次，在把握各种联系的基础上，通过对问题的认真研究和比较，找准问题的症结，确认事件的性质。这就为领导者下一步进行危机决策提供了依据。

5. 及时进行危机决策

危机决策是指针对事件本身的特点所进行的客观策略决断。危机决策与危机处理计划不同，它是紧急状态下的一种决策，受时间、地点、条件等主客观因素的种种限制，所以决策的困难多、难度大。决策的主要任务，是在紧急状态下，寻找控制和处理事件的最佳可行性方案。危机决策的特点：一是紧迫性。突发事件处于紧急状况，迫使决策者迅速获取信息，果断作出决策，不得延误。二是阶段性。事件中的问题复杂多样，又要求立即采取行动，决策者必须先就紧急的问题，作出决策，对其他问题再区别轻重缓急逐一决策。危机决策的特点，对决策者提出了更高的要求，它要求决策者有临危不惧的胆略，雷厉风行的作风，复杂局面的应变能力，丰富的组织经验，敏锐的直觉判断力和高超的决策艺术。只有这样，才能从容应对，万无一失。

6. 果断解决问题

实施决策方案，采取具体措施，是事件处理的决战阶段，应重点解决好以下几个问题。

（1）周密组织。在事件处理到解决问题阶段，加强组织指挥，协调运作，显得特别重要。如果组织指挥失灵，非但影响问题的解决，还易引起新的事端。因此，领导者更应精心组织，周密安排，有条不紊地运筹指挥。

（2）抓住关键。始终抓住关键性问题不放，是事件处理能够顺利进行的战略性措施。对于社会政治事件来说，应首先控制住首要人物，对其他人就可以起到威慑作用。找准突破口，集中力量攻关，首战告捷，便可向纵深发展，夺取更大的成果。

（3）圆满善后。善后工作是事件处理的最后一步，这一步做好了，事件得到圆满解决，就不会因遗留问题而引发新的事件。善后的主要工作是：

第一，领导和干部群众要认真总结事件的教训，找出差距，推动工作的改进，调动群众的积极性；

第二，把事件处理的情况和结果通报给公众和新闻媒介，挽回社会影响；

第三，重新拟定防止事件重演的计划，采取有力措施，消除不安定因素，避免类似事件再度发生；

第四，按照上级的要求，写好事件处理的报告，呈报上级。

（三）处理突发事件的注意事项

突发事件出现后，政府公共关系部门应该协助政府机构领导人处理好突发事件。注意事项有：

（1）坚持四项基本原则，坚持改革开放，坚决与任何制造动乱暴乱的人作斗争。协助各级党组织，加强正面疏导和思想政治工作，耐心教育社会公众，不轻信和传播谣言，不进行任何形式的串联，为稳定局势创造安定和良好的社会环境而斗争。事件发生后，政府公共关系人员应该协助领导与有关部门迅速查明事件的基本情况，人员伤亡情况，设备设施及其他财产损害的程度和范围，事态发展的前景以及由此产生的社会影响。

（2）协助领导参加专门处理事件小组，要维护好现场，查清事件发生的时间、地点、单位和原因。事件查明后及时向社会公众公布事件的真相，使大家同心协力，共渡难关。对受害者及其家属要做好工作，以防止矛盾进一步激化。

（3）利用法律调控危机。法律调控手段主要包括两个环节：一是依据事实和有关法律条款来处理；二是遵循法律程序来处理。运用法律调控危机有两个作用：一是维持处理危机事件的正常秩序；二是保护政府部门和公众的合法权益。在政府部门信誉受到侵害时，运用此种方法，会收到较好的效果。

（4）公布造成危机的原因。危机发生后，应坦诚地向社会公众及新闻界说明造成危机的原因。如果是政府部门的责任，应当勇于向社会承认；如果是别人的故意陷害，则应通过各种手段使真相大白，最主要的是要随时向新闻界等说明事态的发展及澄清无事实根据的"小道消息"及流言飞语。2003年初，在广东的河源地区就流传"瘟疫"的传言，之所以这种疾病能引起如此大的恐慌，主要原因在于有人死亡，但由于对疫情和疾病本身几乎不了解，并且感染病例不断增加，造成公众对政府作为的质疑。并且据说醋和板蓝根有预防作用，由于公众没有得到来自正规渠道的澄清，于是消息所到之处，抢购成风。中山大学政治与公共事务管理学院一不愿透露姓名的教授认为，这种质疑直接导致公众对政府信任的降低。广东公布的死亡人数一开始是5个，但是民间流传的数据却远远高出这个数字。这种信任危机直到广州市和广东省政府公开澄清疫情才逐渐消弭。更大的考验是来自北京。2003年3月初，北京发现第一个"非典"病例，由于当时的疫情披露还不及时，所以在很长一段时间里公众甚至公共卫生部门并不知道疫情发展的实际情况。疫情发展的严峻形势与披露数据的巨大反差使海外媒体、世界卫生组织和部分公众产生了疑问，这使得中国在国际上处于一种不利的舆论氛围中，政府的公信力削弱。

（5）重塑良好的公众形象。古人云："福兮祸所伏，祸兮福所倚。"政府公共关系危机的出现，或多或少地会使政府部门的形象受到不同程度的损害。虽然政府公共关系危机得到了妥善处理，但并不等于危机已经结束，政府部门还必须恢复和重建良好的公众形象。要针对形象受损的内容和程度，重点开展弥补形象缺陷的公共关系活动，密切保持与公众的联络与交往，敞开政府部门的大门，欢迎公众的参观和了解，告诉公众政府部门新的工作进展，拿出一流的服务，从根本上改变公众对政府部门的不良印象。只有当政府部门的公众形象重新建立时，公共关系危机处理才谈得上圆满结束。

（四）突发事件的综合治理机制

1. 建立突发事件的预警机制

对突发事件和重大疫情的预警应作为政府的一项重要职责，不放过蛛丝马迹。发现苗头，应立即由国家职能部门分不同等级发出警报，同时应以中央政府的名义提出有预见的建议，以及科学、合理的指导意见和防治方案。

2. 信息披露机制

信息，特别是对那些涉及重大公众利益的灾难性信息，应该及时准确地提供给公众。对有关媒体在此期间及在此领域的新闻采访、报道及评论，应在法律范围内全面开放；让全体中国人能够迅速掌握、了解事件的真实情况，以防出现因为信息闭塞导致事件进一步失控和无谓的恐慌。

3. 干部问责与纠错机制

新闻舆论和各民主党派适时监督政府，政府因措施不力而造成的失误，应向受害者和公众及时认错、及时道歉；通过公正严格的司法程序，惩处临阵脱逃者以及其他责任人员，以消除公众的不满情绪。

另外，还应该尽快建立财政资源的动员机制、社会力量的动员与参与机制、城市社区自治机制、国际沟通与协作机制、法律强制机制等。

【案例9-1】

从广东"两大事件"看政府危机传播管理决策

在广东"两大事件"中，媒体截然不同的做法令人记忆犹新。人们对"非典型肺炎"事件中媒体长时间保持沉默多有不满，而对"米荒盐荒"事件中媒体的迅速反应大加赞许。不过，板子和鲜花都不能全归于媒体。两次事件媒体截然不同的做法实际反映出目前我国不少地方政府危机传播管理还处于经验阶段。经验不让位于科学，危机传播管理决策就会被动，甚至酿出大祸。

（一）

美国学者罗森豪尔特认为，危机是指"对一个社会系统的基本价值和行为准则架构产生严重威胁，并且在时间压力和不确定性极高的情况下必须对其做出关键决策的事件"。

危机事件的生命周期一般可分为四个阶段。一是潜伏期。危机处于量变阶段，是解决危机的最容易时期，但是却因没有明显的事件发生而不易被人察觉。二是爆发期。关键性的危机环节突然爆发，而且演变迅速，它在四个阶段中持续时间最短，但是社会冲击、危害最大，马上引起社会关注。三是持续期。突发事件得到初步控制，但没有得到彻底解决。四是解决阶段。突发事件的四个阶段可看做是用锅烧水的过程：从不断加温的潜伏期，到水沸腾的爆发期，在持续一定时间后，或者锅被煮漏，或者被从火上拿开，最后使危机得到解决。

广东"非典型肺炎"事件中，在危机潜伏期和突发期前期有关部门按照老惯例行事，未能及时采取应对措施，危机演变至"开锅"。

2002年底，广东部分地区就先后出现非典型肺炎病例，个别外地危重病人转送到广州地区大型医院治疗。2003年1月21日，广东省卫生厅还做出了疫情报告，但没有向社会公开。这时市民中开始出现"流感死人"的传言。这一阶段可视为"非典型肺炎"事件危机潜伏期。可以做个假设，如果在此阶段，有关部门及时公开疫情报告，并采取其他相关措施，此后发生的市民大恐慌完全有可能避免。而在"米荒盐荒"事件中，有关部门正是在新的危机出现苗头时及时介入——由《广州日报》出面辟谣，并采取其他措施，从而将新的危机迅速消解。那么，为什么在"非典型肺炎"事件萌芽之初，有关部门不愿意公布疫情报告呢？一个方面的考虑肯定是想当然地认为公布报告会引起传言进而带来社会恐慌。但这正是对传言生成机制的错判。传播心理学的研究表明，流言的强度等于事情的重要性乘以情况的模糊程度。另一方面，政府某些应对突发事件机制不完备，长官意志明显，以至于错失将问题扼制在萌芽状态的良机。到了春节后的2月8日，也就是大假后的第一个上班日，通过手机短信和口头传播变成了"广州发生致命流感"。此后两天，传言迅速扩散并大规模地抢购板蓝根、白醋、口罩。

2月10日上午，广州的报纸才发了一条家家都一样的四五百字的通稿，"模糊"地说近期广州患"感冒"和"肺炎"的病人增多等。临近中午，南方网才谨慎地发布了广东省部分地区先后发生部分"非典型肺炎"病例的官方信息。同时，在火车站等一些公共场所的公安干警戴着橄榄绿的口罩在执勤。这天，对板蓝根、白醋、口罩的抢购也达到最高潮。

2月11日，广州市政府对此事召开新闻发布会。下午，广东省卫生厅也召开了新闻发布会。11、12日，广州各大报也纷纷开始大篇幅报道。媒体的大规模介入基本扼制了已在市民中蔓延多日的恐慌。

2月8日到9日可视为危机突发期前期。为什么有关部门在此时又没有及时介入呢？舆情恶化之快或许让有关部门始料不及。为什么会始料不及？一个反应灵敏的舆情监测体系的缺失是造成决策时机把握不当的重要原因。此外，对危机信息传递方式认知偏差也是原因之一。传播学的研究表明：受众对极端紧迫、重要和富有高度戏剧性的事件的信息获知来源主要有两个，一个是大众媒体，一个是个人信源，而且从个人信源获知者的比例是最高的（超过50%）。这类事件信息传播的一个更为显著的特点是，它们的扩散还可能极为迅速，达到知晓极限的速度比其他新闻事件达到的部分知晓的速度更快。但当获知的受众全体逐步增加时，受众全体中相关的次要（个人接触）受众部分并不增加。也就是说，当媒体及时介入并报道新闻事实时，受众通过个人获知的比例不会增加。即受众获知信息的重要渠道就返回到大众传播媒介。反之，如果受众通过个人渠道获得信息的比例不断增加，而媒介尚未打开信息传播渠道时，尤其是在媒介来源被剥夺或减少的情况下，信息的不确定性将导致受众更积极地从个人接触等非媒介信源那里寻找信息。

总之，对传言生成机制的错判，对危机信息传播方式的认知偏差，反应灵敏的舆情监控体系的缺失是导致有关部门在"非典型肺炎"事件中未能及时采取措施的主要原因，也就是说原因应该归结到决策缺乏科学性基础上。我们不能以经验不足一句话轻轻带过对事件应有的深刻反思。应该看到，实际正是以往的老经验、老惯例的"选择性"效应蒙住了我们的眼睛。"米荒盐荒"事件正确决策的基础也仅仅建立在刚刚从"非典型肺炎"事件获取的经验和教训之上。如果再遭遇其他性质的危机，这些经验真的那么管用吗？探索科学的危机传播管理之路是我们应该从广东"两大事件"中得到的启示。

（二）

危机传播管理要从经验走向科学。

第一，要培养科学的危机传播管理意识。有学者预测，我国已经进入了突发事件频发时期。面对可能频发的突发事件，我们的管理者要做好应对危机的心理准备，要把危机管理视为工作的一部分。危机来临时，视而不见或采取鸵鸟政策都不是出路，而应摆正心态积极应对。这既是公众对管理者的期待，也是管理者的职责所在，更是政府行使职能过程中，由权力政府向服务政府过渡的需要。

第二，应该尽快建设和完善一个科学的危机传播管理制度和机制。由于危机事件具有高度不确定性、复杂性、威胁性、演变迅速等特征，处理起来往往非个人智慧所能解决，有效的危机管理就必须依赖科学的制度和机制。这套制度和机制的建立主要应该从预防和处理危机两个方面来思考。

当前，建立一套危机信息管理系统尤显迫切。系统主要包括预警和舆情监测两个不同体系。预警体系对国内、国际、自然和社会中有可能直接威胁整个社会生存和发展的信息优先处理，并做出科学的预测，分析危机出现的可能性，发展趋势，以及出现后可能产生多大的副作用。舆情监测体系主要动态跟踪公众对危机管理的反应。这两个体系并非截然分开，只是侧重点不同而已，前者侧重事件本身，后者侧重事件对公众的影响。仍以广东"非典型肺炎"事件为例，如果我们已经建立了一套科学的危机信息管理系统，当最早在河源、中山两地出现恐慌的迹象时，政府就能在第一时间了解到事件发展的可能后果，更重要的是可以做出科学的分析，进而提出最优的疏通信息的解决方案，这就为政府的决策提供了有力的保障，从而可以最大限度地减轻事件进一步发展所带来的危害。

第三，加强对危机传播管理的科学研究。首先要尽快总结中外危机传播管理的经验和教训。美国政府在应对9·11事件中的举措是值得称道的。这些宝贵经验需要认真研究、认真总结。其次，将经验进一步上升提炼，探索出带规律性的理论成果。我们应该研究危机事件的性质、类型、生命周期、发生条件等，更重要的是还要探索传播管理与危机事件的互动关系。例如，哪些管理行为在什么条件下会触发危机事件？不同的管理行为在危机事件生命周期不同时期可以起什么作用？怎样起作用？条件是什么？危机事件对管理者会带来哪些影响？通过什么方式影响？当然，这些工作可能主要由专门的研究机构和研究人员来承担，但我们的管理者应该积极支持和推动这些研究，并且及时地学习和吸收新的理论成果，用以指导工作。

第四，加强应对危机的全民教育。在广东"两大事件"中，尤其在"米荒盐荒"事件中，公众的很多行为也表现出非理性的一面。例如，对一些非常明显荒谬的谣言依然偏听偏信。我们的管理者应该从与公众形成良性互动关系的角度着眼，加强应对危机的全民教育。例如，推动公众开展对有关谣言识别的研讨，以增强公众识别谣言的能力。

应该看到防范危机，尤其是防范社会性危机的最根本的办法就是消解危机的生成条件，这要求社会管理更具公正性。探索危机传播管理决策从经验走向科学是时代提出的课题，也是我们努力的方向。

(资料来源：《公关世界》)

【本章小结】

本章主要介绍了政府公共关系谈判的含义、分类、基本要素、原则、基本程序和策略技巧；从展示型政府公共关系活动、庆典型政府公共关系活动、赞助型政府公共关系活动和宴请型政府公共关系活动四个方面说明了政府公共关系活动的组织操作；阐明了政府公共关系的演讲、会议、谈话和政府文书的语言艺术的要求；探讨了政府公共关系突发事件的含义、类型、特点、原因和预防处理机制。

课堂讨论题：

结合案例，谈谈加强公共危机管理的意义。

复习思考题：

1. 政府公共关系谈判有哪些分类和基本要素？说明政府公共关系谈判的基本程序和策略技巧。
2. 结合实例，谈谈开展政府公共关系专题活动的意义。
3. 在政府公共关系活动中为什么要讲究语言艺术？
4. 政府公共关系突发事件有哪些类型？结合实例，谈谈应如何建立政府公共关系突发事件的预防和处理机制。

参 考 文 献

[1] [英] 萨姆·布莱克. 公共关系学新论 [M]. 陈志云，郭惠民等译校. 上海：复旦大学出版社，2000.
[2] 单振运. 新编公共关系学 [M]. 北京：中国审计出版社，2001.
[3] 胡锐，奕德泉. 现代公共关系实务 [M]. 杭州：浙江大学出版社，1994.
[4] 居易. 公共关系实务 [M]. 北京：中国商业出版社，1999.
[5] 李惠民. 公共关系实务基础教程 [M]. 保定：河北大学出版社，2002.
[6] 王晓进，曾宪植，周汝忠. 公共关系实务大全 [M]. 北京：北京工业大学出版社，1989.
[7] 余明阳. 公共关系学 [M]. 广州：广东高等教育出版社，1999.
[8] 张观发，佳玉. 政府公共关系概论 [M]. 北京：北京邮电出版社，1990.
[9] 赵宏. 公共关系指南 [M]. 北京：法律出版社，1991.
[10] 胡宁生. 政府公共关系教程 [M]. 北京：中央党校出版社，1994.
[11] 赵宇峰. 现代政府公共关系概论 [M]. 哈尔滨：黑龙江教育出版社，1999.
[12] 李瞻. 政府公共关系 [M]. 理论与政策杂志社，1992.
[13] 曹随，陆奇. 政府机关形象设计与形象管理 [M]. 北京：经济管理出版社，2002.
[14] 赵伟鹏. 政府公共关系理论与实践 [M]. 天津：天津人民出版社，2001.
[15] 孙德元. 政府与公关 [M]. 青岛：青岛出版社，1996.
[16] 胡宁生. 当代政府形象战略 [M]. 北京：中央党校出版社，1998.
[17] 胡宁生. 政府公共关系教程 [M]. 北京：中央党校出版社，1996.
[18] 蒋春堂. 政府形象探索 [M]. 北京：中国国际广播出版社，2001.
[19] [美] 卡特李普，等. 有效的公共关系 [M]. 北京：中国财政出版社，1988.
[20] 郭惠民. 国际公共关系教程 [M]. 上海：复旦大学出版社，2001.
[21] 陈耀春. 中国政府公共关系 [M]. 北京：中国经济出版社，1999.
[22] 熊源伟. 公共关系学 [M]. 合肥：安徽人民出版社，1990.
[23] 何修猛. 现代公共关系学 [M]. 上海：复旦大学出版社，2002.
[24] 河北公共关系协会. 公关世界，2000（1）—2003（8）.
[25] 陈锐. 我国政府公共关系的困境与对策 [J]. 四川行政学院学报，2002（1）.
[26] 程玉贤，等. 公共关系六大特征解析 [J]. 华北大学学报，2001（2）.
[27] 谭颖华，等. 论政府形象的塑造和行政公关 [J]. 广州市财贸管理干部学院学报，2001（2）.